次世代の
実証経済学

大塚啓二郎
Keijiro OTSUKA

黒崎卓
Takashi KUROSAKI

澤田康幸
Yasuyuki SAWADA

園部哲史
Tetsushi SONOBE

=編著

N e x t
Generation of
Empirical
Research
in Economics

日本評論社

第Ⅱ部　経済学の各分野における実証上の諸問題

第4章　次世代の実証労働経済学　………………………103
川口 大司

序　章

大塚　啓二郎・黒崎　卓・澤田　康幸・園部　哲史

1　はじめに

　経済学は、理論的分析に数理分析の手法を積極的に導入し、厚生経済学の基本定理をベンチマークにしながら、様々な一般均衡・部分均衡、あるいは経済主体の行動に関する緻密な理論モデルを構築してきた。さらに重要なのは、そうした理論モデルから導出された予測について、マクロデータ、あるいはミクロデータを用いて定量的・統計的に検証する試みを続けてきた学問であるという点だ。近年は、ランダム化比較試験（randomized controlled trial：RCT）や自然実験（natural experiment）・擬似実験（quasi-experiment）など実験的な手法も広まり、厳密な経済学の実証分析がカバーする範囲は飛躍的に拡大した。このことから経済学は、「社会科学の女王」と呼ばれ続けている。

　経済学の諸分野において、このような実証研究がますます進化を遂げている。利用可能なデータの増大や分析手法のめざましい発展、データ解析能力の飛躍的な拡大によって、より精緻で厳密な分析が展開されるようになってきた。とりわけ、政策や制度や環境の変化等の因果効果を明確に識別（identification）するため、個々人や企業が操作できない「外生的な要因」に注目し、そうした外生要因が意思決定・行動や経済変数に与える因果効果を明示した調査研究が広く行われるようになってきた。「信頼性革命（credibility revolution）」と呼ばれる、こうした潮流を含め、本書の第一の目的は、実証経済学がどのように進化してきたかをわかりやすく紹介することである。

　しかしその一方、因果効果のクリーンな識別を求めるあまり、データが持つ外生性の程度によって研究の評価が大きく左右されるようになったことも事実である。その結果、テーマの重要性や分析結果の解釈に疑問符が付く研

究論文も現れているように思われる。技術的な識別にこだわりすぎて経済の本質や全体を捉えていないという意味で、「木を見て森を見ず」的な論文と呼んでもよいかもしれない。もちろん、精緻で厳密な因果推論が、社会科学として重要なイシューに適用され、既存研究の蓄積をはるかに上回る、きわめて重要かつ実践的な科学的発見を含む研究論文が続々と現れていることも事実である。これら新たな貢献については、高く評価すべきであることに疑いの余地はない。こうした流れをさらに推し進めるには、次世代のあるべき実証経済学の姿について、現段階で一度立ち止まり、落ち着いて大所高所から整理・議論することには大きな意義があると考えられる。それが本書を編集する上での基本的な問題意識であり、本書の究極的な目標でもある。

　そこで本書では、実証経済学における近年の進化を概観するとともに、その進化によってもたらされた研究の発展や課題について考察する。その上で、新しい分析手法を取り入れつつ、実証経済学をさらに稔りある学問にするにはどうしたらよいかについて、幅広く議論する。本書の読者としては、経済学を学ぶ学生・大学院生、研究者、官民のエコノミスト、経済学に触れる機会がある実務者（政策担当者、NGO・NPO職員やコンサルタント）などを想定している。そこで本書は、実証経済学の研究動向を知るための参考書、経済学入門科目でのサブ教科書、今後の研究の方向性を探るための先端的研究の手引きといった多様な読み方が可能になるように留意して編集した。

2　本書の構成

　本書は二部構成をとっている。第Ⅰ部では、いわゆる信頼性革命（ランダム化比較試験、自然実験や擬似実験）による因果関係の識別に焦点が当てられている。そこではまず実証経済学における近年の動向について概観し（第1章）、それをどのようにすれば政策設計に効果的に活かせるかについて第2章で議論する。第3章ではそれらを受け、近年の実証手法における諸課題を浮き彫りにすることで、そうした手法をいかに活用するかを議論し、それを通じて、経済学における実証研究の望ましい姿について考察する。

　RCTの枠組みは、基本的には自然科学や医学の臨床治験における統御実

験と同じである。例えば新しく開発された新型コロナの治療薬に効果がある
かどうかは、無作為に選んだ処置群（新薬を服用）と対照群（新薬の服用が
なく、偽薬＝プラシーボを投与される）の間における症状の差異から判断さ
れる。同じように、例えば投資のための信用を供与された処置群の企業家と
そうでない対照群の企業家の行動を比較するような研究が経済学において盛
んに行われるようになってきた。このように RCT は、処置の対象であるか
否かを除けばそっくりな 2 つのグループを作り出すことで因果効果の識別を
可能にする。しかし、そっくりな 2 つのグループは、意図的に作り出さなく
ても、工夫をすれば見つかる場合がある。例えば、ある施策を受ける条件と
して「35歳未満」という条件が付けられていた場合、34歳のグループを政策
の処置群、35歳のグループを対照群として様々なデータを収集することが考
えられる。一般に、34歳と35歳の人々の属性が大きく異なることは考えにく
いため、両者を比較すれば、政策の効果を明らかにできるというのが回帰不
連続デザイン（regression discontinuity design：RDD）の考え方であり、代
表的な自然実験あるいは擬似実験の手法の 1 つである。なお、自然実験と擬
似実験という 2 つの用語の差異については、統御実験・RCT の対比として
自然実験・擬似実験を捉え、RCT 以外の手法をすべて含むとする考え方も
ある。他方、自然実験については、感染症の蔓延や内戦、自然災害など実験
者がコントロールできない大きな環境変化であったり、何らかの制度的な理
由でランダムな外生的変化があるという状況を想定しているという考え方も
ある。自然実験というときは識別に利用する「状況」を重視しているのに対
して、擬似実験というときはむしろそうした状況に着目して分析する「手法」
であることを強調しているようにも思われる。とはいえ両者の差異は微妙で
あり、伊藤（2017）や The Committee for the Prize in Economic Sciences in
Memory of Alfred Nobel（2021）に従って、本書では特に区別しないで両者
とも用いる。
　第 1 章は本書の土台であり、信頼性革命について厳密な議論が展開されて
いる。幅広い読者にも理解できるように、できるだけわかりやすく説明する
ことに最大限の努力をしたつもりであるが、一般的解説のため、抽象度が高
いことも事実である。そこで読者の理解を助けるために、第 3 章、第 4 章、
第 6 章では、オーバーラップを避けつつ別の角度から基本的な理論的論点に

ついて議論を加えることにした。したがって、第1章の議論を大まかに理解
したあと、その後の章に進むという読み方も可能である。

　第II部は各論に当たり、経済学の諸分野における実証分析の進化と、それ
によりもたらされた利点と問題点、その打開策について論じる。取り上げら
れるのは、労働経済学（第4章）、開発経済学（第5章）、国際貿易論（第6
章）、行動経済学（第7章）、経済史（第8章）、マクロ経済学（第9章）で
ある。労働経済学や開発経済学においては因果関係の識別が大きなテーマと
なっており、第4章や第5章では、第I部で紹介した分析手法がどのように
実際の研究に活用されているかが議論されている。労働経済学では自然実験
の活用が盛んである一方、開発経済学ではRCTの適用が盛んである。因果
関係の識別は国際貿易論や行動経済学でも重要なテーマであるが、国際貿易
論ではそもそもRCTを用いた分析が難しいという研究対象の特性もあり、
新しいタイプの操作変数法の活用など特定の擬似実験的分析手法について議
論が展開されている。経済史でもCaicedo（2021）やCantoni and Yuchtman
（2021）、マクロ経済学でもNakamura and Steinsson（2018）など、近年因果
推論を用いた研究が出現しつつあるものの、現在のところ因果効果識別の問
題が主要なテーマとはなっていないようである。経済史では計量分析が隆盛
となる一方で、データが入手可能なテーマに研究が偏りがちだったり、真実
の追及がおろそかになることへの危惧が指摘されている。マクロ経済学は少
なくとも財市場、金融市場、労働市場の相互作用を分析対象にしており、信
頼性革命の中心となってきたミクロの部分均衡的アプローチとは相容れない
面が強い。マクロ経済学では、「ルーカス批判」に代表されるように、個人
や企業の行動に関わる構造モデルを重視してきており、信頼性革命で中心的
な役割を果たしてきた誘導型モデルに基づいた「ブラックボックスアプロー
チ」の弱点が強く表れることも事実である。このように第II部では、「次世
代のあるべき実証経済学」の姿が多様であることが浮き彫りにされる。その
意味では、第I部は全体の総論というよりは、実証分析の最先端を紹介し、
その問題点を指摘することによって、第II部での議論の理解を深める役割を
果たしている。

3 本書の特徴

　本書の最大の特徴は、日常の研究活動では接触する機会の少ない専門分野の異なる多くの研究者が、共に議論を重ね、多様な議論を展開していることである。それでもスペースの制約により、実証経済学のすべての分野をカバーすることはできていない。空間経済学、産業組織論、法と経済学、環境経済学、医療経済学、公共経済学、教育経済学などにおいても、実証研究の進展は目覚ましいが、本書にはそれらを扱う章は入っていない。より総括的に扱っている関連文献として、経済セミナー編集部編（2020）を挙げておく。とはいえ、本書の第1章および第Ⅱ部に含まれる分析手法を理解すれば、本書で扱っていない分野での実証研究の進展に関しても、十分応用が効くことを編者として期待している。例えば、医療経済学や教育経済学において患者や生徒を観測単位として行われる実証研究の手法は、労働経済学において労働者を観測単位として行われる実証研究で用いられる手法と重なるところが多く、第4章が大いに参考になる。同様に、一国内の地域レベルでパネルデータを構築して行われる実証分析手法を第6章の国際貿易論において紹介しているが、この手法は、空間経済学や環境経済学においても頻繁に使用されている。つまり本書は、次世代の実証経済学のイシューには分野による多様性があることを示すとともに、分析面での共通性を意識した構造になっている。

　本書の記述スタイルに関して特徴的なのは、各執筆者による本論に続いて、討論者によるコメントと、本論執筆者によるリプライという3本立てで、すべての章を構成したことである。なおコメントとリプライは、2022年10月1日・2日に神戸大学で開催されたワークショップでの議論に基づいている。この3本立て構成により、これまでの研究の到達点や今後の課題に関し、一致できる論点とさらなる議論が必要な論点とが明確になり、研究の最先端をめぐる動向が生き生きと読者に伝わるように工夫したつもりである。また、コメントとリプライによって不明確な議論が明確になったというメリットもあったように思う。本論→コメント→リプライという構成は斬新であると自負しているが、その利点についての判断は、読者にお任せしたい。

引用文献

Caicedo, Felipe Valencia (2021) "Historical Econometrics: Instrumental Variables and Regression Discontinuity Designs," Chapter 7 in Albert Bisin and Giovanni Federico eds. *Handbook of Historical Economics*, Elsevier, pp.179-211.

Cantoni, Davide and Noam Yuchtman (2021) "Historical Natural Experiments: Bridging Economics and Economic History," Chapter 8 in Albert Bisin and Giovanni Federico eds. *The Handbook of Historical Economics*, Elsevier, pp.213-241.

Nakamura, Emi, and Jón Steinsson (2018) "Identification in Macroeconomics," *Journal of Economic Perspectives*, 32(3), pp.59-86.

The Committee for the Prize in Economic Sciences in Memory of Alfred Nobel (2021) "Answering Causal Questions Using Observational Data," Scientific Background on the Sveriges Riksbank Prize in Economic Sciences in Memory of Alfred Nobel 2021.

伊藤公一朗 (2017)『データ分析の力　因果関係に迫る思考法』光文社新書

経済セミナー編集部編 (2020)『[新版] 進化する経済学の実証分析』日本評論社

第 **I** 部

実証経済学における
信頼性革命の意味と意義

第 1 章

ミクロ実証研究における世代交代

澤田 康幸

1　はじめに

　経済学における実証研究・実験研究の地位向上には目覚ましいものがあり、2015年・2017年・2019年・2021年とほぼ2年おきにノーベル経済学賞がミクロ実証・実験研究に与えられた（澤田 2020, 2022）[1]。1960年代から個人・企業の標本調査・ミクロデータなど「観察データ」（observational data）に基づく研究が進んだが、こうした伝統的データには、回答の誤差や偏り等の特性がある。これらの問題を解決するため、1970年代には「第一世代」の実証研究というべきミクロ計量経済学分野が発展した。操作変数法やパネル分析、さらにはデータの偏りに対処するための非線形計量経済モデルが開発され、データ分析に広く用いられるところとなった。

　経済学の「実証研究化」はさらに加速し、応用経済学の幅広い経済学分野で、エビデンス（科学的証拠）に基づいた政策形成（Evidence-Based Policy Making：EBPM）を促すためのランダム化比較試験（randomized controlled

---

1）2015年は消費、貧困、厚生に関する分析の功績に対し Angus Deaton に、2017年は行動経済学への功績に対し Richard Thaler に、2019年は世界の貧困削減への実験的アプローチに関する功績に対し Abhijit Banerjee、Esther Duflo、Michael Kremer に、2021年は自然実験を用いた実証研究と因果推論の手法に関する功績に対しに David Card、Joshua D. Angrist、Guido W. Imbens に授与された。

trial：RCT）や、擬似実験（自然実験）など社会実験に基づいたより一般的
な因果推論の「第二世代」へと研究動向が進化した。ここでは、理論仮説や
計量モデルの仮定を最小化し、より明確な研究デザインを行うことで、信頼
性の高い因果推論を行う「信頼性革命（credibility revolution）」が起こり[2]、
「サイエンス」としての経済学が確立した（Angrist and Pischke 2010）。

　ミクロ実証分析の第三世代はどこに向かうのであろうか。本章ではミクロ
実証研究の進化・世代交代の変遷と課題について、筆者の専門である開発経
済学分野での動きを中心に議論する。

2　第一世代としてのミクロ計量経済学

2.1　伝統的なミクロ計量経済学

　第一世代の実証分析の例示として(1)式のような線形回帰モデルを真のモ
デルとして想定し、カロリーの所得弾力性を推定するという問題を考える。
(1)式は被説明変数 y に対して説明変数 d が1つのみのケースであり、線形
単回帰モデルと呼ばれている（西山他 2019, 第4章）。ミクロデータを用い
ることで個人のカロリー摂取量（対数値）y を所得の対数値 d に回帰すれば、
最小二乗法（ordinary least squares：OLS）によって弾力性 β が推定できる。
ここで、u は確率的誤差項を示している。

$$y = \alpha + \beta d + u \tag{1}$$

　カロリーの所得弾力性は、持続可能な開発目標（SDGs）の第2目標「飢
餓をゼロに」でも取り上げられている栄養失調の問題を、現金給付などの所
得補助政策によって対処できるかどうかを決定づける、重要なパラメータで
もある。したがって、この弾力性 β を正しく推定することは、EBPM の元
になる緻密な研究を行うということでもある。

　弾力性 β の、OLS による推定量、β^{OLS} が不偏推定量となるためには、西
山他（2019）など標準的な計量経済学の教科書で明示されている諸仮定[3]が

2）この点については、第4章本論（川口）第2節も参照されたい。

表 1-1　カロリーの所得弾力性推定値についての既存研究まとめ

	所得変数を用いた研究	総支出変数を用いた研究
OLS	0.01 〜 0.43	0.12 〜 0.56
操作変数法	0.09 〜 0.53	0.08 〜 0.44

出所：Strauss and Thomas（1995）の Table 34.1 に掲げられた「直接法
（direct estimates）」の推定結果をまとめたもの。

前提となる。第一世代では、β^{OLS} が不偏性を持たない、以下に述べるような諸問題が取り上げられて、対処されてきた。第一に、説明変数である所得データ d に観測誤差があり、内生バイアスの一種「希釈バイアス（attenuation bias）」、つまり、推定された β^{OLS} が真の値から過小になるという下方バイアスを持つという問題が生じることである。一般に、所得データを用いると希釈バイアスがより深刻になるが、より正確な収集が可能な総支出データを用いた場合には、それが生じにくくなると考えられる（表 1-1 の OLS 推定を参照）。

　第二に、「栄養に基づいた効率的賃金仮説」が正しいとすれば、栄養摂取を促進する非観測要因 u が所得 d と正に相関することになり、この内生バイアスによって β^{OLS} は過大になると考えられる。こうした内生性問題に対処するためには、操作変数法を用いることができる。確かに、より希釈バイアスの問題が軽微であると考えられる総支出変数を用いた推定の場合、操作変数法による弾力性推定値 β^{IV} は β^{OLS} よりも小さくなる傾向にある（表 1-1）。所得変数を用いた場合には、逆に β^{IV} が β^{OLS} よりも大きくなる傾向があるが、そうした逆転が起こっている理由として、所得変数を用いた OLS 推定では希釈バイアスによる下方バイアスが、u と d の正の相関による上方バイアスを上回っている可能性がある。賃金方程式推定の文脈で、両バイアスの相対的な大きさを比較検討した分析として Lam and Schoeni（1993）を参照されたい。

3）第一に、データ (y, d) が独立で同一な分布に従い、(1)式の関係を満たすこと、第二に説明変数 d を条件とすると、誤差項の期待値がゼロとなること、第三に d と u の四次のモーメントが有限であることである（西山他 2019, p.118）。

　第三に、観察データの偏りがある。開発途上国の極貧層は、肉類など奢侈的な消費ができず、需要量・消費額がゼロに張り付くことがある。この場合、β^{OLS} は偏りを持ちうる。この問題を内生的標本選択（endogenous sample selection）の問題と呼ぶ。この問題に対処できるのが、サンプルセレクションモデルである。1つの方法は、y がゼロかどうかの意思決定モデルの推定から得られる決定要因 $z\gamma$ を基に、以下のような調整項を取り入れた回帰モデルを推定することである（Newey et al. 1990）。

$$y = \alpha + \beta d + \lambda(z\gamma) + u \tag{2}$$

追加的な関数 $\lambda(z\gamma)$ は、内生的標本選択を反映したものであり、こうした手法を制御関数法（control function methods）と呼ぶこともある（Glewwe and Todd 2022, Chapter 16）。内生的標本選択の問題を考慮せずに (1) 式に基づいて OLS 推定を行う場合には、$\lambda(z\gamma)$ の項を落として推定することによる過小定式化（omitted variables）のバイアスが生じることになる[4]。Pitt (1983) は、5,750ものバングラデシュ世帯データを用い、正規分布を仮定したトービット・モデルの推定を行っている。この研究では、下位10%最貧層のカロリー弾力性が0.45から0.78と高い値であることを示しているが、サンプルセレクションのバイアスを取り除いたために高い数値となったと考えられる。

　第四の問題は、真のモデルが (1) 式のような α と β の2つのパラメータで定式化されるパラメトリックなモデルではなく、仮定されたモデルの関数形が誤っているという問題である。モデルの正しい関数形が先験的にわからないという問題に対処する方法として、カロリー摂取と所得の間に特定の関数型を事前に仮定しない、以下のようなノンパラメトリックなモデルを用いることが有益である。

$$y = m(d) + \varepsilon \tag{3}$$

ここで、$m(\cdot)$ は一般的な非線形関数、ε は確率的誤差項である。このよう

4）標本選択モデルの誤差項と (1) 式の誤差項が結合正規分布に従う場合、$\lambda(z\gamma)$ は逆ミルズ比になる。

なモデルに基づき、Strauss and Thomas（1995）や Subramanian and Deaton（1996）は、カロリー需要のエンゲル曲線を Nadaraya-Watson kernel regression 法によって推計し、弾力性が一定ではないことを見出している。

2.2　実態調査とパネルデータの収集

　より一般的な内生性や過小定式化の問題を軽減する、もう 1 つの伝統的な手法は、パネルデータを用いることによって回帰モデルに固定効果を取り入れ、時間を通じて変化しない、観察されない要因を制御する方法である。1970 年前後から先進国・途上国を問わず実態調査を通じ世帯パネルデータを収集するという動きが起こった。例えば、アメリカでは、世帯パネル調査（Panel Study of Income Dynamics：PSID）が 1968 年に開始された。途上国では、まず国際半乾燥熱帯作物研究所（International Crops Research Institute for the Semi-arid Tropics：ICRISAT）が実施した村落調査（Village Level Studies：VLS）データが挙げられる。これは、10 年にわたる「黄金」の長期世帯パネルデータである（Dercon et al. 2013）。

　ICRISAT-VLS と同時期に開始された先駆的な世帯パネル調査の例として、イギリスの研究チームによる、インドのウッタル・プラデシュ州のパランプール（Palanpur）村を対象とした調査（Himanshu et al. 2018）や速水佑次郎らを中心として精力的に進められたフィリピン・ロスバニョス近郊にある、稲作農村「東ラグナ村」を対象とした 50 年以上にわたる世帯調査がある（Sawada et al. 2012）。

　ICRISAT にやや遅れ、Angus Deaton による調査設計のもとで世界銀行は 1980 年に「家計生活水準計測調査（Living Standard Measurement Study：LSMS）」プロジェクトを開始した（Deaton 2019；Ravallion 2016）。長期のパネルデータである ICRISAT-VLS と異なり、LSMS は部分的にパネル情報を収集するケースがあるものの、主に複数時点でのクロスセクションの調査であるが（Deaton 2019）、世界における貧困状態のモニタリングを可能とし、ミレニアム開発目標（Millennium Development Goals：MDGs）や持続可能な開発目標（Sustainable Development Goals：SDGs）のターゲット指標にも用いてきた。

3　第一世代の限界

　第一世代における実証分析の問題と限界を明らかにするため、(1)式を政策評価の文脈で再定式化する。y は政策効果の成果指標、d は政策の処置群 (treatment group)[5]である場合に $d = 1$、政策対象とならない対照群 (control group)[6]の場合に $d = 0$ となる二値変数である。この場合、パラメータ β が因果効果としての政策の処置効果 (treatment effect) となり、この β をバイアスなく推定することが計量分析の課題となる。(1)式に立ち戻って考えれば、d が 1 か 0 を取る二値変数の場合、β^{OLS} は $d = 1$ と $d = 0$ それぞれの場合の y の平均値の差となり、観測可能な値となる（西山他 2019, p. 114）。ここで、(1)式のような回帰モデルとは別に「反実仮想枠組み (counterfactual framework)」に基づいて、代表的な因果効果推定量として以下の「処置群の平均処置効果」(average treatment effect on the treated：ATT) を考える。

$$\mathrm{E}(y^{d=1} - y^{d=0} | d = 1) \tag{4}$$

ここで、$y^{d=1}$ と $y^{d=0}$ はそれぞれ、政策処置があった場合となかった場合でのアウトカムである。処置群 $(d = 1)$ において、$y^{d=0}$ を観察することが原理上不可能であるため、通常、観察データから直接(4)式を推定することはできない。他方、データから観察されるのは、以下の平均値の差 (observed mean difference)、つまり、$\mathrm{E}(y^{d=1} | d = 1)$ と $\mathrm{E}(y^{d=0} | d = 0)$ の差である。

$$\mathrm{E}(y^{d=1} | d = 1) - \mathrm{E}(y^{d=0} | d = 0) \tag{5}$$

これは、ATT と自己選抜バイアス (self-selection bias) に分解することができる。

5）介入群と呼ばれることもある。
6）統制群と呼ばれることもある。

$$\mathrm{E}(y^{d=1}|d=1)-\mathrm{E}(y^{d=0}|d=0)$$
$$= \underbrace{\mathrm{E}(y^{d=1}-y^{d=0}|d=1)}_{\text{ATT}}+\underbrace{[\mathrm{E}(y^{d=0}|d=1)-\mathrm{E}(y^{d=0}|d=0)]}_{\text{自己選抜バイアス}} \tag{6}$$

自己選抜バイアスとは、仮に処置がなかった場合の処置群と対照群の間でアウトカムの相違、平たく言えば両群での本源的な違いのことを示している。(6)式において、そうした自己選抜バイアスがゼロであれば、観察可能な平均値の差が ATT を示していることになる[7]。つまり、自己選抜バイアスがなければ、$\mathrm{E}(\beta^{OLS}) = $ ATT となる（市村 2010）。

　仮に自己選抜バイアスが、年齢や性別などの観察可能なベクトル W で決まっているとすれば、それぞれの属性グループの中では $\mathrm{E}(y^{d=0}|d=1) = \mathrm{E}(y^{d=0}|d=0)$ の条件が成立しているかもしれない。このことを、

$$\mathrm{E}(y^{d=0}|d=1, W) = \mathrm{E}(y^{d=0}|d=0, W) \tag{7}$$

と表現し、無視可能性（ignorability）条件と呼んでいる（市村 2010）。この仮定は、(1)式の推定において、観測される変数群 W を十分に制御することによって β を正しく推定しようとすることに対応している。つまり、自己選抜バイアスのうち、観測される要因による選抜（selection on observables）に対処しようとするものである（市村 2010）。しかしながら、観測されない要因による選抜（selection on unobservables）など(7)式によっては排除されない自己選抜バイアスもあるため、第一世代の研究では、操作変数法や固定効果モデル、サンプルセレクションモデルなど様々なミクロ計量経済学手法を駆使して対処しようとしてきた（市村 2010）。また、観察データから因果関係やメカニズム・政策効果を解明するため、経済理論の構造を手がかりにしながら推定モデルを組み立てるという構造推定アプローチも進化した(Wolpin 1984；Rust 1987)[8]。

　しかしながら、例えばパネルデータを用いて個人の固定効果を回帰モデル

7）例えば、d と u が相関を持っているという内生性の問題がある場合、β^{OLS} は不偏推定量とはならない。

8）特に産業組織論（Industrial Organization：IO）分野では、不完全競争市場における消費者・企業の行動を構造モデルに基づいて実証的に分析することが実証研究の主流となってきた。

に導入すれば、時間を通じて一定の unobservables については対処できるものの、時間を通じて変化する unobservables については完全な対処が不可能である。結局のところ、形式的な操作変数法、固定効果モデルやサンプルセレクションモデルといった伝統的なミクロ計量経済学のアプローチでは、自己選抜バイアス除去のための根本的解決にならないとの共通認識が広まった。

4　第二世代としての社会実験

　(1)式ないしは(6)式に基づいて政策介入の因果効果を推定しようとする場合、問題は政策処置変数 d の内生性である。RCT とは、d を無作為に割り付けることで $\mathrm{E}(y^{d=0}|d=1) = \mathrm{E}(y^{d=0}|d=0)$ を担保し、介入における自己選抜バイアスを排して介入の因果効果を厳密に把握しようとする手法である。「設計上」、自己選抜バイアスがゼロになるため、政策効果 ATT ないしは β^{OLS} が正しく推定される[9]。

　とはいえ、第二世代が中核に据える手法、RCT に基づく実験計画法の考え方は新しいものではない。RCT は、統計的推測理論を確立した Ronald Fisher らが1920年・30年代にイギリスの荘園における圃場試験から考案したものと考えられており、長い歴史を持っている。近年、社会実験が第二世代として再登場した理由としては、3つが挙げられよう。

　第一に、RCT に加え、回帰不連続デザイン（regression discontinuity design：RDD）、差の差分析（difference in differences：DID）、傾向スコアマッチング法（propensity score matching：PSM）、操作変数法（instrumental variables estimation：IV）、合成コントロール法（synthetic control method：SCM）などの擬似実験的手法も広く用いられるようになり、社会実験の守備範囲が拡大したことである（Angrist and Pischke 2010）[10]。各手法の詳細

9）自己選抜バイアスの除去における RCT の優越性を示した比較的初期の開発経済学における論文として、Kremer（2003）や Glewwe et al.（2004）がある。

10）ただし、RDD など擬似実験のいくつかの手法は Donald Campbell らの貢献によってすでに1960年代に確立していた。この点についてご教示いただいた古川知志雄氏に感謝申し上げる。

については Abadie and Cattaneo（2018）や Glewwe and Todd（2022）がカバーしているが、RDD については第 4 章本論（川口）第 2 節、DID や IV については第 6 章本論（戸堂）第 2 節で、さらに詳しい議論が展開される。

　第二に、社会実験が現実の政策とより緊密に連携しながら急進展したことである。その先駆は、メキシコで全国展開された条件付き現金給付（conditional cash transfer：CCT）プログラム、Progresa の RCT による検証研究である（Schultz 2004）。また、より大きな枠組みとして、コクラン共同計画や、キャンベル共同計画に習い、開発経済学・開発政策の分野では、3ie（International Initiative for Impact Evaluation）が2008年に始動し、開発政策に関する多数の系統的レビューとエビデンスマップの作成などを行っている。

　第三には、政策がアウトカムを生み出すメカニズムをブラックボックスにしつつ政策の因果効果を直接推定する、という政策評価ではなく、経済理論などを手掛かりにしながら、ブラックボックスの中にある因果的なメカニズムを直接検証・解明しようとする実験である「メカニズム実験（mechanisms experiments）」が多数行われるようになったことである（Ludwig et al. 2011）。例として、中国においてギッフェン財が存在することを発見した Jensen and Miller（2008）や、南アフリカの金融市場で逆淘汰（逆選抜）の問題があることを確認した Karlan and Zinman（2009）などがある。メカニズム実験では、比較的安価ながらも政策の基礎となる基本的な経済理論や鍵となるメカニズムを検証することができ、政策と研究の有機的発展が促されたといえる。

5　第二世代が直面する「再現性」「実践性」「当事者排除」の問題

　しかしながら、「社会実験」研究が進化・拡大するにつれ、様々な問題が表面化してきた。第一に、Campbell and Stanley（1963）などによって導入された「内的妥当性（internal validity）」と「外的妥当性（external validity）」の問題がある。(1) 式や (6) 式を基にした政策因果効果の推定において、RCT は「対象となる母集団において因果効果が正しく推定されうる」という内的妥当性を満たしているはずである。K という母集団・環境下におい

て T 時点で RCT を実施し、推定された政策効果を b^{KT} とすれば、内的妥当性は、

$$E(b^{KT}) = \beta^{KT} \tag{8}$$

と表すことができる（Glennerster and Takavarasha 2013, p.392）。ここで、β^{KT} は真の因果効果である。これは、異なる時点（T'）、異なる母集団や環境（K'）においても同じ因果効果が成立するという「外的妥当性」、

$$E(b^{KT}) = \beta^{K'T'} \tag{9}$$

を保証するものではない。

　この原因の1つとして、RCT を含む社会実験による因果効果推定が、モデルの外から与えられる外生変数とモデルの内部で決まる内生変数との間の関係を、両者間にあるメカニズムを明示せずに記述する「誘導型」モデルに基づくものであり、因果効果が生成されるメカニズムを経済学的に明示しない、いわば「ブラックボックス」アプローチであることがある。介入が生み出す変化についてのロジックや理論（theory of change）は通常想定されており、近年は様々な媒介分析（mediation analysis）手法の進展もある。また、理論が想定する経路の妥当性をより直接分析しようとするメカニズム実験（mechanism experiment）も広く行われるようになった（Ludwig et al. 2011）。しかしながら、実験による検証に耐えたメカニズムであっても、一般均衡効果などにより、実際に政策が機能することの十分条件にはならない（第9章本論（植田）第2節を参照）。また、他のメカニズムが働いている可能性もあるため、メカニズム実験で因果関係を見出すことは、その政策が機能することの必要条件にもならない（McKenzie 2011）。

5.1　再現性の問題

　経済学のトップジャーナルに掲載された実験経済学論文や、*Science* 誌・*Nature* 誌に出版された、より広い社会科学における代表的実験研究における再現性が予想以上に低いこと（Camerer et al. 2016；Camerer et al. 2018）[11]、そして Dan Ariely が2012年全米科学アカデミー紀要（*PNAS*）に出版した、保険会社に対する自動車走行距離の虚偽申告に関する論文において捏造され

たデータが含まれていることが明らかになり（O'Grady 2021）、実証研究・実験研究における「再現性」が近年広く議論されるところとなっている（Campbell and Stanley 1963；National Academies of Sciences, Engineering, and Medicine 2019；高野 2022）。

内的妥当性・外的妥当性は、「研究デザイン」についての条件であるが、大まかに分類すると、それぞれ「研究プロセス」として、「同じデータで同じ手法を用いた分析では同じ結果が得られる」という reproducibility の意味での再現性[12] と、「異なるデータ・環境のもとで同様の分析・実験を行った場合、同じような傾向が得られる」という replicability の意味での再現性に対応していると考えられる。

(8)式で示される通り、一般に、RCT は厳密に内的妥当性を満たす手法と考えられている。しかしながら、Brodeur et al.（2020）は、経済学における25のトップジャーナルに2015年から2018年に掲載された684論文を精査し、報告されている21,740もの回帰係数 z 値の分布を DID、IV、RCT、RDD という4つの手法別に描いている[13]。DID や IV 推定のみならず RDD や RCT でも「z 値＝2」の周りでの分布の山が確認できる（図1-1）。

異なるデータを用いた分析結果の z 値が統計的に5％有意となる2の周辺で固まることはきわめて不自然であり、このことは「p ハッキング」が行われている可能性を示唆するが、その中でも、事後的に処置効果が統計的に有意となった結果のみを選抜し、対応する仮説を構築して論文にする行為を特に HARKing（hypothesizing after the results are known）と呼んでいる。このような疑わしい研究慣行（questionable research practices：QRP）が行わ

11) 前者は、2011年〜2014年に *American Economic Review* と *Quarterly Journal of Economics* に出版された18の実験室実験の論文を検証し、3分の2の研究のみが十分に再現されたとしている。後者の論文は、2010年〜2015年に *Nature* と *Science* に出版された21の社会科学分野での実験を再検証し、十分な再現性が57％〜67％であることを見出している。
12) しかしながら、例えば「bootstrap standard error を計算するためのシード数を記録していないコードを用いた理想的 RCT」は内的妥当性を満たしているが、reproducible ではない。この点を指摘していただいた古川知志雄氏に感謝申し上げる。
13) このうち RCT については145の論文があるが、そのうち *Journal of Development Economics* から最多の30論文が含まれている。

図1-1　手法別に見た、既存研究における z 値の分布

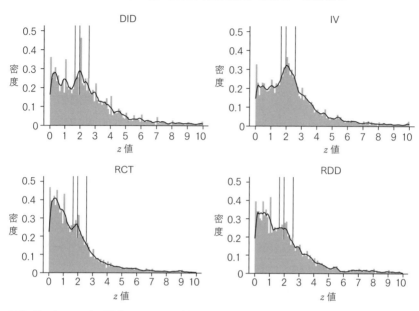

出所：Brodeur et al.（2020）の Figure 2 を筆者訳。

れているなら、RCT の推定結果でさえ内的妥当性が成立していない可能性
がある[14]。

　他方、EBPM に従って新しい介入を設計する際には、既存のエビデンス
が適応可能かどうかが問われるため、「外的妥当性」が重要な概念となって
くる。家子他（2016）で示されるような、「系統的レビュー」を頂点とした
エビデンスの質を担保する基準の階層を「エビデンス・ピラミッド」と呼ぶ。
Hjort et al.（2021）が示すように、質の高いエビデンスに対しては、政策担
当者からの需要も十分に大きいというエビデンスもあるため、エビデンス・
ピラミッドに基づいた EBPM は研究と実践をつなぐ上で強力な手法の 1 つ
であることに間違いない。

14）また、行動経済学の主要概念の 1 つであるナッジの効果は、学術研究におけるそれよ
　りも、実際の政府のナッジユニットにおける効果がシステマティックに小さく、少なく
　とも効果の一部は学術雑誌出版のバイアスで説明できるとされている（DellaVigna and
　Linos 2022）

　こうした背景のもと、例えば開発経済学の分野においても、MIT の J-PAL[15]などを中心として、異なる地域において RCT による同様の介入実験を replicate することでエビデンスを積み上げ、「外的妥当性」にこたえるというアプローチがとられてきた。しかし、外的妥当性や再現性が満たされないケースは、擬似実験的な手法を用いた場合にも顕著に見られる（Sawada 2022）。また、Heckman and Smith（1995）は、ブラックボックス的な誘導型モデルに基づいて「効果がある」「効果がない」というような評価結果をただ積み上げてゆくことは、人間行動理解の深化にはつながっていかないと警鐘を鳴らしている[16]。第二世代の実証研究における外的妥当性検証は、まさにそうした状況に陥っている面がある。

5.2　実践性の限界

　「実践性の限界」と「当事者排除」という問題もある。エビデンス・ピラミッドは、特定の政策目標が与えられたもとであれば有効であり、複数の介入方法を厳密に比較することは理にかなっている。アメリカの社会プログラムについて、各プログラムの便益と費用の比を基にして、こうした比較を緻密に行っている最近の優れた研究として Hendren and Sprung-Keywe（2020）がある（図1-2）。この図において、縦軸の変数 MVPF（marginal value of public funds）は、受益者の支払い意思と政府にとっての純費用との比を示しており、この値が大きいほど費用に対する便益が大きいことを示している。横軸は、各プログラムにおける受給対象者の年齢である。一般的な傾向として、子供や若年層を対象とした社会政策プログラムほど便益・費用比が大きい一方、30歳以上のプログラムについては便益が小さいことがわかる。このようにして政策の費用対効果が比較できるようになり、限られた予算のもとで便益が最大化されるような政策を採用できるようになるというのが EBPM の1つの形態である。しかしながら、「社会政策の便益を最大化する」という与えられた政策目標が正しいとは限らないという実践上の限界がある。

15）J-PAL の創設の経緯については第5章本論（高野・高橋）第1.2項を参照。

16）山岸俊男もまた、なぜそうなるのかを問うことなく人間の行動パターンについての膨大なデータを集める心理学実験は、いわば「終わりなき夏休みの昆虫採集」のようなものだと述べている（山岸 2002）。

図1-2　アメリカにおける社会政策プログラムの費用対効果比較

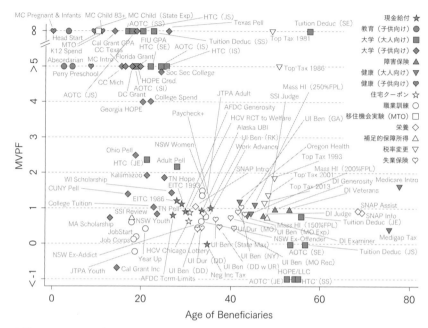

出所：Hendren and Sprung-Keywe (2020) の Figure Ⅲ を筆者訳。
注：MVPF とは、Marginal Value of Public Funds という費用対効果指標であり、受益者の支払い意思と政府にとっての純費用との比を示す。薄字は各プログラムの名称を示している。

　例えばエネルギー・交通・情報通信・上下水道など物的インフラへの投資や国民皆保険制度など全国レベルでの制度など大きな政策介入、マクロレベルの財政金融政策を採用することの方が、図1-2で比較されているようないわば「狭義の社会政策」を採用するよりも人々の厚生水準を全体として大きく改善するかもしれない。とはいえ、こうした大規模な介入については、Duflo（2001）が学校建設について行ったような稀な自然実験（natural experiment）でなければ検証が難しい。いずれにしても、大規模な介入については、その潜在的な便益が慎重に計測されることもなく、エビデンス・ピラミッドから落とされてしまっているのである。

　例えば、2020年における世界の二国間政府開発援助のうち、物的インフラに対して17％が配分されており、国際開発金融機関による支援を含めればそのシェアはさらに高くなる（澤田 2022）。しかしながら、中村・鈴木（2019）

によれば、過去約10年間、開発経済学のトップジャーナルで出版された RCT 論文74本のうち、インフラストラクチャーの論文はわずか１本、その シェアは1.4％にしかすぎない。このことは、政策目標選択・公的リソース 配分における本質的な研究上のバイアスの存在を示唆している。もちろん、 インフラを政策の対象とすること自体にも潜在的なバイアスがありうるし、 長い歴史を持つ土木技術の政策効果は、厳密な評価を実施するまでもなく明 白であり、あえて再評価を行う意義が薄いという見方もあるかもしれない （加藤 2011）。この問題については、第３章本論（大塚・樋口・鈴木）第４ 節でさらに議論される。

　さらにエビデンス・ピラミッドには、RCT によらない既存の政策研究を 軽視することから、コストがきわめて高い「車輪の再発明」を行うという傾 向もあるように思われる（澤田 2022）。例えば、Miguel and Kremer（2004） の研究は革新的と考えられているが、すでに1960 年代末韓国において、日 本政府支援による全国レベルの大規模な駆虫プロジェクトが実施され、就学 率に対して目覚ましい効果を挙げたことは政策現場で広く知られてきた （Kim et al. 2014）。また、国際協力機構（Japan International Cooperation Agency：JICA）は長らくシニアボランティアの派遣制度を実施してきたが、 Banerjee et al.（2007）において、退職した専門家を途上国に派遣する Gray Peace Crop というアイデアが「全く新しい」「斬新な」ものとして議論され ているのは誠に残念である。

5.3　当事者排除の問題

　もう１つの問題が「当事者排除の問題」である。エビデンス・ピラミッド に従って、RCT に基づいた研究の価値が高まれば高まるほど、実施コスト が高い RCT を実施できる研究機関・グループによる学術研究の寡占化が強 化されたという傾向がある（Subramanian and Kapur 2021）。このことは、 開発経済学において、開発途上国研究者の地位低下という顕著な「当事者排 除」の問題につながっている（Subramanian and Kapur 2021）。さらには、 見市他（2001）が言うところの「帝国医療」[17]の問題を引き起こすかもしれ ない。先進国発の EBPM によって行われる開発政策が、長期にわたって 人々の厚生を著しく損なうリスクがあるのではないだろうか。木山（2022）

は、RCT とリバタリアン・パターナリズム[18]が複合される場合、既存の社会や文化を大きく変容させる可能性があり、慣習の中で維持されてきた合理性が排除される問題点を論じている。とりわけ、彼が指摘する道徳的・倫理的問題が実験の解釈者と制度設計者の意思決定にゆだねられることの弊害は、「帝国医療」の問題と重なるように思われる。

　こうした流れに反して、多くの開発途上国において大きなうねりとなったグラミン銀行のマイクロクレジットプログラムや、バングラデシュの NGO、BRAC[19]の「貧困卒業プログラム」は、RCT による多数の検証とトップジャーナルでの論文掲載につながっており、現場からの実態に基づくアジェンダ設定が第二世代の研究において大きな成功をおさめた好例である。とはいえ、これらのケースであっても途上国所属の研究者はほとんど学術論文の共著者にはなっておらず（Banerjee et al. 2015a；Banerjee et al. 2015b；Balboni et al. 2022)、いわば「アイデアの搾取」という別形態の「当事者排除」になっているという面もあるだろう。こうした事態は、開発経済学における最先端の研究アジェンダと途上国における社会経済状況・喫緊の課題との乖離とを生み出しうる恐れがある。2022年に *Nature* 誌のエディトリアルは「すべからく RCT によって生み出された知識は、世界中の人々を助けてきた。より効果の高い薬や健康への新しい介入、拡張された教育機会や農業における改良技術、現金をまさに必要としている人々に配分できる効果的プログラムにもつながってきた。しかしながら、こうした便益は必ずしも公平には広がっておらず、最もそうした支援を必要としている人々を助けたとは言えない（筆者訳）」と述べ、警鐘を鳴らしている（*Nature* 2022, Vol. 606, p. 624)。

---

17)　「帝国医療」とは、植民地による上からの（農業）開発が熱帯感染症の蔓延をもたらすという「開発原病」と、植民地支配の一環として（実態に基づかず）外から持ち込まれた「権力装置としての近代医療」を合わせて定義されるものである。Lowes and Montero（2021）が示したように、誤った「帝国医療」の悪影響は長期にわたって持続する。

18)　リバタリアン・パターナリズム（libertarian paternalism）とは、個人の選択の自由を保つという自由主義的な考え方であるものの、同時に政府がより良い結果に誘導することが可能であるというパターナリズムが複合した考え方のことである。行動経済学におけるナッジはそうした思想に基づく政策手法である。

19)　BRAC は、初期の名称であった Bangladesh Rural Advancement Committee から来ている。

6　第三世代はどこへ？

「再現性」「実践性」「当事者排除」の問題については今なお取り組みが続いているが、第二世代も進化してきている点も指摘しておく（Banerjee 2020）。まず、「再現性」については、データやコード等の公開が規範化したこと、多重検定への理解が深まったこと、さらには、全米経済学会が RCT Registry を開設することで RCT の pre-analysis plan が設定・公開されるようになったことや *Journal of Development Economics* が Pre-Results Review を設定・公開することによって QRP を除去しようとしてきた動きは重要であろう（これについては、第 7 章本論（山村）第 4 節でもさらに議論がなされる）。また、「外的妥当性」の問題については、多数の RCT 比較により分析対象選抜のバイアス（site selection bias）を明示的に分析した研究や（Allcott 2015）、構造推定のアプローチと RCT を組み合わせ、両者の利点を実証的・理論的に複合することで内的妥当性・外的妥当性に答えようとする研究も進化してきている（Todd and Wolpin 2023）。

「再現性」のみならず、「実践性の限界」や「当事者排除問題」に対処する「第三世代」の実証研究においては、今後ビッグデータやオルタナティブデータ[20]の利用拡大と様々なステークホルダー間での連携関係、さらには根本的な科学的方法論の変革が鍵になっていくように思われる。

6.1　ハイブリッドデータの進化と「開かれた」研究へ

従来のデータ容量を質・量ともに超える大規模ビッグデータの登場によって実証研究はさらに進化している。データ出自から、ビッグデータは 3 つに区分することができる。第一に、行政機関や民間企業が行う「業務によって生み出される大規模データ」[21]、第二には、携帯電話や SNS のように「個人

---

20)　以下で説明しているように、税務データやクレジットカードを使った購買情報など行政機関や民間企業が蓄積するデジタル化された大規模な業務データ、携帯電話や SNS などによって生み出される大規模データ、衛星画像の解析などを通じて得られる大規模な情報を「ビッグデータ」と呼んでいる。また、伝統的に活用されてきたデータとの対比で「オルタナティブデータ」と呼ぶこともある。

の活動で生み出される大規模データ」、第三は、衛星画像のように「機械によって作り出される大規模データ」である。特にビッグデータに加え、RCT・擬似実験データや従来のミクロデータなど様々なデータを「複合」した研究、つまりハイブリッドデータによる研究が多く行われるようになってきた（Faber and Gaubert 2019；Asher and Novosad 2020；Higuchi et al. 2019）。さらには、理論とデータを統合した研究も進化している。例えば、数量的空間経済（quantitative spatial economics）のモデルや（Redding and Rossi-Hansberg 2017）、セクター間の資源配分非効率性（misallocation）に注目したマクロ経済学の動学的一般均衡モデル等の構造モデル（Bustos et al. 2016；Jones 2016；Adamopoulos et al. 2022）もこうした複合データに組み込まれ、より緻密な政策評価に用いられるようになってきた。

　このようなビッグデータの利用・分析拡大という大きな流れは、計算社会科学（Computational Social Science）とも呼ばれ（Lazer et al. 2020）、経済学のみならず、社会科学実証研究のフロンティアを急速に拡大させてきている。Lazer et al.（2020）では、ビッグデータの登場によって研究の排除性が強化されるリスクに警鐘を鳴らしているが、個人情報保護体制などが進化することでそうした懸念が取り払われ、データ・情報の解析・通信コストが劇的に下がったことで質の高い「ハイブリッドデータ」が世界中で容易に入手可能となり、広く直接的に分析可能となれば、研究の透明性が増し「再現性」「実践性」「排除性」問題の解決に大きな一助となるであろう。

6.2　産官学民連携の強化

　「実践性の限界」や「当事者排除」を克服する上で不可欠なことは、政策実践やビジネスの現場と常に深く連携するリサーチの設計を行い、それを実行していくことである。経済学には、比較優位概念やマーケットデザインの理論のように分野内部で構築されてきた理論も存在するが、開発経済学において研究対象となってきたマイクロクレジットプログラムや貧困卒業プログラムのように、各専門分野についてのいわゆる「ドメイン知識」と、より広く現場の実態に基づきながら、当事者たる企業・政府や NGO が長い活動の

21）行政記録情報の活用については、第 4 章本論（川口）第 3 節でさらに議論される。

中で洗練させてきた理論がインパクトの高い研究や EBPM に取り上げられてきた。

　近年、プラットフォーム企業に経済学者が引き抜かれたり、政府や国際機関の要職に移籍したりすることが多くなってきたが、経済学者と政府・企業・NGO との密接な連携関係は、いわば下からの EBPM を行うための必要条件であり、そうした連携関係をむしろ強化することが第三世代の実証経済学を発展させる原動力になるのではないだろうか。そういう点でいえば、第一世代が取り組んできた、官学の連携をベースにした緻密な現地調査・パネル調査の設計とデータ収集や、第二世代がすでに実践してきた RCT を用いた政策評価、さらには ADB（2020）にみられるような政策に関するナラティブなど定性的な研究を世代交代の見地から切り捨てるのでななく、産官学民連携の文脈でさらに深めていくことが必要である。この問題はきわめて重要であり、第 2 章で詳しく議論するとともに、終章では本書全体の成果に照らして新しい知見を提起したい。

7　おわりに

　経済学における実証研究の 3 つの世代を経て明らかになってきたことは、「分析の信頼性強化」、「大規模データの時代到来」、「社会における経済学の役割変化」という大潮流である。RCT を代表とする社会実験の研究手法実践の進化と、さらなる大規模なデータの急速な拡大、そして産官学民の生産的な連携関係の強化という方向性は、EBMP の流れの中で今後も一層強められるであろう。また、コメントへのリプライに対して述べたように、科学的方法論について根本的な変革が起こる兆しもある。こうした世代交代の潮流が実証研究・実験研究の限界を飛躍的に広げ、さらなる革新的な研究につながっていくことを期待したい。

■謝辞
本稿は、澤田（2020）と澤田（2022）を基にしつつ、2021年10月23日に開催された第一回ウェブシンポジウム『「行動経済学の死」を考える』での報告「開

発経済学と行動経済学——希望を絶望にかえる経済学？」の内容を全面的に
再構成・大幅に加筆したものである。會田剛史、大塚啓二郎、高野久紀、後
藤潤、永井真希、古川知志雄、山﨑潤一の諸氏より有益なコメントをいただ
いた。記して感謝したい。

コメント

来たるべき「第三世代」の 実証経済学研究を考える

會田　剛史

1　はじめに

　21世紀における経済学の「実証化」の背景には、計量経済学的分析手法と
データ収集方法との相互補完的でダイナミックな発展があった。本章の本論
はこれを 3 つの世代の「世代交代」としてまとめることで、ミクロ実証経済
学の過去・現在・未来を考える上で有益な見取り図を提示している。また、
本書を読み進めるとわかる通り、本論の内容は第Ⅰ部「実証経済学における
信頼性革命の意味と意義」（第 2 ・ 3 章）と、第Ⅱ部「経済学の各分野にお
ける実証上の諸問題」の中でも特に労働経済学（第 4 章）、開発経済学（第
5 章）、国際貿易論（第 6 章）、行動経済学（第 7 章）などの応用ミクロ経済
学分野の内容と特に高い親和性がある。これはとりもなおさず、ミクロ実証
経済学の研究者の間で問題意識が共有されていることを示している。筆者も
また、この問題意識を共有するものの一人として、この内容には完全に同意
である。そこで本稿では、本論が紙幅の都合で触れられなかったと思われる
点について、議論を深めるためにあえて挑戦的なコメントを試みたい。

2　経済学のアイデンティティ・クライシス？

　本論は経済学における実証分析の進化を議論するものであるが、特に「第
二世代」と呼ばれる社会実験・因果推論は経済学のみに閉じたものではなく、
むしろ統計学や疫学などにおける分析手法の進展を背景とした各学術分野で
の「共振現象」として広く解釈されるべきものである。実際、このような分
析手法の進化は経済学のみならず、政治学や社会学といった社会科学全体の
分析に対する信頼性を大きく高めてきた。これに伴い、経済学とその他の分
野との垣根は低くなり、経済学者が一般科学や他分野のジャーナルに論文を
掲載するといったことも一般的になってきている。

　ランダム化比較試験や自然実験などの社会実験を利用して因果推論を行う
という研究の潮流は、個別具体的な制度や政策に対する深い理解（いわゆる
「ドメイン知識」）を要求するようになった。一方、本論も指摘するように、
因果効果が生成されるメカニズムについてはブラックボックスとして扱われ
るケースが多く見られる。このような状況下で様々な分野の研究者が同一の
社会問題を分析する場合、経済学が持つ比較優位性はどこにあると考えるべ
きなのであろうか？　もしくは、経済学や政治学といった分野の垣根は消失
していき、最終的には「（社会）科学」として発展的に統一されると考える
べきなのであろうか？　このような問題は、「社会科学における経済学の立
ち位置」といったアカデミックな議論にとどまらず、後述の産官学民連携に
おける「経済学者の」役割を考える上でも重要となろう。

3　「当事者の排除」は解消しうるか？

　第二世代の社会実験（特にRCT）の問題点として挙げられる「当事者排
除」を考える上で手がかりとなるのは、「なぜ開発経済学でこれほどまでに
RCTが流行したのか」という問いであろう。これに対する答えとしては、
研究者自身が独自のデータを収集するという文化が以前より存在していたこ
とや、RCTに適した多くのプロジェクトが存在したこと、先進国に比べて

介入のための諸コストが相対的に低かったことなどが考えられる（會田 2020）。特に介入のためのコストについては、金銭面は当然のことながら、個人情報保護の意識などの RCT 実施の社会的制約が先進国と比較して弱いことなども含まれよう。これが事実であるならば、むしろ開発経済学における RCT の隆盛は先進国・開発途上国間の格差を前提としており、当事者排除を産みやすい構造を有していると考えるべきである。

　このように根深い当事者排除問題について、本論は「第三世代」のビッグデータやそれらを組み合わせたハイブリッドデータの利用がこの問題を解決する一助となるとしている。しかし、RCT でわかることとビッグデータでわかることは同じではないため、この見方はやや楽観的であろう。現場発のアイデアを厳密に評価するためには、それに関する外生変動が必須であり、これはビッグデータそれ自体では解決し得ない問題である。もちろん、ビッグデータによって従来の研究では分析できなかった側面に光が当たるということは十分にありうる。しかし、社会実験データとビッグデータが完全に代替的ではない以上、当事者排除問題を解決するためにどれほど有益であるかについては疑問が残る。

4　制度の形骸化と経済学研究の「進歩」への懸念[22]

　近年取り上げられることが多くなった「疑わしい研究慣行（QRP）」は、意図的であるなしにかかわらず、分析結果の妥当性を揺るがしかねない深刻な問題である。よって、これに対処するために、経済学でも RCT Registry や Pre-Results Review といった制度が近年整備されつつあるのは本論が指摘する通りである。しかし、本質的な問題を十分に議論しないままに、このような形式的な手続きばかりが先行してしまうことについてはいくつかの懸念点が存在する。

　第一に、データ分析の結果に基づいて理論を構築・更新していくというのは科学の一般的手続きであり、HARKing とはきちんと区別されるべきであ

22）本節の内容は川越他（2002）における筆者の発言内容に基づく。

る。実証論文では伝統的に、経済理論とそこから導かれる検証可能な仮説を示した上で、実証分析の結果について議論するという形式が取られる。ゆえに分析結果を見た後で有望な仮説を「後出し」で提示するという HARKing が起こる。一方、近年ではデータ分析の結果を踏まえて理論モデルを構築するといった形式で書かれる論文も見られるようになってきた。もちろん 1 つの論文の中でこのようなプロセスが完結する必要はないが、実証結果と理論構築の間のフィードバックの可能性は十分に担保されるべきである。

　第二に、上記の問題に関連して、事前計画にないデータ分析から得られた新たな発見を正当に評価するための仕組みがないことへの懸念がある。統計的仮説検定や、p ハッキング防止という観点からも、事前計画の公開は重要な取り組みである。しかし、計量経済学的な「真のモデル」が事前にわかり得ない以上、データ分析の過程でより適切な定式化を見つけたり、そもそもの計画になかった新しい発見をしたりするということは、多くの研究者が経験していることであろう。形式的な手続きを重視しすぎると、こういった「発見」の価値が大きく割り引かれてしまうことにつながりかねない。新しい現象を「発見」するという行為と、その正しさを科学的に厳密に「検証」するという行為を同一の枠組みで語ることの難しさについて自覚的であることが望まれよう。

　第三に、HARKing に対して慎重になりすぎるあまりに大きな予算をかけて最小限のデータしか収集しないというアプローチが一般的になると、結果的に使い勝手の悪いデータのみが蓄積され、研究の排他性が促進されてしまうという懸念がある。本論でも挙げられている通り、開発経済学や労働経済学の分野では、多くの研究成果を生み出してきた伝統的なデータが存在する。こういった「第一世代」の多目的データセットの継続的な整備は、公的資金を使った「公共財」としてのデータという観点からも改めて評価されるべきであろう。

　繰り返すが、QRP が分析結果の内的・外的妥当性を脅かす問題であり、それに対応するための制度設計が重要であることは論をまたない。しかし、上述のようにその制度が形骸化し、一人歩きを始めてしまうと研究の健全な発展に対してかえって悪影響を与えかねない。「第三世代」の研究者には、これらの制度のみならず、その背後にある研究倫理の問題に対して絶えず自

覚的であることが求められると言えよう。

5　産官学民連携における経済学者の役割とは？

　実践性や排他性の問題を解消するための今後の方向性として、本論では産官学民連携の強化の重要性が指摘されている。特に近年はエビデンスに基づいた政策形成（EBPM）の重要性が広く認知されるようになったこともあり、この方向性が今後も強化されていくことは想像に難くない。Abhijit Banerjee や Esther Duflo も、「開発援助一般の効果」という大きな問いを、「個々のプロジェクトの効果」という小さな問いに分解してエビデンスを蓄積することの重要性を指摘している（Banerjee and Duflo 2011）。しかし、研究者はただミクロのエビデンスを蓄積していけばいいという楽観論には注意が必要だろう。そこで以下では、EBPM のプロセスを 3 段階に分けて、それぞれの問題について考えたい。

　第一の問題として、蓄積されるエビデンスの偏りがある。本章や第 2 章でも指摘されるように、RCT で評価できる政策介入には明らかな偏りがある。また、RCT による政策介入に絞ったところで、実務家によるものと研究者によるものとの間でテーマ選択やアプローチの仕方などに違いがあることが明らかになっている（DellaVigna and Linos 2022）。第 3 章でも議論されるように、研究者と実務家との間の問題意識の違いを踏まえた上で、両者の協働による大局観に基づいたエビデンス作りが求められている。

　第二の問題としては、エビデンスの解釈の難しさがある。RCT の基本的アイデアは処置群と対照群とをランダムに割り当て、両者のアウトカムの平均的な差を推計するというシンプルなものである。しかし、この RCT においてさえ、コンプライアンスやコンタミネーション、統計的検出力といった分析結果の妥当性を評価する上で重要な問題がある。RCT 以外の擬似実験的手法についても各種の仮定が必要であり、その吟味のためには専門的な知識が必須である。よって、エビデンスを解釈し、研究者と実務家をつなぐような専門家を育成していくこともアカデミアに求められる役割であろう。

　第三の問題としては、得られたエビデンスを最大限有効に活用して意思決

定を行うための科学的な手続きの必要性がある。個々の政策評価で得られた結果は、あくまでもそのサンプルにおける効果であり、いくらエビデンスを蓄積したところで外的妥当性の問題を完全に解消することは理論的に不可能である。そのような限られたエビデンスに基づき、目標を明確にした上で政策立案を行うためには、科学的な意思決定の指針が必要となる。そのためにも、統計的意思決定理論の発展・応用などによるガイドラインが重要となろう（Manski 2013）。

　このようなステップを踏まえた上で、エビデンスを蓄積するのみといった消極的な関わりではなく、研究者の側から積極的に「EB（evidence based：エビデンス作り）」と「PM（policy making：政策立案）」の間をつないでいく努力が「第三世代」の研究者には求められているのではないだろうか？

6　おわりに

　ミクロ実証経済学の発展プロセスを三世代の「世代交代」としてまとめた本章は、本書の各論を読み進める上での重要な羅針盤となる。ゆえにここで提起した問題は、本章に限ったものでなく、その他の章においても直接・間接的に議論される内容となろう。これらの問題提起もあわせて本書を読み進める上での1つの方向性を示すことができたならば幸いである。

リプライ

第三世代の当事者として
実証経済学への貢献を目指す

澤田　康幸

　討論者が挙げたポイントは、以下の 4 つである。第一に、本章本論がいうところの「第二世代」が信頼性革命に成功し、実証研究は政治学や社会学・公衆衛生学など経済学の枠を大きく超える拡大を見せた。それだからこそ、意図せざる結果として経済学のアイデンティティ・クライシスを生み出しつつあるということである。

　第二に、信頼性革命のラディカル派としてランダム化比較試験（RCT）を武器に急進化を遂げた開発経済学は、南北の経済格差や開発途上国における制度の脆弱性をある意味「搾取」した社会実験を展開することによってこそ飛躍的な発展を遂げることができた。そうした構造により、そもそも必然的に当事者排除を生みやすい構造を内在していたため、広く包摂性の可能性を持つビッグデータの登場は従来の開発経済学進化の原動力を減速させるかもしれない。さらに、ビッグデータと社会実験データとは代替的ではないため、当事者問題の解決法としては限界があり、こうした流れの中にいる「第三世代」に期待するのは楽観的すぎるという点である。

　第三に、疑わしい研究慣行（QRP）を制御することは学術研究の基礎として必要不可欠であるものの、本質的な問題を十分に議論しないままに、形式的な手続きばかりが先行してしまうことで研究の健全な発展が阻害される可能性もある。「第三世代」では、形式を超えて、すべての研究が、より基礎的な科学研究倫理を順守するような仕組みが求められる、という点である。

　第四に、近年、産官学民連携を目指したエビデンスに基づいた政策形成（EBPM）の興隆が著しいものの、蓄積されるエビデンスには常に偏りがあり、エビデンスの解釈の難しさもある。また、得られたエビデンスを最大限有効に活用して意思決定を行うための科学的な手続きも不十分であり、今後は統計的意思決定理論などに基づいた厳密なガイドラインが不可欠となるという

点である。

　いずれの点についても、本論の議論と補完的な面が多く、基本的に同意できるものである。その上で、各ポイントについてさらに議論しておきたい。第一のポイントについては、経済学の最大の武器は、「厚生経済学の基本定理」という強力なベンチマークを持つことであり、その強みは結局のところ失われないのではないかと考える。つまり、このベンチマークからの乖離をもって個々の研究の意義が明確に特徴づけられるということと、より広く理論的・数量的な個人・社会の厚生分析がなされうるという強みは、他の分野にはない独自性であると考えられる。この点で、本論で触れた「メカニズム実験」は経済学に独特のものと考えられるし、近年、Brooks and Donovan（2020）や Meghir et al.（2022）などが行っているように、周辺分野でも用いられるような誘導型モデルを用いた因果推論分析を行いつつ、さらに一般均衡モデルに基づいた厚生分析や反実仮想的政策評価を合わせて行うような分析は経済学に特有のものであり、そうした独自性は失われないだろう。

　第三のポイントについて、現状では「再現性の問題」についての様々な論争が続いているが、ニュールンベルク綱領で規定された、人間を被験者とする研究に関する一連の倫理原則を順守することはもとより、QRP を制御するための形式的な手続きについては、探索的（exploratory）研究であるのかあるいは確証的（confirmatory）研究であるのかを区分し、特に観察データを用いた実証経済学研究の多くが探索的であることを明確にしつつ、後者に対して QRP 制御のための諸手続きを課すことで弊害が抑えられると考えられる（山田 2022）。関連して、科学的方法論の根本問題が議論され、再現性をめぐる科学的方法論の世代交代が起こりうる可能性にも言及しておきたい。経済学のミクロ実証研究では、1％あるいは5％に設定された「ある有意水準のもとで統計的有意かどうかが判断されること」、つまり p 値が有意水準を超えるかどうかをもってエビデンス（科学的根拠）として受け入れるかどうかを決めている。これは、NHST（Null Hypothesis Significance Testing）という科学的方法に基づく手続きであるが、多重検定や HARKing といった QRP など一般的な再現性問題について、そもそも NHST が内包する科学的方法としての根本的な問題がある（マクリン 2022）。経済学の実証分析が踏襲する NHST による統計的検定の理論的整合性・手続き自体の問題も指摘

されており、NHST と p 値の問題を回避するためのより優れた手法として
ベイズファクター（尤度比）などが提案されている（マクリン 2022）。50年
後のミクロ実証研究では NHST という枠組み自体を葬り去った世代が誕生
しているのかもしれない。

　第四のポイントについては、EBPM に加えて、政策の実践と評価から得
られた様々な成果をエビデンスとして蓄積していくという、List（2022）が
いうところの PBEM（Policy-Based Evidence Making：PBEM）を両輪で遂
行していくことが不可欠であろう。これについては、第 2 章本論（園部・黒
崎）第 2 節が詳細な議論を展開している。さらには第二のポイントに関連し
て、第三世代が今後どう進化していくのかについては、以上の論点を踏まえ
た上で、程度の差はあれ、我々自身が新世代の一員としてこれらの問題を主
体的に克服・貢献していくことが求められているのではないだろうか。

引用文献

Abadie, Alberto and Matias Cattaneo (2018) "Econometric Methods for Program
　Evaluation," *Annual Review of Economics*, 10(1), pp.465-503.

Adamopoulos, Tasso, Loren Brandt, Jessica Leight, and Diego Restuccia (2022)
　"Misallocation, Selection, and Productivity: A Quantitative Analysis with Panel Data
　from China," *Econometrica*, 90(3), pp.1261-1282.

ADB (2020) *Asia's Journey to Prosperity: Policy, Market, and Technology over 50
　Years,* Asian Development Bank.（アジア開発銀行著、澤田康幸監訳『アジア開
　発史――政策・市場・技術発展の50年を振り返る』勁草書房、2021年）

Allcott, Hunt (2015) "Site Selection Bias in Program Evaluation," *Quarterly Journal
　of Economics*, 130(3), pp.1117-1165.

Angrist, Joshua D., and Jörn-Steffen Pischke (2010) "The Credibility Revolution in
　Empirical Economics: How Better Research Design Is Taking the Con Out of
　Econometrics," *Journal of Economic Perspectives*, 24(2), pp.3-30.

Asher, Sam, and Paul Novosad (2020) "Rural Roads and Local Economic Develop-
　ment," *American Economic Review*, 110(3), pp.797-823.

Balboni, Clare, Oriana Bandiera, Robin Burgess, Maitreesh Ghatak, and Anton Heil
　(2022) "Why Do People Stay Poor?" *Quarterly Journal of Economics*, 137(2), pp.
　785-844.

Banerjee, Abhijit V. (2020) "Field Experiments and the Practice of Economics," *American Economic Review,* 110(7), pp.1937-1951.

Banerjee, Abhijit V., Alice H. Amsden, Robert H. Bates, Jagdish N. Bhagwati, Angus Deaton, and Nicholas Stern (2007) *Making Aid Work,* MIT Press.

Banerjee, Abhijit V., and Esther Duflo (2011) *Poor Economics: A Radical Rethinking of the Way to Fight Global Poverty,* Public Affairs.（アビジット・V・バナジー、エステル・デュフロ著、山形浩生訳『貧乏人の経済学——もういちど貧困問題を根っこから考える』みすず書房、2012年）

Banerjee, Abhijit V., Esther Duflo, Nathanael Goldberg, Dean Karlan, Robert Osei, William Parienté, Jeremy Shapiro, Bram Thuysbaert, and Christopher Udry (2015a) "A Multifaceted Program Causes Lasting Progress for the Very Poor: Evidence from Six Countries," *Science,* 348 (6236), 1260799.

Banerjee, Abhijit V., Dean Karlan, and Jonathan Zinman (2015b) "Six Randomized Evaluations of Microcredit: Introduction and Further Steps," *American Economic Journal: Applied Economics,* 7(1), pp.1-21.

Brodeur, Abel, Nikolai Cook, and Anthony Heyes (2020) "Methods Matter: p-Hacking and Publication Bias in Causal Analysis in Economics," *American Economic Review,* 110(11), pp.3634-3660.

Brooks, Wyatt, and Kevin Donovan (2020) "Eliminating Uncertainty in Market Access: The Impact of New Bridges in Rural Nicaragua," *Econometrica,* 88(5), pp. 1965-1997.

Bustos, Paula, Bruno Caprettini, and Jacopo Ponticelli (2016) "Agricultural Productivity and Structural Transformation: Evidence from Brazil," *American Economic Review,* 106(6), pp.1320-1365.

Camerer, Colin F., et al. (2016) "Evaluating Replicability of Laboratory Experiments in Economics," *Science,* 351 (6280), pp.1433-1436.

Camerer, Colin F., et al. (2018) "Evaluating the Replicability of Social Science Experiments in *Nature* and *Science* between 2010 and 2015," *Nature Human Behaviour,* 2(9), pp.637-644.

Campbell, Donald T., and Julian C. Stanley (1963) *Experimental and Quasi-Experimental Designs for Research,* Rand-McNally.

Deaton, Angus (2019) *The Analysis of Household Surveys: A Microeconometric Approach to Development Policy,* © Washington, DC: World Bank. http://hdl.handle.net/10986/30394 License: CC BY 3.0 IGO.（2023年5月18日閲覧）.

DellaVigna, Stefano, and Elizabeth Linos (2022) "RCTs to Scale: Comprehensive Evidence from Two Nudge Units," *Econometrica,* 90(1), pp.81-116.

Dercon, Stefan, Pramila Krishnan, and Sofya Krutikova (2013) "Changing Living

Standards in Southern Indian Villages 1975–2006: Revisiting the ICRISAT Village Level Studies," *Journal of Development Studies,* 49(12), pp.1676–1693.

Duflo, Esther (2001) "Schooling and Labor Market Consequences of School Construction in Indonesia: Evidence from an Unusual Policy Experiment," *American Economic Review,* 91(4), pp.795–813.

Faber, Benjamin, and Cecile Gaubert (2019) "Tourism and Economic Development: Evidence from Mexico's Coastline," *American Economic Review,* 109(6), pp.2245–2293.

Glennerster, Rachel, and Kudzai Takavarasha (2013) *Running Randomized Evaluations: A Practical Guide,* Princeton University Press.

Glewwe, Paul, Michael Kremer, Sylvie Moulin, and Eric Zitzewitz (2004) "Retrospective vs. Prospective Analyses of School Inputs: the Case of Flip Charts in Kenya," *Journal of Development Economics,* 74(1), pp.251–268.

Glewwe, Paul, and Petra Todd (2022) *Impact Evaluation in International Development: Theory, Methods and Practice,* World Bank.

Heckman, James J., and Jeffrey A. Smith (1995) "Assessing the Case for Social Experiments," *Journal of Economic Perspectives,* 9(2), pp.85–110.

Hendren, Nathaniel, and Ben Sprung-Keywe (2020) "A Unified Welfare Analysis of Government Policies," *Quarterly Journal of Economics,* 135(3), pp.1209–1318.

Higuchi, Yuki, Nobuhiko Fuwa, Kei Kajisa, Takahiro Sato, and Yasuyuki Sawada (2019) "Disaster Aid Targeting and Self-Reporting Bias: Natural Experimental Evidence from the Philippines," *Sustainability,* 11(3), 771.

Himanshu, Peter Lanjouw, and Nicholas Stern (2018) *How Lives Change: Palanpur, India, and Development Economics,* Oxford University Press.

Hjort, Jonas, Diana Moreira, Gautam Rao, and Juan F. Santini (2021) "How Research Affects Policy: Experimental Evidence from 2,150 Brazilian Municipalities," *American Economic Review,* 111(5), pp.1442–1480.

Jensen, Robert T. and Nolan H. Miller (2008) "Giffen Behavior and Subsistence Consumption," *American Economic Review,* 98(4), pp.1553–1577.

Jones, Charles (2016) "The Facts of Economic Growth," *Handbook of Macroeconomics,* Vol. 2, Ch.1, pp.3–69.

Karlan, Dean, and Jonathan Zinman (2009) "Observing Unobservables: Identifying Information Asymmetries with a Consumer Credit Field Experiment," *Econometrica,* 77(6), pp.1993–2008.

Kim, Taejong, Jong Yil Chai, and Hyeon G. Jang (2014) *Sustained National Deworming Campaign in South Korea 1969–1995,* Ministry of Health and Welfare and Korea Development Institute (KDI) School.

Kremer, Michael (2003) "Randomized Evaluations of Educational Programs in

Developing Countries: Some Lessons ,” *American Economic Review,* 93 (2), pp.102-106.

Lam, David and Robert F. Schoeni (1993) “Effects of Family Background on Earnings and Returns to Schooling: Evidence from Brazil,” *Journal of Political Economy,* 101 (4), pp.710-740.

Lazer, David M., et al. (2020) “Computational Social Science: Obstacles and Opportunities,” *Science,* 369 (6507), pp.1060-1062.

List, John A. (2022) *The Voltage Effect: How to Make Good Ideas Great and Great Ideas Scale,* Currency.

Lowes, Sara, and Eduardo Montero (2021) “The Legacy of Colonial Medicine in Central Africa,” *American Economic Review,* 111 (4), pp.1284-1314.

Ludwig, Jens, Jeffrey R. Kling, and Sendhil Mullainathan (2011) “Mechanism Experiments and Policy Evaluations,” *Journal of Economic Perspectives,* 25 (3), pp. 17-38.

Manski, Charles F. (2013) *Public Policy in an Uncertain World: Analysis and Decisions,* Harvard University Press.

McKenzie, David (2011) “What Are ‘Mechanism Experiments’ and Should We be Doing More of Them?” World Bank Blogs, JUNE 06.

Meghir, Costas, A. Mushfiq Mobarak, Corina Mommaerts, and Melanie Morten (2022) “Migration and Informal Insurance: Evidence from a Randomized Controlled Trial and a Structural Model,” *Review of Economic Studies,* 89 (1), pp.452-480.

Miguel, Edward, and Michael Kremer (2004) “Worms: Identifying Impacts on Education and Health in the Presence of Treatment Externalities,” *Econometrica,* 72 (1), pp.159-217.

National Academies of Sciences, Engineering, and Medicine (2019) *Reproducibility and Replicability in Science,* National Academies Press.

Nature (2022) “Equity Must Be Baked into Randomized Controlled Trials," Editorial, *Nature,* 606.

Newey, Whitney K., James L. Powell, and James R. Walker (1990) “Semiparametric Estimation of Selection Models: Some Empirical Results,” *American Economic Review,* 80 (2), pp.324-328.

O'Grady, Cathleen (2021) “Honesty Study was Based on Fabricated Data,” *Science,* 373 (6558), pp.950-951.

Pitt, Mark M. (1983) “Food Preferences and Nutrition in Rural Bangladesh,” *The Review of Economics and Statistics,* 65 (1), pp.105-114.

Ravallion, Martin (2016) *The Economics of Poverty: History, Measurement, and Policy,* Oxford University Press.

Redding, Stephen J., and Esteban Rossi-Hansberg (2017) “Quantitative Spatial

Economics," *Annual Review of Economics,* 9, pp.21-58.

Rust, John（1987）"Optimal Replacement of GMC Bus Engines: An Empirical Model of Harold Zurcher," *Econometrica,* 55(5), pp.999-1033.

Sawada, Yasuyuki（2022）"Preferences, Behavior, and Welfare Outcomes Against Disasters: A Review," In Mark Skidmore, ed., *Handbook on the Economics of Disasters,* Edward Elgar, pp.252-274.

Sawada, Yasuyuki, Yuki Higuchi, Kei Kajisa, Nobuhiko Fuwa, Esther B. Marciano, and Jonna P. Estudillo（2012）"The East Laguna Village: Four Decades of Studies in a Filipino Village," PRIMCED Discussion Paper Series No. 18, Institute of Economic Research, Hitotsubashi University.

Schultz, Paul T.（2004）"School Subsidies for the Poor: Evaluating the Mexican Progresa Poverty Program," *Journal of Development Economics,* 74(1), pp.199-250.

Strauss, John, and Duncan Thomas（1995）"Human Resources: Empirical Modeling of Household and Family Decisions," in Jere Behrman, and Thirukodikaval N. Srinivasan eds., *Handbook of Development Economics,* North-Holland, Vol. 3A, Ch. 34, pp.1883-2023.

Subramanian, Shankar, and Angus Deaton（1996）"The Demand for Food and Calories," *Journal of Political Economy,* 104(1), pp.133-162.

Subramanian, Arvind, and Devesh Kapur（2021）"The Absent Voices of Development Economics," Project Syndicate, March 26, 2021.

Todd, Petra E., and Kenneth I. Wolpin（2023）"The Best of Both Worlds: Combining RCTs with Structural Modeling," *Journal of Economic Literature,* 61(1), pp.41-85.

Wolpin, Kenneth I.（1984）"An Estimable Dynamic Stochastic Model of Fertility and Child Mortality," *Journal of Political Economy,* 92(5), pp.852-874.

會田剛史（2020）「RCT による開発経済学研究の来し方行く末」経済セミナー編集部編『新版 進化する経済学の実証分析』日本評論社、pp.91-98.

家子直幸、小林庸平、松岡夏子、西尾真治（2016）「エビデンスで変わる政策形成──イギリスにおける「エビデンスに基づく政策」の動向、ランダム化比較試験による実証、及び日本への示唆」政策研究レポート、三菱 UFJ リサーチ＆コンサルティング

市村英彦（2010）「ミクロ実証分析の進展と今後の展望」日本経済学会編『日本経済学会75年史』有斐閣、第 8 章、pp.289-361。

加藤尚武（2011）『災害論──安全性工学への疑問』世界思想社

川越敏司・會田剛史・新井康平（2022）「【鼎談】再現性の問題にどう向き合うか？」『経済セミナー』2022年 6・7 月号、pp.6-22.

木山幸輔（2022）『人権の哲学──基底的価値の探究と現代世界』東京大学出版会

高野久紀（2022）「フィールド実験・実証研究における再現性」『経済セミナー』

2022年 6 ・ 7 月号、pp.35-40.

澤田康幸（2020）「経済学における実証分析の進化」経済セミナー編集部編『新版進化する経済学の実証分析』日本評論社、pp.28-42.

澤田康幸（2022）「（特別寄稿）社会実験・ビッグデータとミクロ実証研究の潮流」『医療経済研究』34(1)、pp.2-16.

中村信之・鈴木綾（2019）「開発ミクロ実証経済学は実験系論文に寄せられる課題を解消しているか？──開発経済学ジャーナルのシステマティックレビューを基に」『農業経済研究』91(1)、pp.1-16.

西山慶彦・新谷元嗣・川口大司・奥井亮（2019）『計量経済学』有斐閣

マクリン謙一郎（2022）「再現性問題における統計学の役割と責任」『（特集）経済学と再現性問題』『経済セミナー』2022年 6 ・ 7 月号、pp.49-57.

見市雅俊・斎藤修・脇村孝平編（2001）『疾病・開発・帝国医療──アジアにおける病気と医療の歴史学』東京大学出版会

山岸俊男（2002）「社会的ジレンマ研究の新しい動向」今井晴雄・岡田章編『ゲーム理論の新展開』勁草書房、pp.175-204.

山田祐樹（2022）「変容する学術出版」行動経済学会第16回大会研究者向け教育セッション『変容する研究世界を生き抜くための作法』2022年12月17日於明治大学

実証経済学の政策への実装

園部 哲史・黒崎 卓

1　はじめに

　世界を変えたいという気持ちは、誰の心にもあるだろう。本書の読者は、実証経済学が世界を変えるのに役立つのではないかと期待していることだろう。実証的社会科学を、社会を良くするために応用することを、最近の言葉では社会実装と呼んでいる。政府の政策を変えることは社会実装の重要な経路の1つであろう。本章では、実証経済学の政策への実装について考えてみたい。もともと経済学と政策の間には親和性があり、例えばマクロ経済政策の分野では、どの国の政策担当者もみなマクロ経済学の専門用語と分析方法を使って仕事をしている。実証経済学は、いっそう政策との親和性が強い。この分野は、嚆矢と目される Card and Krueger（1994）の論文以来、政策をかつてない科学的厳密さで評価する研究に牽引されて発展してきたからである（本書第1章、第3章）。

　それだけに、実証経済学が、効果のない政策を効果の強い政策に置き換え、世界を悩ます難題を解決する画期的政策の立案・施行に貢献するのでは、という期待は大きい。しかし、今のところそれに応えるには至っていない。世界の各地で、政府の政策の大半は、実証的な研究に基づいていないというのが実情だろう。筆者の周囲には実証経済学に失望したという政策担当者もいれば、研究成果に基づいた政策の提案が政策担当者から無視されたという研

究者もいる。ランダム化比較試験（randomized controlled trial：RCT）のコストが高いために、それを実施できる研究者と研究対象が制限されてしまっているという問題もある（本書第 1 章、第 5 章）。

　実証経済学の進歩とともに、政策の効果を評価するための自然実験（natural experiment）、擬似実験（quasi-experiment）等の精緻な分析が身近なものになってきた。しかし、例えばカナダでの政策実験の結果が、カナダにおける追試でさえ滅多に成り立ちそうにないのか、それとも確実に成り立つのか、そして我が国ではどうなのか、といったことは実証経済学の専門家のうち、類似の研究に精通した者が時間をかけて実験記録を読み込まなければ評価できない。しかも確証を得ようとすれば、実際に異なる環境で実験を実施するしかない。研究者による政策実験の結果が発表されていれば、政策担当者がそれを参考にして政策を改善していくだろうと期待するのは無理である。また、喫緊の経済問題の解決に使えそうな政策手段が複数あり、政策担当者がそのどれがよいか知りたがっているのに、研究者はそのことを知らないでいるという事態は、世界中で絶えず生じている。仮にそのニーズを知っていても、研究者はより確実に正しい答えを得るには時間がかかるのは仕方がないと言うのに対して、政策担当者は少しも待てないと言う。したがって実証経済学が進歩したからといって、政策への応用が、関係者たちの努力なしに自動的に、しかも、研究者と政策担当者の双方が満足する形で進展するとはとても期待できない。つまり、努力して実証経済学と政策の架け橋を作らなければならないのである。

　本稿の目的は、政策への応用の活性化へ向けて、どのような工夫ができるのかを探ることにある。これは広い意味では研究の方法論であるが、新たな分析手法の開発を通じて研究の質を改善させるというものではない。本稿は、政策担当者と研究者の間の連携と研究者同士の連携、および研究に必要な資金と労力の調達と動員に焦点を当てる。具体的には、行政機関が置く研究所の研究員、期限付きで行政機関や国際機関のチーフエコノミスト等を務める大学の研究者、そしてシンクタンクの研究員といった人々が、実証経済学と政策立案をブリッジすることになると思われる。日本の場合、行政機関所管の研究所と比べてチーフエコノミスト等登用の歴史は浅く、大手の民間シンクタンクは公共政策への関与よりも投資家向け情報サービスが目立つ。そこ

で、本稿ではチーフエコノミスト等とシンクタンクが政策と研究をブリッジする可能性を探りたい。

　本稿における政策担当者とは、政策の立案と施行にあたる行政府の人々を意味する。政策の策定に立法府の政治家が関わることは言うまでもないが、関わり方が立案より審議に大きく偏っている政治家が少なくない。政策担当者のイメージとしては、行政府の人々を思い浮かべてもらうのがよいであろう。また、政策担当者と研究者の間を媒介するシンクタンク等の中間的な組織で働く人の中にも研究者がいるが、それはシンクタンクの研究者と呼び、単に研究者という場合は大学の教員あるいは研究者のことを指すことにする。

　実証経済学の政策実装には、研究者が研究成果として得たエビデンスに基づいて新しい政策を提案する新規提案の段階と、既存の政策や既存の提案を吟味し、効果が乏しい政策や逆効果の政策を廃止させ、より良い政策に置き換えるためのエビデンスを作る改良の段階がある。エビデンスに基づいた政策形成（Evidence-Based Policy Making：EBPM）というと新規提案をイメージする人が多いだろうし、良い効果を持つというエビデンス付きで提案された政策なら採択されるべきであると思う人も多いだろう。しかし実際には、エビデンスが不十分であることが珍しくない。

　そう言うと、不十分なエビデンスというものがあるのだろうかと驚かれるかもしれない。実は、エビデンスにもいろいろあるのである。様々な偶然が重なって良い政策であるかのように見えただけではないのか、異なる環境においても良い政策であるのか、あるいは単に良い効果があるだけでなく、代替案と比べて優れているのか、さらには政策の目標を例えば効率の改善だけでなく、効率と包摂性（あるいは不平等の是正）の両立に広げても、やはり良い政策であるのかなど、多様なエビデンスを積み上げることにより、より良い政策を生み出す余地は大いにある。特定の政策を取り上げて、その改良のためにエビデンスを積み上げていくことを、本稿では、List（2022）にならって Policy-Based Evidence と呼ぶ。改良型も含めて EBPM と言っても決して間違いではないのであるが、エビデンスがあるならよい政策と誤解している人がいるので、あえて Policy-Based Evidence と呼ぶことによって、エビデンスを積み上げることが大切という点に注意を喚起しようというわけである。いわゆる政策評価も政策を改良するためのエビデンスを作ろうという

試みだから、それも Policy-Based Evidence の一種だが、本稿で政策評価と言わずにわざわざ Policy-Based Evidence というときは、ややしつこくエビデンスを積み上げるという意味が込められていると思っていただきたい。インドの小学生に習熟度別補習を導入するという政策実装において、NGO による小規模 RCT のエビデンスから始まり、規模を拡張した様々なエビデンスの積み上げによって最終的な政策インパクトが生まれた例として、Banerjee et al.（2017）を参照されたい。

　有望と思われる政策の提案に Policy-Based Evidence を加えれば、政策が本当に良い効果を持つ、大袈裟に言えば世界を変える可能性が高まる。そうなると、国際的に活動する大規模慈善事業団体や個人の慈善活動等（以下、フィランソロピーと呼ぶ）も企業も資金の提供に乗り気になるし、政策担当者も研究者の提案に対して警戒を解くだろう。政策担当者の中には、自身が温めてきた政策のアイデアに Policy-Based Evidence を加えてほしいと研究者に依頼するケースも出てくるだろう。また、Policy-Based Evidence への需要の増大は、新しい実証経済学のツールを試す機会や、RCT 等のコストのかかる研究を実施する機会を、より多くの研究者へもたらすだろう。そうなれば、既成概念にとらわれず自由な発想から政策を提案しようという研究も、より活発化するだろう。

　問題は、どうすれば研究者の負担をこれまで以上に増やさずに、Policy-Based Evidence を充実させ、政策担当者の信頼を得て、潤沢な資金を確保し、…という好循環を作り出すかである。本稿では、第1章本論（澤田）第6.2項の産官学民連携についての議論を敷衍し、それらの役割分担と、学の中心である大学と、官・学・民すべての性格を持った中間的な組織としてのシンクタンクをいかに連動させるかについて考察する。以下、第2節では Policy-Based Evidence がないとどうなってしまうのかを考え、第3節では産官学民連携の役割分担、第4節では研究者が大学や大学院で携わる教育活動と上述の好循環の関係について考え、シンクタンクがこれまでうまく果たせていなかった役割をいかに向上させるかについて考察する。

2　Policy-Based Evidence

　科学的な手続きを経て得られた研究結果は、科学的エビデンスである。科学的エビデンスは真理とほぼ同じだと思っている人もいるようだが、大きな間違いである。科学的手法として尊重されている RCT にせよ自然実験にせよ、無作為に選ばれたサンプルを使って、政策を模した介入の効果を統計的に調べる。本来は効果の弱い介入なのに、強い効果を示すようなサンプルが、たまたま選ばれる可能性はある。以下では、これを「まぐれ当たり」と呼ぼう。第1章が警鐘を鳴らす p ハッキングは、まぐれ当たりを恣意的に作り出す非科学的な行動と言える。まぐれ当たりであっても、科学的な手順に沿って実験を行ったところ強い効果が見られたという結果は、エビデンスと言える。しかし、その政策を実施すれば、まぐれ当たりが続かない限り、期待外れ、失政ということになる。

　まぐれ当たりの他にも、実験で強い効果を見せた介入を国レベルの政策として大規模に実施すると、期待外れに終わる可能性はある。その代表的原因の1つである一般均衡効果については第9章本論（植田）を参照されたい。また、供給量の限られた財や資源、特定の人々の特殊な才能、あるいは NGO に代表される介入実施者の強い動機付け等に依存した介入は、規模が拡大するにつれて効果が薄れたり、途中でとん挫したりする危険がある（List 2022；Banerjee et al. 2017）。

2.1　EBPM と政策担当者

　EBPM という流行語は、それを使う人が、まぐれ当たり的なエビデンスもありうると承知の上なのか、知らないで使っているのかによって、意味・内容に大きな違いが生じることに細心の注意が必要である。もし政策担当者が、まぐれ当たりもエビデンスのうちということを知らずに、リップサービスではなく本気でエビデンスに基づく政策を作ろうものなら、失政が続出ということになりかねない。しかし、幸か不幸か、エビデンスに基づく提案が政府の政策として採用されることは、今のところ少ない。それは、政策担当者が研究者からのそうした提案を敬遠しがちな理由があるからであろう。2

つだけ紹介しよう。

　1つは、研究者の提案する政策が小規模であることが多く、そのためインパクトが小さい割に行政上の手間がかかるというものである。研究者として自信をもって提案できるのは、明らかに望ましい効果を持ち、かつ費用対効果の観点からも優れた政策である。そういう提言をしようと思えば、第5章本論（高野・高橋）第1.2項も述べているように、RCT や自然実験を使って因果関係を示しやすく、かつ費用対効果を高い精度で推定できるような「小さな問い」を研究テーマとして選ぼうとするのは自然だろう。それは、互いにシナジー効果を持つ複数の施策のセットではなくて単体の施策であり、恩恵を受けるのが誰であるかも特定しやすい政策である。つまり、政策担当者から見れば、事業総額が小さく、裨益の対象が狭い政策である。それが良いか悪いかは意見の分かれるところである。一方で、ビジネスにせよ公共政策にせよ、世の中を変えるのは、いったん軌道に乗せればインパクトが増大し続けるものだけであると考える研究者がいる。例えば List（2022）がしきりに使うヴォルテージ効果、動詞の scale、副詞句の at scale という言葉は、エジソンが実用化した電球や、グーグルその他のデジタルプラットフォームをイメージしているようだ。

　しかし、規模が小さくてどこが悪い、一隅を照らす、これすなわち国宝なりという考えの研究者もいる。確実に便益が費用を上回る政策を研究者たちがそれぞれ提案し、政策担当者たちがそれらを次々に実施していくなら、世の中は確実に良くなるだろうという考え方である。いずれも理に適うように聞こえる議論であるが、政策担当者が首を縦に振らないことには、提案した政策は実現しない。政策担当者が気にしているのは行政コストである。いかに小粒の案件でも、承認を得るまでの1つ1つのステップで一定の手間や時間がかかる上に、同僚も上司も政治家もそんなに小さなプロジェクトで世の中が変わるのかという批判的な目で見るから、予算獲得には少額である割に時間がかかる。そのため、小規模な政策は敬遠されがちである。

　第二は、提案された政策に政府がどこまで直接的に関わるかが、研究者の提案では明確になっていない傾向がある。研究者は何らかの市場の失敗の是正策に模した介入の効果が、実験等によって効果的であると判断すると、その是正策を政府が実施すべき政策として提案しがちである。しかし、企業、

農家や家計や非営利団体が何らかの工夫をして市場の失敗を是正できるかも
しれないし、政府はシードマネーを拠出するか、法令を整備するだけでよい
のかもしれない。あるいは、ESG 投資（環境・社会・ガバナンスを考慮し
た投資）に期待することもできるかもしれない。出来立ての実験結果に興奮
冷めやらぬ研究者は、そういった実現可能性の検討を忘れがちである。ある
いは、それは政策担当者が検討すればよいことだと思いがちである。確かに、
政策担当者には、政府か民間かの判断に関する経験があり、判断に必要な情
報も集まっていることだろう。しかし、経済学は、市場の失敗への民間の対
応、そこにおける広い意味での制度の役割を研究してきたのであり、豊富な
知見が情報の経済学、組織の経済学、比較制度分析、経済史などの分野で蓄
積されている。それを背景として研究者も政府と民間の役割分担を検討すれ
ば、政策担当者とは異なる判断に至るかもしれないし、異ならないまでも留
意点を指摘して政策をより良く改善できるかもしれない。

　読者の中には、政策担当者は、官邸や省内が重視する政策分野から外れた
提案を無視する傾向があるはずだと指摘したい人もいるだろう。それは正し
い指摘だが、資源が限られている以上、そうした偏りは致し方ないことでも
ある。ただし、政府の優先順位と公共的利益とが大きく乖離しているなら、
日本学術会議のような学術分野全体を代表する機関が声を上げるべきだろう。

2.2　政策研究の社会的便益とコスト

　さて、こうしてみると、研究者による政策の提案には、さらなる検討、研
究を加える余地があることが多いようである。まぐれ当たり、一般均衡効果、
カギを握るインプットの不足、よりインパクトが強くかつ持続する政策への
改良の可能性、政府と民間の役割分担等々について、エビデンスを積み上げ
ていくことが、政策の改善、ひいては世の中を良くすることにつながる。も
ちろん、それには資金と労力がかかる。まぐれ当たりではないことを示すた
めだけに、そもそもコスト高の RCT を 2 回、3 回と繰り返すことは、個々
の研究者にとっては非常に困難である。

　しかし、提案された政策を全国で実施した挙句に空振りに終われば、膨大
な実施の費用がすべて無駄になる。例えば、1 万人のサンプルを対象にした
RCT から、まぐれ当たりの確率、すなわち大規模実施が空振りに終わる確

率が1％にすぎないと予想されたとしよう。しかし、1％でも、全国規模である1億人（すなわち1万人の1万倍）に拡大して実施すると、失敗したときの無駄はRCTの実施費用の1万倍に膨らみ、期待損失もその1％、すなわちRCT100回分に膨らむ。つまり、個々の研究者には無理な3回の追試も、社会全体の期待損失（すなわち100回分）と比べれば、まったく安いものである。

　このように、有望そうな政策の提案をさらに改良するためのエビデンス、すなわちPolicy-Based Evidenceを作ることは、人手はかかるが社会的に有意義であり、政府あるいは民間のどこかが資金を提供するべきであることは、ほとんど疑う余地がないように思われる。しかし、資金をどこからどのように集めるのか、エビデンスを作る研究チームはいかにして組織するのかなど、いろいろと疑問が多い。次節以降で、それらを検討しよう。

3　産官学民の役割分担

　第1章本論（澤田）第6.2項では、経済学者と政府・企業・NGOとの密接な連携関係が第三世代の実証経済学を発展させる原動力になりうる可能性と、第二世代がすでに実践してきたRCTによる政策評価を産官学民連携の文脈でさらに深めていくことの必要性が論じられている。本節と次節ではこの議論を拡張して、まず役割分担について、次に連携の具体的な姿について考察する。本稿で民というのは、NGOの中でもマサチューセッツ工科大学（MIT）のJ-PAL[1]や学術研究の社会実装に関心の強いフィランソロピーなど、研究資金のファンディングをする民間スポンサーをイメージしている。

　さて前節では、実証経済学の政策への応用には、2つの段階があること、2つ目のPolicy-Based Evidenceは、提案がそもそもエビデンスを伴っていなかった場合はもちろん、すでに何らかのエビデンスを伴っていた場合でも、社会にとって重要であると強調した。しかし、研究者の側に、エビデンスを積み上げる多大な努力を払うインセンティブはあるのだろうか。おそらく、

1）J-PALの設立経緯については、第5章本論（髙野・髙橋）第1.2項を参照。

答えはイエスである。第一段階で得たエビデンスがまぐれ当たりでないことを、当の研究者は示したいだろう。また、ビッグデータと一般均衡モデルを融合して、一般均衡効果が政策の効果を台無しにするのか、むしろ強めるのかを調べることは、研究の新しい潮流である（本書第9章参照）。補助金や課税という金銭インセンティブの代わりにナッジ、啓発、認証制度等を使って望ましい行動変容を促せるか、いかなる官民連携が効果的か等を探求することも、興味深い研究テーマになりうる。当の研究者も他の研究者たちも、Policy-Based Evidence 作りに関心があるはずであるし、それは産官民にはできず研究者だけができることでもある。また、新しく提案された政策の評価ではなくて、既存の政策の評価はどうだろう。これは、第二世代の研究者が行ってきたことであるが、第三世代の研究者もそれを新しい研究手法を取り入れながら継続することに、インセンティブを感じるはずである。

3.1　溝を埋める工夫

　問題は、Policy-Based Evidence がどのタイミングで作られるかである。それによって、研究資金の集まりやすさに大きな違いが出る。これまでの議論で自ずと明らかなように、1人の研究者や1つの小さな研究グループで、十分な Policy-Based Evidence を作ることは難しい。複数あるいは多数の研究者が取り組む必要がある。しかし、もし彼らが、それぞれ全く違うタイミングで研究をしたのでは、産官民の耳に入らず、仮に耳に入ったにしても、産官民にこれで世界が変わりそうだと納得してもらうことは難しいだろう。政策担当者たちは、新しいエビデンスについて何も知らず、したがって政策は変わらない。資金集めに関しても、研究者たちがバラバラに科研費などの研究費を獲得するのがせいぜいということになるだろう。

　それに対して、多くの研究者たちが手分けして、有望な政策の提案、あるいは税金の無駄遣いの疑いが濃厚な既存の政策をめぐる Policy-Based Evidence を作ると宣言したなら、どうだろうか。これなら世界が変わる可能性があると思って資金提供を申し出る団体や、介入に必要なモノやサービスの提供に協力を申し出る企業が現れる可能性は高まるであろうし、政策担当者も協力するであろう。研究者間のコーディネーションがまず必要である。

　次に官すなわち政策担当者の側の事情を考えてみよう。彼らは、市場メカ

ニズムに代わる政府による資源配分の仕組みを、緻密かつ包括的な計算に基づいて作り出すという、異能の持ち主である。その能力がいかなるものかは、日本の財務省からの出向者を中心に経済協力開発機構（Organisation for Economic Cooperation and Development：OECD）が進めている国際課税の歴史的改革によく現れているのではないかと思われる。この改革は、世界を悩ませてきた BEPS（Base Erosion and Profit Shifting：税源浸食と利益移転）と税の引き下げ競争を抑止するために、国際課税の原則に大きな変更を加え、条約という強い手段も使って各国の税制を調整し、国際社会が一致協力してグローバルなプラットフォーム企業に相応の税金をとって、世界を変えようというものである（OECD 2021；中尾 2021）。実証経済学を政策に実装するにあたって決定的な役割を果たすのは政策担当者であるし、彼らのもとには様々な情報が集まっている。研究者が政策担当者とよく話し合えば、懸案の政策の成功を確実にするには、どのような Policy-Based Evidence があればよいか、その政策の施行における政府と民間の役割分担や政策のほどよい規模はいかなるものかについて、具体的で有益な示唆が得られるのではないだろうか。

　では、政策担当者は、こうした研究に資金を提供してくれるだろうか。彼らと研究者はプリンシパル・エージェントの関係になり、情報の非対称性も存在するから容易ではない可能性はある。特に政策担当者が温めている政策の構想を改良するために、Policy-Based Evidence を作るのであれば、政策担当者と研究者のそれぞれが所属する官庁と大学の間で契約を結ぶことが可能だろう。ただし、政策担当者からの資金提供に依存すれば、研究者が研究内容の変更や拡張をする自由度は制約される危険がある。

　産業や民間との連携については、実証経済学の個々の研究者が少しずつ経験するようになっていると見受けられる。研究者同士で経験を共有するための集まりを組織することがよいのではないかと思われる。

3.2　連携の事例

　ここで例として、アジア開発銀行研究所（Asian Development Bank Institute：ADBI）というシンクタンクが、現在インドネシアの中学校で実施中の RCT と、それへの「産」と「民」の関わり方を紹介しよう。このプロジェ

クトでは、生徒それぞれの理解度に応じて学習内容・進度を調整するアダプ
ティブ・ラーニングが、インドネシアの中学校の数学教育で効果を示すかど
うかを調べている。個々の生徒の苦手な学習項目を探り当て、練習問題を出
題して採点をするのは、教員よりも疲れを知らない人工知能の方が得意であ
る。インドネシアでは数学を苦手とする生徒が非常に多く、OECD による
学習到達度調査（Programme for International Student Assessment：PISA）
の結果からも、同国の生徒が苦戦している状況がありありと見て取れる。こ
れが同国を調査地とした理由の 1 つである。また、アダプティブ・ラーニン
グにはパソコンやタブレットが欠かせない。コロナ禍の影響による学校の閉
鎖に対応するためのオンライン教育も、それらなしには難しい。同国の教育
省がパソコンの公立中学校への配布を加速していたことも、調査地選定の理
由の 1 つである。アダプティブ・ラーニングは先進国のエリート校や塾です
でに普及しており、インドネシアの大都市でもすでに始まっているが、これ
が公立校、地方の公立校においても実施可能で効果的であるかを調べる意義
は大きい。

　さて、ADBI がこのプロジェクトをインドネシアの教育省へ提案するべく
政策担当者と話し合ってみると、アダプティブ・ラーニングを中学校の数学
教育へ導入することをすでに検討していることがわかった。そのため、前節
で述べた新規提案のつもりが、同省の政策の成功を確実にする Policy-
Based Evidence 作りの研究、つまり改良段階の研究へと位置付けが変わった。
このプロジェクトに参加する産官学民の「学」は、ADBI の研究員 1 名と外
部の教育経済学の研究者のネットワークである。この研究員はこのプロジェ
クト以前にも教育関連のネットワークを多少は持っていたが、ネットワーク
を拡張する努力もした。まず、東南アジアにおけるデジタル技術の教育への
応用（EdTech）の現状に関する研究論文を公募した。続いて、プロジェク
トの中心である RCT の設計の公募と、介入前後の学校および生徒の調査を
実施する大学その他の調査研究機関の公募も行った。公募で集めた知見や新
しいアイデアと公募を通じて得たネットワークを活用しながらプロジェクト
を進めている。

　教育省は教育関係者のいわば集散地・集積地になっているから、ここに教
育の実態やその研究動向に関する情報も集まり、政策担当者と話し合ううち

に ADBI のプロジェクトを知る関係者が増え、教育に力を入れている財団が
スポンサーとして名乗りを上げ、次いで MIT の J-PAL も参加した。この2
つの団体が、このプロジェクトにおける「民」である。「産」に当たるのは、
ソフトウェアを提供する教育産業の企業である。アダプティブ・ラーニング
のソフトウェアは、中学生なのに小学校低学年の算数がよくわかっていない
生徒にも対応できるように、インドネシアの小学校と中学校のカリキュラム
をカバーしていて、かつインドネシア語で使えなければならない。そこで、
インドネシアの教育サービス企業に公募をかけたところ、日本に本社を持ち
ジャカルタ周辺で十分な活動実績のある企業が落札した。この企業はこのプ
ロジェクトを、途上国の公立学校分野へ進出するためのチャンスとみなして、
価格を抑え良質のサービスを提供してくれている。なお、ADBI はそれ自体
が国際機関であるし、本社であるアジア開発銀行（Asian Development
Bank：ADB）の協力も仰いでいる。このように、このプロジェクトは小ぶ
りだが、それに参加する多彩なアクターの役割分担は、それぞれの比較優位
を活かしたものになっていると言える。

　本節の最後に、日本政府が政策評価にどのように取り組んでいるかを概観
すると、1997年の行政改革会議最終報告の提言を受けて、2001年に政策評価
制度がスタートしている。この制度は、各府省が所掌する政策について自ら
評価し、総務省が複数の府省にまたがる政策の評価と各府省の評価の点検を
行うと定めている（総務省 2022a）。その評価書（総務省 2022b）を見る限り、
この制度の政策評価は、実証経済学でいうところの政策評価あるいは
Policy-Based Evidence を作る研究とは似ても似つかぬものといってよい。
実証経済学の政策実装に必要な資金の捻出を、このような制度に期待するの
は無理であるように思われる。

4　大学とシンクタンクの役割

　産官学民の「学」は研究者であり大学であるが、その役割は研究と教育で
ある。実は将来あるいは現役の政策担当者への教育も、実証経済学の政策実
装にとってきわめて重要である。本節ではまずそれについて述べ、次いで産

官学民の連携の仕方について考察する。特に個々の研究者が政府のポストに就任するのと、シンクタンクが媒介して研究者を他の三者と結びつけるのという 2 通りの連携を比較してみよう。

4.1　政策への実装における大学の役割

　マクロ経済学の創始者 John Maynard Keynes は、主著『雇用・利子および貨幣の一般理論』（Keynes 1936）の最後の一文を「良かれ悪しかれ危険なのは思想であって既得権益ではない」（筆者訳）とした。その少し前には「思想の緩やかな浸透」（筆者訳）こそがパワフルだとも言っている。Keynes から実証経済学の研究者へのメッセージは、実証経済学は有益だという思想を、現在および将来の優秀な政策担当者へ徐々に浸透させよ、ということになるだろう。その手段は、大学および大学院での教育に違いない。筆者の一人は 3 年前にルワンダでの会議の合間に、大臣級の官僚の案内で車を飛ばして小さな工業区を訪れた。「なるほど、こういう工夫があるなら、この工業区は本物の産業集積に成長するかもしれませんね」というと、官僚は「先生の授業でこうすればよいと聞きましたから」と応じた。教育はパワフルである。

　最近は大学院レベルの社会人教育が盛んになっており、研究者にとっては実証経済学の魅力をアピールする機会が拡大している。日本の公務員、特に中央の公務員は余裕がなくて大学院になかなか来てくれないが、一般の学生も選挙での投票やその他の機会に政策評価の改善を求める声を上げてくれるかもしれないし、やがて社会に実証経済学の知見を実装することに関わるようになる可能性がある。その可能性は時間の経過とともに強まっていくだろう。教育は、研究の機会を広げるための最良かつ最強の手段である。

　その大切な教育と、自由な発想による研究を行う時間を大学で確保しつつ、実証経済学の政策への応用を進めるために「官」との意見交換を増やし、「産」や「民」とも関わり合うにはどうすればよいのだろうか。アメリカには、大統領経済諮問委員会という制度がある。委員長と 2 名の委員と、そのもとで働く10人程度のプロフェッショナル・スタッフ、その手伝いをする10名程度のジュニア・スタッフ・エコノミストがメンバーである。たいていは 1 年ないし 2 年、大学を休職して参加する研究者であり、その間はホワイトハウスで勤務する。実証経済学ではおなじみのトービット・モデルの James

Tobin、信頼性革命の創始者の 1 人でもある Alan Krueger、本稿に繰り返し登場した John List もこの委員会に参加した経験がある。ある委員長経験者の回想（Feldstein 1992）によれば、大統領が必要とするあらゆる経済関係の助言を絶やさず、財務省や商務省や予算局などの経済官庁と常に連絡しあいながら、大統領の三大教書の 1 つである大統領経済報告を作成するのが、委員会の仕事である。経済のどこかの分野で新しい政策のニーズとアイデアが浮上するたびに、即座に大勢が Policy-Based Evidence 作りに集中して取り組むという働き方らしい。

　政権が変わるたびに、改変あるいは廃止できるのに、戦後ずっとこの委員会の制度が存続しているのは、この官学連携の方法に優れているところが多いからだろう。スター経済学者の集団を常にホワイトハウスに抱えているというのは、アメリカ経済の強みの 1 つに違いない。委員やその下のスタッフたちは、慣れない官僚用語や官僚のしきたりに戸惑いながらハードワークをこなすわけだが、それで研究者としての命が擦り減るわけではない。事実、大学へ戻った後に、多くの元メンバーたちが、純粋な学術研究でいっそう名を上げたことがそれを示している。

　日本の政府系の組織や民間企業でも、チーフエコノミストのポジションを作り、大学の研究者を任用するケースは今後ますます増えていくであろう。そうしたポジションに実証経済学の研究者が任命されて、この分野の知見の政策への実装やより広く社会への実装が増えるのは、望ましいことである。しかし、この制度にも短所はある。第一に、短期間とはいえ大学から離れ、生活も一変することが研究者とその家族にとって負担になるし、第二に組織が研究者を取り込み、疲れ果てない限界までフルに活用しようとするため、取り込まれた研究者が外部の研究者と一緒に研究を盛り立てていく機会を作ることが難しい。第 1 章本論（澤田）第 6 節の言葉を使うなら、「開かれた」研究になりがたいのではないかと思われる。学術論文になりがたいタイプの政策研究を迅速に行うことが経済学者に求められ、それに応えた直近の例として、新型コロナ危機での仲田・藤井（2022）を挙げたい。本書は、政策実装への取り組みが研究者、とりわけ若手研究者にもたらすこのようなジレンマを考える上で、示唆に富む。

4.2　政策シンクタンクの役割

　次に政策シンクタンクに目を向けてみよう。これは、企業や投資家等に情報を提供する都市銀行や大手証券会社の子会社シンクタンクと区別して、政府の政策立案と科学的研究との橋渡しを目標にしたシンクタンクを指す。この目標が実現しているかというと、たいていは道半ばである。政策シンクタンクの大半は、新しい政策の潮流や動向、外国での成功事例等の情報収集とその紹介に力を入れていて、最先端の研究を行って政策を提案したり、本格的な政策評価を行ったりということはほとんどできていない。日本では例外的に経済産業研究所（Research Institute of Economy, Trade and Industry：RIETI）が、そうした研究を行い、研究の政策への実装にある程度成功しているようである。シンクタンクの多くがなぜ先端的な研究と政策とを結びつけられないかというと、先端的研究の能力が弱いか、政策担当者との関係が弱くて後者のニーズをつかめないかのいずれかだろう。

　アメリカのトップレベルのシンクタンクは、名門大学とさして変わらない評判を得ているので、有力な研究者を内部に抱えることができるし、それを通じて外部の一流の研究者とのネットワークも維持できる。さらに、回転ドアというあだ名がついているだけあって、新政権から政治任用されて高官になるメンバーや、政権を去って戻ってくるメンバーが多く、政策担当者と太いパイプを持っている。それに比べて、日本では大学でも政府でもシンクタンクの間を行き来して、どこでも活躍できるという人材は稀である。そのため、政府からの政策担当の中枢に比較的近い出向者を迎え、大学から有力でかつまだ比較的若く高い生産性を維持している研究者を迎えられたシンクタンクが、成果を挙げる傾向がある。

　政策シンクタンクを、実証経済学の政策実装に役立つ橋渡し役として機能させるには、どうすればよいのか。まず、政策シンクタンクの比較優位を強めることが鍵となる。すなわち大学の教員と比べて、政策シンクタンクは、政策担当者との人間関係の距離が近いことや、教室で授業をする代わりに国際機関や「産」や「民」の潜在的スポンサーを開拓することに時間を使えること、つまりフットワークが軽いことに優位性がある。この優位性をますます強化するには、大学院レベルのトレーニングを受け、政府や国際機関で政策立案を経験した者や、慈善財団での勤務を経験した者を回転ドア式に獲得

することが重要だろう。

　次に、取引費用の理論から明らかなように、シンクタンクと外部の研究者が互いに信頼し合える提携関係を築くことも重要である。研究者は、研究の世界で関心がもたれているトピックを研究し、その結果を学術誌に論文として掲載することへの欲求が強いので、政策担当者のニーズを満たすことと、その欲求とがなるべく両立するようにシンクタンク側が工夫しなければ、提携関係は生まれない。そのため、研究者の欲求・関心がわかる人、すなわち研究の世界からの広い意味での出向者を回転ドア式に獲得して、研究しやすい提携関係の作り方を工夫させることが必要だろう。具体的には、Policy-Based Evidence 型の研究論文を学術誌と提携して公募したり、費用のかかる実験系の研究を資金面と内容面で支援するというような工夫である。

　以上をまとめると、

① 政策担当者のエビデンスへのニーズによく沿っている研究なら、政府機関、国際機関、産業界やフィランソロピーから研究資金を集めやすい

② 研究者の気持ちのわかる者が世界の研究者からアイデアを集めるなら、その Policy-Based Evidence 型の研究を学術研究としても価値のあるプロジェクトに仕立てられる可能性が高まる

③ そのプロジェクトを、外部の研究者ネットワークを動員して短期間のうちに集中的に実施するなら、短期間のうちにエビデンスの提供を求めている政策担当者のニーズを満たし、世界を変えることに貢献する可能性が高まる

と言えるだろう。この3点を実行するのに必要な人材は、政策立案、ファンディング、学術研究の世界からの広い意味での出向者たちである。回転ドア式に人材を集め、これら3点を有機的につなげて実行すれば、産官学民の連携による実証経済学の政策実装が実現するだろう。大統領経済諮問委員会のような仕組みが実際に機能している国もあるが、それが機能しにくい制度的あるいは社会的環境においては、政策シンクタンクにこうした役割を担わせるのが、うまいやり方だろうと思われる。

5　おわりに

　本稿は、政策への応用に対象を絞って、実証経済学の改善に向けた方策を探ってきた。結びに当たる本節では、その議論を総括する。今後の方向性については、本章のコメント（後藤）へのリプライとして提示する。

　まず、政策への実装を考える上で必要な発想の転換は、エビデンスに基づいて政策を提案するという Evidence-Based Policy だけではなく、特定の政策提案についてエビデンスを積み上げていく Policy-Based Evidence が重要だということである。後者が不足していると、まぐれ当たりのエビデンスに導かれて不適切な政策を採択する恐れがあり、スケールアップした際に生じる一般均衡効果や特殊専門技能の不足の可能性があり、介入実施者の動機の低下などが政策の効果を失わせる恐れがある。Policy-Based Evidence を蓄積していくには、研究者と政策担当者の対話を核として、産官学民が連携していくことが不可欠である。また、この連携において、シンクタンクがアイデアと資金と労力を動員することに比較優位を発揮できる可能性がある。その例として、インドネシアのアダプティブ・ラーニングのプロジェクトを紹介した。このような対話を通じて、産官学民の連環が強化され、実証経済学の成果が社会実装されていくことを期待したい。

コメント

経済学の社会実装に向けて
最新の研究動向と残された課題

後藤 潤

1　はじめに

　信頼性革命以降、世界中で様々な政策の効果に関して科学的エビデンスが蓄積されつつある。一方で、それらが現実の政策に反映される機会は限定的であった（Baekgaard et al. 2019；Hjort et al. 2021）。このような「経済学の社会実装」における遅れはなぜ生じたのだろうか。具体的には、質の高いエビデンスを考慮した政策立案を阻む要因はいったい何なのか。実証経済学が適切に政策に応用されるための課題と解決策は何なのか。本章本論では、経済学が抱えるこれらの根源的な問題の本質を浮き彫りにしながら、独自の解答が提示されている。

　本論の主要なメッセージは以下のように要約される。すなわち、研究者と政策立案者それぞれが異なる目的とインセンティブに直面している中で実証経済学の社会実装を推し進めるためには、両者の対話を通じた調整が不可欠である。この対話を通じて、研究者主導の「Policy-Based Evidence の蓄積」と政策担当者主導の「効果的な政策立案・実行・評価」の好循環を生み出すことが重要である。

　本稿の目的は、園部・黒崎による本論の主張を「経済学の社会実装における問題の全体像」の中に位置付けながら、研究者が今後喫緊の課題として取り組むべき未検証の問題について整理することである。とりわけ、本稿では政策担当者の意思決定プロセスを図2-1のように4つに分類し、それぞれの段階でどのような問題が存在し、園部・黒崎論考がどのような解決策を提示しているのか解説する。また、残された課題として研究者が取り組むべき論点を列挙したい。

図2-1：政策担当者の意思決定プロセス

出所：筆者作成。

2　政策立案のための情報収集

　政策担当者が政策立案のためにまず行うことは、適切な政策をデザインするための情報収集である。「経済学の社会実装」を念頭に置いた際、ここでの核心となる問いは「政策担当者は科学エビデンスを敬遠するのか？　もしそうならばその背後にはどのような問題があり、それを解消するためには何が必要なのか？」である。この点に関しては、近年研究蓄積が急速にすすみ、政策立案者の意思決定構造が明らかになりつつある。

　第一に、政策担当者は自らが当初意図した政策達成目標と矛盾するエビデンスを忌避する傾向があり、事前に予測されていた結論と整合的ではないエビデンスが得られた場合それを軽視する可能性があることがわかってきている（Baekgaard et al. 2019；Banuri et al. 2019；Vivalt and Coville 2021；Lu and Chen 2021）。第二に、そのような心理的バイアスにもとづく壁が報告される一方で、途上国における大規模フィールド実験は、①政策担当者がエビデンスへのアクセスが確保されればそれを積極的に活用しようとする傾向があること（Hjort et al. 2021）、②政策担当者に対して適切な教育（初歩的な因果推論）を提供することでエビデンスの質に対する理解が進むこと（Mehmood et al. 2022）を明らかにした。園部・黒崎論考はこの点について既存研究と整合的な立場をとりながら、とりわけ政策担当者への教育の重要性や政策担当者と対話することでお互いのニーズを理解しながら情報共有することの重要性を示唆している。こうした教育・コミュニケーションの重要性は論をまたないが、近年の研究には課題も残されている。すなわち、官僚個人の能力や知識が補完できたとしても官僚同士のフリーライディング問題

や[2]、組織内部でエビデンスの理解に違いがあることに起因する機能不全[3]などをどう解消するのかが今後の研究における焦点になってくるだろう。

3　政策立案のための利害調整・計画

　政策担当者の意思決定プロセスとして次にくるステップは、政策立案のための利害調整・計画である。このプロセスにおいて「経済学の社会実装」がどのように阻害されているのかを明らかにした研究は管見の限りほとんどない。一方で、園部・黒崎論考は興味深い仮説を提示している。それは、研究者が提案する政策は小規模であることが多く、政策立案・実施にかかるコストに見合わないため実際には採用されない、というものである。今後はこの仮説の検証を行うとともに、政策立案過程での利害調整や計画段階でどのようにエビデンスがふるい落とされているのか、関係者による議論の展開や手続きを現場レベルで確認しながら全体像を把握することが重要になると思われる。

4　政策の実行と修正

　政策立案のための利害調整および計画が終われば、いよいよ政策が実行に移される。適切なエビデンスが取捨選択され政策に反映されているのであれば、この段階で「経済学の社会実装」はひとまず達成されたことになる。しかしながら、政策が実行に移されてから初めて見えてくる課題があることに注意が必要である。例えば、ターゲティングの失敗や受益者によるインセン

2）より良い政策の立案は一種の公共財供給とみなすことができるため、官僚個人の能力がどれだけ改善しても、各個人がフリーライディングのインセンティブを持つことは避けられない。

3）例えばピラミッド型官僚組織の下層に所属するすべての政策担当者がエビデンスの重要性を理解していても、トップがそれを理解していなければエビデンスを政策立案に反映させることは難しいかもしれない。官僚への教育提供において、組織機構のどの階層にアプローチすることが最低限必要なのかを明らかにする研究が必要になるだろう。

ティブに対する予想外の反応などが明らかになることがある。このような状況で迅速に政策内容を修正し再実行するためには、政策立案に関与するすべてのアクターによる協力が避けられないと考えられる。現場での調査や観察を通じて問題を把握する研究者、現実的かつ実行可能な代替案を探る政策担当者、それを制度化する政治家、という三者がコミュニケーションをとることのできる機会を確保していくことが肝要と思われる。

　この点について園部・黒崎による本論は、「政策の策定に立法府の政治家が関わることは言うまでもない」（第1節，p.45）と前置きしつつ、政治家についての議論を避けている。政策立案において異なるインセンティブ構造に直面するプレイヤーが多数関与することで意思決定プロセスが麻痺する可能性は十分あるものの、政治家と研究者がどのように協力することができるのか探るのは等閑視できない点であると思われる。例えばブラジルにおける政権交代を自然実験として利用したAkhtari et al.（2022）は、政権交代が起こることで新政権が自らにとって都合のよい官僚機構を作るために官僚組織と制度を変更し、その混乱のしわ寄せが政策実行の末端部分に及んでいることを明らかにしている。政治家が直面するインセンティブ構造を理解しながら、政策実行への歪んだ介入を防ぎつつ政策を修正する段階での協働が可能になるような制度設計はどのようなものなのか、それは実現可能なのか議論を深める必要がある。

5　政策評価

　政策担当者の意思決定プロセスの最終段階は、政策評価である。ここで重要なのは「科学的厳密さ」が担保された評価手法をいかに採用してデータ分析を行うかである。園部・黒崎論考が主張するようにこうしたデータ分析の重要性について教育を通じて社会に浸透させることは言うまでもなく重要だが、本稿ではもう一歩踏み込んで「なぜ科学的厳密さが担保された評価手法が現場で採用されないのか」を考えてみたい。具体的には、データ分析におけるスピードと質のトレードオフが厳密な評価手法への忌避を生んでいる可能性である。政策担当者は現実社会で起こっている緊急性の高い問題への対

処としてエビデンスを必要としているにもかかわらず、研究者がエビデンスへの質に対する過剰なこだわりを持つために評価手法に関する合意がとれない例は枚挙にいとまがない。こうした状況への 1 つの解決策は、即座的なエビデンスと長い時間をかけた確実なエビデンスを分けて評価しながら、即座的なエビデンスはどのような統計学的仮定が追加された上での因果推論なのかを一般向けにわかりやすく解説することであろう。学術的な厳密さから鑑みて因果推論が厳しいと思われる識別戦略であっても、追加の仮定を置くことで留保付きのエビデンスとして成立させざるをえないことはある。その際どのような妥協をしていて、結果の解釈にどのような懸念点があるのかを明確に説明することは、研究者にとっての責務であると思われる。

6　おわりに：エビデンスを政策に応用するために「研究者」に必要な工夫

　最後に、「経済学の社会実装」を実現するために研究者にどのような工夫が必要なのか議論しておきたい。第一に、園部・黒崎論考の重要な主張である「研究者と政策立案者との対話の重要性」について再度強調しておきたい。ごく一部の研究者の中には「無知な」政策担当者への教育活動を通じて彼らに対してエビデンスの重要性を布教する必要があると考えている人もいる。しかしながら園部・黒崎論考が指摘するように、現場レベルでどのようなニーズがあり何が緊急の課題なのかに関する情報は政策担当者の方が豊富に持っていることが多い。研究者が設定するリサーチクエスチョンが社会的にどれだけ妥当なのか、データ分析において課題解決の焦点がぶれていないか、などという点について研究者と実務家や政策立案者が率直に意見を交わす場が必要だと思われる。第二に、研究成果を政策に反映するためには、研究者による現実理解が適切であることが大前提であるが、この点について体系的な整理が必要な段階に来ているのではないだろうか。現場でインタビュー調査を行う際やデータ取得をする際に、どのような要所をおさえることで現実理解が進むのか。現時点では個別のケースに応じて各研究者の力量と裁量に依存している部分が多くブラックボックスになっている。もちろんケースバイケースでの対応が必須なのは言うまでもないが、「現実を適切に理解する

ためのフィールドワーク論」の確立に向けてさらなる議論の深化があれば、知識とノウハウを整理した上でより良い政策立案に貢献できる研究の促進につながるのではないだろうか。

第2章　コメント

第2章　リプライ

リプライ

政策担当者の意思決定プロセスと研究者に必要な工夫

園部 哲史・黒崎 卓

　討論者による「政策担当者の意思決定プロセス」の図（p.61　図2-1）と、その4段階それぞれに対して整理されたコメントは、我々が暗黙の裡に想定していた構造を明示的に示しており、非常に有益である。また、我々が実証研究の裏付けなしに憶測的に書いていたメカニズムのいくつかに関して、ランダム化比較試験（RCT）に基づくエビデンスが陸続と現れつつあるとの指摘には大いに勇気づけられた。同時に、我々の不勉強を謝り、討論者に心より謝意を表したい。政策担当者が当初意図した政策達成目標と矛盾するエビデンスを軽視する傾向がある反面、初歩的な因果推論のようなスキルを適切に教育することによって高質のエビデンスがどのようなものであるかの理解を深めるといったRCTの近年の研究成果は、非常に興味深い。同様の研究や、自然実験を適用して似たイシューを分析する研究がさらに蓄積されていくことに期待したい。

　研究者が小規模な介入を提案しがちであり、それでは政策立案者に採用されにくいという我々の議論は、本章本論では話が長くなるので省略したが、3人の政策担当者と別々の機会に会った際に、異なるRCTを例にとってRCTに基づく政策提言をどう思うかと聞いたときの会話に基づいている。2人からはごく婉曲的に、その特定の例のことはわからないが一般論としてあまり感心していないという反応が帰ってきた。残りの比較的親しい1人の

反応は、「そうした提言や、よい政策を作るための RCT だから研究資金を出してくれという話が次々に舞い込むが、勘弁してほしい」というかなり否定的なものだった。採用されにくい理由は、彼らから聞いたものを少し敷衍して本論に書いてみた。つまり、小ぶりな政策提言は研究の結果の通りに個人や社会にとってプラスの効果を持つとしても、政策担当者にとっての取引費用を高める一方で、それらを積み重ねても、国民の広い支持を得られるような印象的な成果は得られないと思うという理由である。本当にそういう理由なのか、本当に小規模な政策を敬遠するのかを確認するための RCT を試みてはというコメント中の提案には興味はあるが、どのように設計するのか想像がつかない。とはいえ非常に弱いエビデンスで我々が議論していることも事実なので、他の方法で仮説の検証ができないか、今後検討していきたい。

　政治家についての議論を避けているという批判についても、その通りと言わざるをえない。政策実装の質を高めていく上で、政治家と経済学者の連携は重要であると我々も考える。政策担当者と政治家のインセンティブが一致しないことは明白なので、その違いに関する構造の解明と、それを反映させた政策立案への提言は、今後の重要な研究課題となろう。検証すべき仮説を導き出すために理論モデルを作るとすれば、Laffont and Tirole（1991）が政治家たちの議会と、専門家からなる規制当局、規制される産業と、利益団体の間のインセンティブと情報の非対称性から生じる「規制の虜」を定式化したモデルが参考になるのではないだろうか。討論者が言及してくれた実証論文は、自然実験をうまく利用した優れた研究であると評価する。

　研究者と政策担当者との間での対話こそが実証経済学の社会実装推進に不可欠であるという本章本論のメッセージに、討論者からも賛同してもらい、大変うれしく思う。本論では、対話がうまくいっていない局面として、研究者が提案する介入の規模が小さい傾向、政府の関与に関する具体性の欠如、官邸や省内の重視する政策分野との乖離の可能性などについて指摘した。

　また、英文の査読付きジャーナルに論文を公刊するプレッシャーを日々強く感じている経済学者は、政策研究においても新規性を追求しがちになり、政策担当者のニーズとのミスマッチが顕著になるという可能性も考えられる。小林・青柳（2020）は、政策担当者を含む実務家と研究者がいかにフィールド実験で協働できるかに関し、研究者が持つべき心構えについて取りまとめ

ている。実務者のニーズに十分配慮して、粘り強く提案を売り込むこと、二番煎じや、第 3 章本論（大塚・樋口・鈴木）や第 5 章本論とリプライ（高野・高橋）で話題になった「やったらこうなった」的 RCT（いわゆる「ヤッコー」研究）であっても長期的な投資と考えて実施する意義があること、RCT では統計的検出力のチェックを必ず慎重に行ってサンプルサイズでは妥協しないことなど、非常に有益なアドバイスが彼らの議論から得られる。学術価値の高い研究を目指すから時間がかかっても構わないと考えがちな研究者と、予算編成等の意思決定の時間制約を受ける政策担当者では、時間軸も異なることを、小林・青柳（2020）も指摘している。本論で紹介した大統領経済諮問委員会に参加する研究者は、まさにそのような時間軸を政策担当者と共有する貴重な経験を得ていると考えることができよう。

　新型コロナ危機において、感染症対策と社会・経済活動のトレードオフのシミュレーション結果を迅速かつ継続的に公開した政策研究（仲田・藤井 2022）に関し、著者の 1 人である仲田が、米国連邦準備制度理事会（The Federal Reserve Board：FRB）のエコノミストとして、このような経験を持っていたことも興味深い。日本でも、実務者と協働した政策研究と大学での研究との間でもっと頻繁な行き来が生じ、政策研究から戻った研究者が、純粋な学術研究でいっそう業績を上げることが増えていけば、素晴しいと考える。

引用文献

Akhtari, Mitra, Diana Moreira, and Laura Trucco (2022) "Political Turnover, Bureaucratic Turnover, and the Quality of Public Services," *American Economic Review*, 112 (2), pp.442-493.

Baekgaard, Martin, Julian Christensen, Casper M. Dahlmann, Asbjørn Mathiasen, and Niels B. G. Petersen (2019) "The Role of Evidence in Politics: Motivated Reasoning and Persuasion among Politicians," *British Journal of Political Science*, 49 (3), pp.1117-1140.

Banerjee, Abhijit, Rukmini Banerji, James Berry, Esther Duflo, Harini Kannan, Shobhini Mukerji, Marc Shotland, and Michael Walton (2017) "From Proof of Concept to Scalable Policies: Challenges and Solutions, with an Application," *Journal of Economic Perspectives,* 31 (4): pp.73-102.

Banuri, Sheheryar, Stefan Dercon, and Varun Gauri（2019）"Biased Policy Professionals," *The World Bank Economic Review,* 33（2）, pp.310-327.

Card, David, and Alan B. Krueger（1994）"Minimum Wages and Employment: A Case Study of the Fast-Food Industry in New Jersey and Pennsylvania," *American Economic Review,* 84（4）, pp.772-793.

Feldstein, Martin（1992）"The Council of Economic Advisers and Economic Advising in the United States," *The Economic Journal,* 102（414）, pp.1223-1234.

Hjort, Jonas, Diana Moreira, Gautam Rao, and Juan F. Santini（2021）"How Research Affects Policy: Experimental Evidence from 2, 150 Brazilian Municipalities," *American Economic Review,* 111（5）, pp.1442-1480.

Keynes, John M.（1936）*The General Theory of Employment, Interest and Money,* Macmillan.

Laffont, Jean-Jacques and Jean Tirole（1991）"The Politics of Government Decision-Making: A Theory of Regulatory Capture," *Quarterly Journal of Economics,* 106（4）, pp.1089-1127.

List, John A.（2022）*The Voltage Effect: How to Make Good Ideas Great and Great Ideas Scale,* Penguin Publishers.

Lu, Wei and Daniel L. Chen（2021）"Motivated Reasoning in the Field: Polarization of Precedent, Prose, and Policy in U.S. Circuit Courts 1930-2013," mimeo.

Mehmood, Sultan, Daniel Chen, and Shaheen Naseer（2022）"Training Policymakers in Econometrics : Evidence from Two Experiments in Pakistan," mimeo.

OECD（2021）"Statement on a Two-Pillar Solution to Address the Tax Challenges Arising from the Digitalisation of the Economy," OECD/G20 Base Erosion and Profit Shifting Project, 8 October 2021.
https: //www. oecd. org/tax/beps/statement-on-a-two-pillar-solution-to-address-the-tax-challenges-arising-from-the-digitalisation-of-the-economy-october-2021.pdf
（2022年11月28日閲覧）.

Vivalt, Eva and Aidan Coville（2021）"How Do Policy-Makers Update Their Beliefs?," mimeo.

小林庸平・青柳恵太郎（2020）「フィールド実験の手引き――EBPM 推進のための経済学者のかかわり方」日本経済学会2020年春季大会企画セッション報告資料

総務省（2022a）「政策評価ポータルサイト――政策評価制度について」
https: //www. soumu. go. jp/main_sosiki/hyouka/seisaku_n/000065209. html （2022年11月25日閲覧）

総務省（2022b）「政策評価ポータルサイト――府省別に探す」
https://www.soumu.go.jp/main_sosiki/hyouka/seisaku_n/portal/hyouka_husyo.html
（2022年11月25日閲覧）

中尾武彦（2021）「国際課税の歴史的改革が進展——巨大多国籍企業への公平な課税」
https://www.mizuho-rt.co.jp/publication/column/research/chairman/pdf/tn_c210714.pdf（2022年11月28日閲覧）
仲田泰祐・藤井大輔（2022）『コロナ危機、経済学者の挑戦——感染症対策と社会活動の両立を目指して』日本評論社

第 **3** 章

これからの実証経済学における課題

大塚 啓二郎・樋口 裕城・鈴木 綾

1　はじめに

　経済学の歴史の中では、いくつもの革命が起こった。20世紀半ばにはケインズ革命があり、それに対峙するマネタリスト革命があった。ケインズ革命は、失業問題の解決に挑戦し、マネタリスト革命はインフレーションの抑制に目的があった（Johnson 1971）。現在は、「信頼性革命（credibility revolution）」の真っただ中にある。信頼性革命の直接の目的は、経済問題の解決ではなく、因果関係の識別（identification）という分析手法の改善である。しかしその究極的な目標は、信頼性のある政策評価を可能にし、効果的な政策を実現することにある。バナジー・デュフロ（2012；2020）は、マイクロクレジットの提供や学校教育の改革のような政策の実施により貧困問題を解決することを提唱している。Bloom et al.（2013）や Sonobe and Otsuka（2014）は、経営研修の提供により開発途上国の企業を成長させることを目指している。こうした因果関係の識別にこだわって見出した経済学の知見がどこまで現実の世界で成功するかが、信頼性革命の最終的な評価につながるであろう。

　第1章が「世代交代」と呼んでいるように、信頼性革命のために、昨今の実証経済学の研究スタイルは大きく変わった（Angrist and Pischke 2010）。ここで、ある補助金政策が実施されたとして、その効果を計測するという問

題を考えてみよう。例えば、補助金政策が実施された前後で企業の利潤が10％増大したとする。しかし、その10％の増加を補助金政策の効果とみなすことはできない。その産業は好調で、政策が実施されなくても企業の利潤が10％成長することは可能であったかもしれない。あるいはこの産業は衰退産業で、政府が思い切った巨額の支出をしたために、もともとは減少するはずが、何とか10％の利潤の増加につながったのかもしれない。経済学者は因果関係の識別という困難な課題の解決のために、長い間苦労を重ねてきた。信頼性革命はこの問題の解決に大きな貢献をしている。その内容と評価については、第1章本論（澤田）に譲るとして、以下では直感的な議論を展開してみたい。

　この革命の柱の1つは、ランダム化比較試験（randomized controlled trial：RCT）である。例えば、1000の対象企業をランダムに500企業ずつ、AとBのグループに分けたとしよう。ランダムに分けたので、平均的にはAグループとBグループは瓜二つである。ここでAに属する企業にだけ補助金を出し、それによってAグループとBグループの業績に相違が生まれれば、それは補助金の因果効果であるとみなすことができる。

　RCTと同じく、類似するグループを探し出して比較するという方法が自然実験（natural experiment：NE）である。例えば、補助金担当者の健康上の理由による業務の遅延など、企業活動とは全く関係のない理由でA地域の企業に補助金が支出され、B地域では補助金の支出がなかったとしよう。もともと2つの地域がきわめて類似していれば、補助金政策後のA地域とB地域の企業の業績の相違は、ほぼ補助金の効果であるとみなすことができる。企業や家計にとって政策は、外から与えられて左右することのできない変数（つまり外生変数）とみなせることを利用し、企業や家計の個票データを用いた回帰分析を通じてその因果効果を特定しようというのがNEの基本的な発想である。

　本稿の第2節では、2010年から2020年にかけてRCTやNEがどのように盛んになってきたかを、主要な経済学雑誌での掲載論文の推移と雑誌間での相違から検討し、第3節ではRCTとNEの類似性、相違、限界、比較優位について考察する。その上で、第4節では信頼性の高い研究を実現するには何をすべきかをエビデンス・ピラミッドを再考しながら議論し、第5節では

信頼性革命に先鞭をつけた研究から何を学ぶべきかについて考える。

　本稿の目的は、RCT や NE をいかに活用するか、言い換えれば、それを含めて経済学における実証研究の望ましい姿を考えることである。結論では、実態認識や経済理論に立脚したアプローチが、信頼性革命の継続とさらなる深化に不可欠であることを指摘する。

2　近年の経済学学術誌の動向

　本節では、信頼性革命という用語が広く用いられるきっかけとなった Angrist and Pischke（2010）の論文が発表された2010年と、その10年後にあたる2020年を比較し、経済学の有力雑誌 6 誌に掲載された論文の傾向を概観する。対象としたのは経済学の総合誌のトップジャーナルである *American Economic Review*（AER）、*Journal of Political Economy*（JPE）、*Quarterly Journal of Economics*（QJE）の 3 誌と、実証論文が比較的多いフィールド誌のトップジャーナルである *American Economic Journal: Applied Economics*（AEJ: AE）、*Journal of Development Economics*（JDE）、*Journal of Labor Economics*（JOLE）の 3 誌である[1]。2 年間分の計 6 誌をあわせた768本の論文を確認し、論文の種別（実証論文、理論・方法論、レビュー論文）とテーマ、著者の数と所属機関、被引用数、使用データの種類を記録した[2]。

　表 3 - 1 のパネル A が示すように、6 誌全体では2010年には実証論文が67.5％、理論・方法論系の論文が32.1％であり、2020年も似た傾向となっている[3]。1963年から2011年までの経済学論文を調べた Hamermesh（2013）によると、1963年では理論系が52％、実証系が48％であったところ、理論系の割合が徐々に下がり、2011年には理論系が28％、実証系が72％となっていることと、ここでの推定は整合的である。全体を見るとあまり大きな変化で

1）フィールド誌のトップジャーナルは、Brodeur, Cook, and Heyes（2020）の情報を基にして選んだ。
2）すでに出版された論文へのコメントやそれに対するリプライは数に含んでいない。
3）経済理論の構築とデータを用いたシミュレーションや推計の両方を含む論文は、どちらがより大きな貢献かを判断して区分した。

表 3 - 1 ：経済学学術誌 6 誌における論文種別の推移（論文数以外は%）

	全体		総合誌					
			AER[a]		QJE		JPE	
	2010	2020	2010	2020	2010	2020	2010	2020
A. 全体 [b]								
実証	67.5	70.0	60.0	50.9	61.4	57.5	53.3	54.9
理論・方法論	32.1	29.4	40.0	48.2	36.4	40.0	46.7	45.1
論文数	308	460	95	112	44	40	30	102
B. 実証系内訳								
RCT	16.8	21.4	31.6	24.6	22.2	17.4	12.5	21.4
NE	24.0	36.7	36.8	21.2	14.8	39.1	12.5	19.6
その他	59.1	41.9	31.6	54.4	63.0	43.5	75.0	58.9

出所：筆者作成。

注：a) AER：*American Economic Review*、QJE：*Quarterly Journal of Economics*、JPE：
　　ican Economic Journal: Applied Economics、JDE：*Journal of Development Eco-*
　　b) 実証、理論・方法論、レビュー論文の 3 種に区分しているが、レビュー論文は数が少ないため

　はないように見えるが、内訳を見ると雑誌によって大きく異なる。総合誌においては、AER と QJE で実証論文の割合が減り、理論・方法論系の論文が増えているのに対し、JPE ではあまり大きな変化はない。一方で、経済学の各分野に特化したフィールド誌においては、AEJ:AE においては両年ともに実証系が95％台であるものの JDE では67.1％が87.0％に、JOLE では80.8％が96.9％に増加した。フィールド誌においては実証論文が主流化しており、理論系の論文は総合誌に集中しているという傾向が見てとれる。これらの数字は、信頼性革命が労働経済学から始まったこと、その後に開発経済学の分野で RCT の活用が急拡大したことを如実に表している。

　パネル B では、実証論文に絞ってその内訳を集計した[4]。全体としてはRCT、NE を使用した論文の割合が増えている。個別の雑誌を見ると、AERと QJE では RCT の割合が減っているが、それ以外では軒並み増えており、

---

　4 ）なお、本稿は RCT と NE に焦点を当てているため、それ以外の実証系論文は「その他」に区分しており、これにはメインの分析に構造推定や擬似的実験、マッチング推定量を用いた論文や観察データに基づく研究などが含まれている。

	フィールド誌					
	AEJ：AE		JDE		JOLE	
	2010	2020	2010	2020	2010	2020
	95.0	95.4	67.1	87.0	80.8	96.9
	5.0	2.3	32.9	13.0	19.2	3.1
	40	43	73	131	26	32
	15.8	17.1	4.1	23.7	4.8	16.1
	34.2	65.9	8.2	41.2	28.6	38.7
	50.0	17.1	87.8	35.1	66.7	45.2

Journal of Political Economy、AEJ: AE : *Amer
nomics*、JOLE : *Journal of Labor Economics*。
表示しておらず、合計が100%とならない箇所がある。

JDE では約5.8倍、JOLE では約3.4倍、JPE においても約1.7倍に増加している。NE を使用した論文は、AER 以外ではすべて増加しており、QJE では約2.6倍、AEJ:AE では約1.9倍、JDE では約5.0倍、2010年時点で NE の割合が高かった JOLE でも1.4倍ほどに増加している。フィールド誌の実証論文における推計方法は、NE が主流となってきたことがわかる。

　因果関係の立証には、RCT や NE の手法で行うことで正確な推計ができるとされている一方、様々な批判も存在する。1つは、RCT の実施や収集するデータの大規模化による、研究に必要な費用の増加である。他方、RCT を実施することで、実務家や現地の研究者等の協力が欠かせなくなり、これまで地理的に偏っていた著者にも多様性が見られるようになったという意見もある。これらを確認するため、表3-2では、論文種別でどのような変化が起きているかをまとめた。

　まず、著者数に関しては、この10年間でどの種別においても増加が見られた。平均値では両年とも RCT の論文には、より多くの著者が関わっている（2020年で3.22人）[5]。また、著者所属機関の国の数もこの間に急増し多様化

表3-2：論文種別による著者、被引用数、使用データの推移

		RCT		NE		非実証	
		2010	2020	2010	2020	2010	2020
著者数	平均	2.94	3.22	2.02	2.27	1.97	2.32
		(1.00)	(1.31)	(0.82)	(1.06)	(0.80)	(1.01)
著者所属機関国 [a]	国数	7	17	9	19	15	19
	アメリカ（％）	74.3	58.0	82.0	58.5	59.0	72.5
被引用数 [b]	平均	170.0	14.2	164.3	12.6	91.6	13.0
		(149.3)	(25.7)	(170.9)	(18.6)	(165.1)	(23.9)
使用データ（％）	一次	88.6	72.5	4.0	7.6		
	二次	8.6	11.6	92.0	86.4		
	両方	2.9	15.9	4.0	5.9		

出所：筆者作成。
注：（ ）内は標準偏差。
　　a）著者所属機関国の著者は、責任著者か、その明示がない場合は筆頭著者。
　　b）Scopus データベースを使用した2022年7月～8月時点の集計による。

している。RCT、NE では10か国増加し、どの論文種別でも圧倒的なシェア
を誇るアメリカの割合がそれぞれ74.3％から58.0％に、82.0％から58.5％に
減少した。一方で、非実証系の論文においてはアメリカのシェアが増加した。
なお、表からは割愛したが、第2位、3位は欧州の国が多い中、2010年には
ゼロだった中国が、2020年には RCT では第3位、NE では第2位にシェア
を伸ばしたことも特徴的である。
　また、インパクトの違いを比べるために、出版後にその論文が他の論文に
引用された数を示す被引用数をエルゼビア社が提供する世界最大級の引用文
献データベース Scopus を使用して調べた。種別間の違いを見ると、2010年
の論文では被引用数が多い順から RCT、NE、非実証であり、2020年では
RCT、非実証、NE であった。特に2010年発行の実証系（RCT 170.0、NE
164.3）と非実証系（91.6）の被引用数には大きな乖離があったが、実証論
文のインパクトが大きいのは、2020年時点で全体の7割が実証論文となって
いることにも起因するだろう[6]。さらに、使用したデータの種類を見ると、

5）これは経済学の一般的傾向であり、Rath and Wohlrabe（2016）によれば、1991年の
　　1.56人から2012の2.23人に増加している。

RCTでは一次データの使用が主流であるのに対しNEでは二次データ使用が主流であるが、NEにおいても一次データが増加傾向にある。また、複数のデータをあわせて使用するなど、二次データの種類にも様々な工夫が見られるようになった。歴史的資料や公文書、定期刊行物をデータ化するものや、さらに近年では、ビッグデータの利用と、画像認識やウェブサイト上の特定の情報を自動的に収集するスクレイピングといった技術の進展とともに、分析に用いられるデータには著しい進展が見られる。

　また実証論文は、データの有無やRCTの実施のしやすさ等で研究課題が設定される懸念もあり、扱われるトピックに偏りがあることもかねてから指摘されてきた。金融政策や大規模インフラ建設などは、ランダムに選択して介入することは難しい。しかし経済的には重要なテーマも多く存在し、因果関係の立証のためにRCTに頼るとすれば、経済学が扱うトピックに偏りが生じかねない。図3‒1は、論文種別による扱うトピックの推移を示す。RCTを使った論文のトピックは、この10年で多様化しているものの、予想通りNEや非実証系の論文よりも偏りがある。2020年のRCTを見ると、教育・保健・社会保障、行動・情報、ビジネス・ファイナンス・市場の割合が高く、それぞれ35％、15％、15％である。これらは、比較的小規模な実験をデザインしやすいとされる分野である。2020年のNEにおいても教育・保健・社会保障の割合が一番高い（22％）が、二番目に政治機構（13％）、三番目にビジネス・ファイナンス・市場と労働がともに12％である。

　2010年と2020年に出版された論文のデータの比較から読み取れるのは、実証系の論文はさらに主流化し、指摘された課題を克服するためにデータ利用に様々な工夫がなされ、扱うトピックも多様化してきたことである。今後は研究課題によって、使われる手法が分かれていく傾向にあるのではないかと考えられる。

6）なお、被引用数は、出版後の年数が長ければそれだけ読者も多くなり、大きくなる可能性も高いので、2010年と2020年に出版された論文の被引用数の比較をするのは適当ではない。

図 3-1：論文種別によるトピックの割合の推移

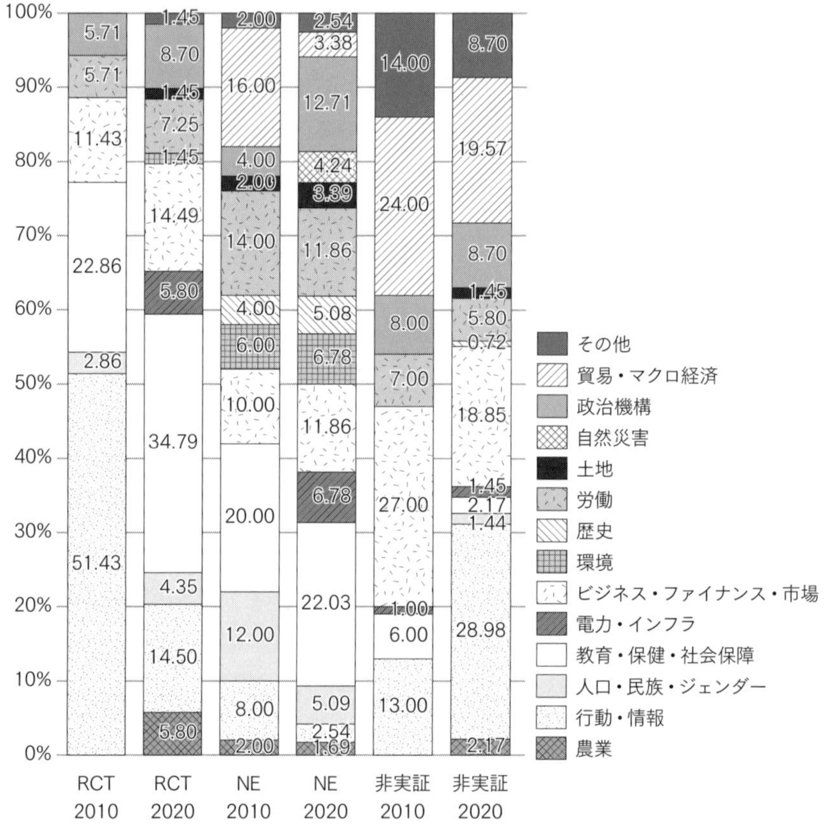

出所：筆者作成。

凡例：
- その他
- 貿易・マクロ経済
- 政治機構
- 自然災害
- 土地
- 労働
- 歴史
- 環境
- ビジネス・ファイナンス・市場
- 電力・インフラ
- 教育・保健・社会保障
- 人口・民族・ジェンダー
- 行動・情報
- 農業

3　RCT と NE の比較

　因果関係を特定するために「外生的」な事象、つまり、分析対象となる家計や企業の特性や意思決定とは無関係の事象を用いるのが RCT と NE の根底にある考え方である。医学の分野では、被験者を集めて新薬を投与するグループ（処置群）としないグループ（対照群）をランダムに分けることでその効果を測定するという治験が、古くは 1 世紀以上も前から実施されてきた。

治験が RCT であり、新たな処置を受けられるかどうかは被験者の特性や意思決定とは無関係にランダムに決まるため、処置の有無は外生的だとみなされる。

　しかしながら、現実世界においてこうした実験を行うことは政策的、政治的、倫理的な困難を伴う。そこで、1980年半ば頃からは、あたかも実験が起こったような状況を自然実験とみなして、因果関係の特定を試みるという NE のアプローチが台頭してきた。あたかも実験が起こったような状況とは、①政府が抽選により政策の受益者を決める場合、②政策の変更や導入、利用可能技術に住民の特性とは関係のない理由で地域差が生じている場合、③天候や自然災害により予期せぬ地域差が生じる場合に大別される。こうした状況における政策や天候の影響を受けた人（つまり処置群）と受けていない人の差は、政策や天候が原因となって生じた因果効果であるとみなすことができる。

　自然実験的な状況を分析するという発想を、計量経済学の分析手法の発展が後押しし、1990年代前半から NE は広く経済学で用いられるようになった。現在では、NE の分析が実証経済学の主流の地位を確立したと言ってもよかろう。NE の分析で用いられる操作変数法（instrumental variables estimation：IV）・回帰不連続デザイン（regression discontinuity design：RDD）・差の差分析（difference in differences：DID）・傾向スコアマッチング法（propensity score matching：PSM）・合成コントロール法（synthetic control method：SCM）といった計量経済学の手法は、初級レベルの計量経済学の教科書でも紹介されるようになってきている。

　第5節で紹介する Card and Krueger（1994）は、NE の草分けとなる論文である。彼らは、ニュージャージー州で最低賃金が引き上げられたが、隣接するペンシルベニア州では差し置かれたことを NE とみなし、最低賃金引き上げ前後の労働市場の変化を分析した。

　NE は研究者自らが状況を制御して行った実験ではないため、研究対象とした事象以外の変化が生じているとうまく因果効果を識別できない場合がある。最低賃金の例の場合、その引き上げと同時期にニュージャージーでのみ大規模インフラ建設が開始されたり、労働者が最低賃金の引き上げを見越してペンシルベニアからニュージャージーに引っ越ししたり、ペンシルベニア

と比べてニュージャージーの景気が悪いがゆえに最低賃金の引き上げが決まっていたりすれば、最低賃金引き上げの効果を識別することは困難になる。詳しい説明は省くが、NE を用いて因果効果を識別するためには、こうした問題が起こっていないことを説得的に議論する必要がある。これは、RCT とは異なり NE が自然に生じた状況を利用していることに起因する限界である。

　1990年後半からは、より弱い仮定のもとで因果関係を特定することができる RCT が経済学の実証研究にも導入されるようになった。もともとは実験室の外における RCT の実施は難しいと考えられてきたが、行政や NGO と協力すれば実施できることが認識されるようになった。第 5 節で紹介する Miguel and Kremer（2004）は初期の RCT 研究で、地方政府と NGO と協力して小学生に虫下し薬を配った実験の結果を報告している。こうした RCT の成功事例が広く知られるようになり、また、RCT を実施するためのノウハウも蓄積されることで、2000年代後半からは数多くの RCT が実施されるようになった。人為的に処置群と対照群を作り地域内に差を生み出すことに対する倫理的な課題も、例えば時期をずらして対照群にも同じ介入を行う等の対処がなされている。

　RCT を経済学に導入し広く普及させた功績を称え、2019年のノーベル経済学賞は Abhijit Banerjee、Esther Duflo、Michael Kremer の 3 名に贈られた。2021年には、NE を用いた因果効果推定の方法論を確立したことを理由として、Joshua Angrist、David Card、Guido Imbens の 3 名に同賞が贈られた。実証経済学に限って言えば、NE ののちに RCT が盛んになったという歩みを考えると、2021年の Card らが先にこの賞を受賞すべきであったという声も大きいが、いずれにせよこの 6 名の実証経済学への貢献は大きい。

　このように発展を遂げてきた NE と RCT について、テーマ設定とデータ収集という観点から比較しよう。RCT は、研究者が因果効果の識別に必要な外生的な事象を自ら作り出し、比較的弱い仮定のもとで因果関係を特定できるメリットが大きい。さらに、経済理論を厳密に検証できるような実験を行うことや、ランダムな割当を途中で変更するといった巧妙なデザインを用いたり、変化のメカニズムを実証するデザインを選択することもできる。その一方で、第 1 章本論（澤田）や前節で見たように、どうしても扱えるテーマが限定的となるという問題がある。RCT は学生や零細企業家といった比

較的同質な対象を数多く得られやすい分野に偏重している。RCTと比較すると NE はその対象となるテーマは広いが、それでも、NE が生じないようなテーマは扱うことができない。さらに、テーマの重要性で研究課題を決めるのではなく、因果関係を識別できる状況の有無で課題を決定しているように見える「自然実験探し」への批判もある。

　一般に、因果効果識別のための仮定の少ない RCT の方が、NE よりも信頼できる証拠が得られると考えられている。しかし、信頼できる証拠として RCT に依存せざるをえないことになれば、実証経済学ではテーマの選定に大きな偏りが生じる懸念もある。この点については、エビデンス・ピラミッドをめぐって次節でより詳しく議論する。

　データ収集という観点で比較すると、RCT は研究者が実験をデザインし、一次データを集めて分析を行うことが多い。RCT の実施時期がわかっているため、その前に処置前のデータを収集し、実施前後のデータを比較することができる。他方、NE の分析には個人や企業レベルの二次データの個票が用いられることが多く、自然実験的な状況に加えて、個票のデータが利用可能であることが重要となる。データが利用可能であれば、歴史を遡って過去の政策の長期的な因果効果を評価することが可能となる場合もある。RCT は初期の研究が出始めてからまだ20年しか経っておらず、一部では長期的な分析も出始めているが、まだまだそれは例外的である（Bouguen et al. 2019）。また、一次データを用いて RCT の長期的な分析を行うためには、対象者を長期にわたって追跡する必要があるが、その間に転居や協力拒否などで情報収集ができないといういわゆるアトリション（やむをえない減少）の問題が生じる。これを少なくするためには、調査協力に対する報酬を大きくする等の仕組みを導入する必要があり、莫大な費用がかかる。

　NE と RCT が経済学の実証研究の進化に大きな貢献をしたことは明らかである。しかし、本稿で強調したいのは、これらの貢献は主に推計の作法に関するものであり、何を研究テーマとするかという点においての貢献ではなく、優れた実証研究には実態認識と経済理論の理解が依然として必要だという点である。これらを抜きに、NE や RCT を用いて推定された結果を解釈することは難しい。それに加えて、NE の識別のために必要な仮定が満たされているかを説得的に議論するためには、分析対象となる政策の内容やその

受益者に関する詳細な理解が重要となる。RCT については、実験内容や集めるべきデータを決めるにあたり、現場で問題となっていることの実態認識や、経済理論への立脚が重要となる。NE と RCT の考え方が広く普及し、分析のための計量経済学のツールがほぼ出そろったと言える現在、今後の実証研究の発展のためには、実態認識と経済理論の重要性はますます強調されるようになるであろう。

4　エビデンス・ピラミッド再考

　医学の分野では、証拠の信頼度が重視されてきた。それを端的に表現しているのがエビデンス・ピラミッドである。図 3 - 2 は、Greenhalgh（2014）の図 2 - 1 を借用しつつ、本稿用に修正を加えたエビデンス・ピラミッドを示している。まず社会科学と関係の薄い医学的研究の層を削除し、医学では使われない NE を RCT のすぐ下の層に含めた。後述するように、最下層に「研究者の実態認識」と「経済理論」を加えた。問題の性質によってピラミッドの内容は異なると言われているが、最も上位に位置するのが「RCT の体系的レビュー」や「メタ分析」であり、最も下位にあるのが「逸話や専門家の意見」であるという点はほぼ合意が得られている。経済学で用いられている RCT の源流は医学の RCT であり、以下では両者にいかなる相違があるかについて検討してみよう。

　特定の明確なテーマについての RCT の結果を体系的にレビューし総合することによって、新しい治療方法や新薬の効果を評価することは疑いもなく合理的なアプローチである。メタ分析は、関連する研究のデータをプールし、再度統計分析を行うものであるが、これもエビデンス・ピラミッドの上位に位置する。ただし、メタ分析が特に有効であるのは研究の基となった処置が同種で等質的である場合である。処置が同種で等質的でなければ、メタ分析の結果は処置や対象者の異質性に左右される[7]。少数の RCT の結果では、

7）この点の詳しい議論やメタ分析の説明については、第 5 章本論（高野・高橋）を参照されたい。

図3-2：エビデンス・ピラミッドの構造

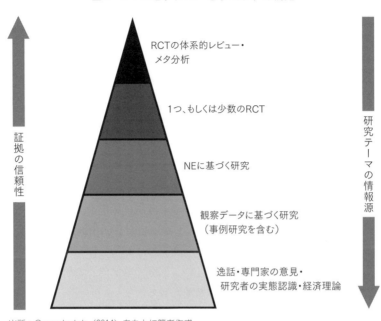

証拠の信頼性

研究テーマの情報源

RCTの体系的レビュー・
メタ分析

1つ、もしくは少数のRCT

NEに基づく研究

観察データに基づく研究
（事例研究を含む）

逸話・専門家の意見・
研究者の実態認識・経済理論

出所：Greenhalgh（2014）をもとに筆者作成。

　偶然が影響している可能性があるので、これは第二の階層に含まれている。前節で議論したように、因果関係の識別のために NE は RCT よりも多くの仮定を必要とするが、処置群と対照群を峻別して識別問題に対処していることから、通常の観察データ（observational data）に基づく研究よりは信頼度が高い。

　それでは経済学の場合に、エビデンス・ピラミッドは当てはまるであろうか？　例えば新薬の効果を評価するような医学の RCT に比較して、経済学の RCT は信頼度が低いと考えられる。まず、すでに議論したように、経済学の諸問題の中で、RCT を適用できるテーマは限られている。また、処置群に選ばれたのに実験への参加を拒否する対象者がいたり、データ収集の際にインタビューを拒否したり、移住したために再調査ができなくなったような場合が生じる。また、処置で得た情報を知人に伝えたり物資を横流ししたりすることによるスピルオーバーの問題、処置が市場の需給を変化させると

いう一般均衡的変化の問題も生じうる。

　メタ分析の信頼性は、さらに問題がある。生物学的な「反応」を見るには異なる対象者であっても同様の結果が得られるかもしれないが、社会科学は人の「行動」に着目しており、行動は制度、習慣、文化等に規定される。例えば、女性の地位が低い国では女性へのマイクロクレジットの供与の効果は、そうでない国よりも低いと考えられる。つまりクレジットの効果は、その対象やその対象が住む地域の特性に大きく依存する（Deaton and Cartwright 2018）。こうした場合に、様々な国で実施された実証研究を集めてメタ分析を行うことにはあまり意味がない。Banerjee（2020）は、RCT を用いた研究は小規模で地域特殊的な研究が多いため外的妥当性に疑問符が付くという批判に対して、類似の研究の数をこなすことが解決策であると答えている。Banerjee et al.（2015a；2015b）は、RCT を用いた貧困削減策の効果を 6 か国の比較から究明しており、まさにこの研究は外的妥当性を検証している。しかしながら、メタ分析に適した多くの「同種で等質的」な研究が存在するケースは、経済学では稀であるように思われる。

　観察データに基づく研究が、RCT や NE を活用した研究よりも証拠としての信頼性の面で劣ることにも、異存はないであろう。また、逸話や専門家の意見などのような最下層に含まれるファクターは、直接的な証拠を提示するものではない。そうであるとすれば、医学の分野におけるエビデンス・ピラミッドの考え方は、基本的には経済学にも通用すると言えるであろう。

　問題は、RCT や NE がより厳密で信頼度が高いという理由で、研究者がピラミッドの下層に位置する観察データに基づく研究、事例研究、逸話、専門家の意見、研究者の実態認識を無視または軽視してしまう傾向があることである。もし経済学者がもっぱら RCT と NE の手法についてだけ学んだとすると、経済学者はどうやって社会にとって重要なテーマを選ぶことができるであろうかという疑問がわく（Akerlof 2020）。たとえ因果関係の識別が不充分であったとしても、観察データに基づく研究から何も学べないということではない。観察データに基づく変数間の相関分析や重回帰分析からも、一定の情報やパターンの理解は得られる。因果関係の識別を重視する信頼性革命が始まる以前の20世紀に展開された実証研究が、全く無意味であると考えるのは行き過ぎであろう。また、研究対象分野の専門家の意見をないがしろ

にして、何が重大な問題かを判別することはできない。

　図3-2の右側の下方向を指す矢印は、エビデンス・ピラミッドの下層に行くほど、それらの研究が研究テーマの選択のための情報源として重要であることを示唆している。この矢印は極端かもしれないが、下層に含まれている情報も重要であるという点がここでの重大な論点である（Paluck 2010）。医学のエビデンス・ピラミッドには含まれていないが、図3-2の最下層に含めた経済理論についての理解や研究者の実態認識も重要な研究テーマの選択につながる。これからの実証経済学では、既存のRCTやNEを用いた分析結果の体系的理解に加えて、観察データに基づく研究の成果や、専門家の意見、さらには経済理論の知識、そして適切な実態認識がテーマの選択にとって重要になるであろう。Deaton and Cartwright（2018）が強調するように、これまで経済学が蓄積してきた知識をさらに進歩させるような適切なテーマの選択があってこそ、RCTやNEを用いた研究が経済学の進歩に役に立つことになる。

5　先行研究から学ぶ

　本節では、信頼性革命のきっかけを作った先行研究について、なぜ優れているのかについて考えてみたい。

　まず議論したいのは、NEに先鞭をつけたことで知られているCard and Krueger（1994）である[8]。最低賃金引き上げの雇用に対する影響を検証したこの研究は、最低賃金が上がれば雇用は減少するというのが経済学の常識であったのに反して、それが雇用にほとんど影響を与えることはなかったという結論を得た。本稿の立場からすれば、この研究には実態感覚、経済理論、計量経済学を結合して、「真実を追求する」という強い姿勢が見られることを評価したい。

　第一に、ニュージャージー州で最低賃金が引き上げられ、隣のペンシルベニア州ではそうではなかったことを利用し、はっきりと処置群と対照群の区

8）彼らの研究については、第4章本論（川口）で詳述されている。

別を導入して因果関係を識別し、NE の原型を確立した。第二に、2 つの州の比較は恣意的であるという批判はあるが、類似した地域を比較するために、ニュージャージー州に類似したペンシルベニア州東部を選んで分析した点が評価できる。実際に410のファストフードの店舗を電話でインタビューし、39の店にはアシスタントを派遣して独自の調査をしている。第三は、著者たちの現実感覚が、理論分析に活かされていることである。最低賃金の上昇が雇用を削減させなかったとすれば、それを妨げるメカニズムが働いていたということであろう。著者たちは、①賃金以外の報酬の削減（例えば従業員の無料での店の食事の廃止）、②生産物価格の上昇による労働需要の持ち直し、③非競争的労働市場のために賃金が抑圧されていたという効果の可能性を指摘している。決着はついていないが、こうした可能性について理論と現実を対話させようとする著者たちの姿勢がうかがえる。第四に、既存の研究を踏まえていることが指摘できる。Card（2022）は当時、最低賃金引き上げが必ずしも雇用にマイナスの影響を与えていないことを示唆する研究が出始めていたことや、経済学者が自ら調査を行う機運が生まれていたことが、Card and Krueger（1994）の研究につながったことを回想している。

　次に、その後の RCT の発展に決定的な影響を与えた Miguel and Kremer（2004）を検討する。途上国における子供たちの線虫（回虫や蟯虫など）の被害が深刻であることは、広く知られていた。彼らは虫下し薬をランダムに選んだ50の学校に配布し、それを配布しなかった25の学校を対照群として、RCT を実施した。調査地であるケニアの西部では90％の小学生が線虫に侵されており、37％は深刻な状態にあった。RCT の結果によれば、虫下し薬の服用により線虫が減少したので子供たちが健康になり、学校への出席率が上がった。

　この研究が、画期的であったことの理由は 2 つある。第一は、丹念な文献のレビューを通じて実際の線虫の被害について深く理解していたことである。この方面の専門家（疫学者）であれば、虫下し薬の学校出席率への効果をうすうす理解していたかもしれないが、厳密に虫下し薬の効果を定量的に示したことが、多くの人々に問題の性質と重要性を知らしめることになったのである。

　もう 1 つこの研究が優れていることは、外部性を定量的に評価してい

とである。虫下し薬の服用によって線虫が減れば、虫下し薬を服用しなかった生徒が線虫から被害を受ける確率が減る。生徒間でこうした外部性があるので、生徒個人ではなく学校を単位としたランダム化を行い、虫下し薬が配布された学校から近隣地域への外部性を推定した。このようにして外部性を評価できたのは、著者たちが優れた実態感覚を持っていたからであろう。

　彼らの研究がさらに卓越しているのは、虫下し薬の実験から20年経過したあとに追跡調査を行い、84％もの対象者からのデータを集めた点である。虫下し薬を服用したことによって消費支出が14％、時間当たりの稼ぎが14％も増加したこと、さらに都市に移住した確率が高く、非農業で働く時間も有意に増加したことを発見した（Hamory et al. 2021）。筆者らが指摘しているように、これは虫下し薬を服用したことで健康・教育という人的資本が向上したことに加えて、その後起こった職業選択、社会活動、結婚などの変化が相乗的に作用した結果であろう。Bouguen et al.（2019）によれば、RCT の長期的効果が有意に示されたケースはきわめて少ない。これは取りも直さず、Miguel and Kremer（2004）が経済理論の知識、専門家の意見、過去の研究成果を総動員して社会的に重要なテーマを見つけ出し、適切に設計された RCT を適用した結果であろう[9]。

6　おわりに

　RCT や NE が、因果関係を識別する推定方法として優れていることは疑いない。これからの経済学の実証研究では、これらの手法を適用した研究が重要な位置を占めるであろう。どれくらい重要な位置を占めるかは、どれくらい重要な研究が行われるかに依存する。因果効果の推定方法がほぼ確立された現在、決定的に重要になるのはテーマの選択であろう。

　筆者たちの経験から言えば、これまでのような観察に基づく事例研究では、文献のレビューから重要そうなテーマを選択し、その後予備調査を実施して

9）とはいえ第1章本論（澤田）第5.2項で指摘されているように、虫下しの教育効果については、すでに専門家の間では知られていたかもしれない。

実態を把握し、問題を設定し、そして分析の方向を定めるという手順を踏ん
だ。それが終わった段階では、分析の結果は定かではないし、テーマの軌道
修正も可能である。つまり、未知のテーマに挑戦ができるのである。しかし、
RCT や NE の場合はテーマを選択した段階で、分析の結果がある程度予測
できていなければならない。もし適切なテーマが選択できていなかったとす
れば、大がかりな実験を実施し、あるいは膨大なデータを収集・加工し、分
析を終えた段階で、意味のある結果が得られないということになりかねない。
特に RCT は、現地の状況をよく知らなくても実施できるので、失敗のリス
クも大きい。それを避けるためには、テーマの選択にあたって実態認識、経
済理論と計量経済学の知識が不可欠であると思われる。つまり、総合力が必
要である。

　しかしながら、例えば疫学についての知識があり、アフリカにおける虫下
し薬の効能を理解し、経済理論に立脚して外部性を考慮に入れ、適切な計量
経済学の手法を用いた推定をすべて 1 人で行える研究者は、ほとんどいない
と思われる。したがって、表 3 - 2 で論文の共著数が増えつつあることを指
摘したように、これからは実態認識を持つ研究者、経済理論に精通した研究
者、計量経済学に長けた研究者による共同研究がより重要になってくると思
われる。ただし、完全な分業体制が望ましいわけではない。専門が全く異な
る研究者が集まったのでは、情報の非対称性のために、お互いの努力を評価
できずに疑心暗鬼に陥り、共同研究は失敗に終わる可能性が高い。共同研究
者同士が、お互いの努力や貢献を理解できる程度には知識を共有することが、
共同研究の成功の必須条件であろう。

　このように考えると、信頼性革命に則って RCT や NE を適切に使いこな
すことの参入障壁は、今後ますます高くなるように思われる。特に、大規模
な RCT は膨大なコストがかかり、若手の研究者には荷が重い。その点で、
努力と工夫次第でデータの収集や加工が可能であり、かつまた適用範囲の広
い NE の方が、本書第 1 章で議論されている第三世代では優勢になるかもし
れない。

■謝辞
本稿のデータ整理にあたり、笹川大輔、戴冠、中村信之、中本大輝、沼田萌香、林和哉、前岡遥の各氏に補助いただいた。記して感謝したい。

コメント

「実態」というジャングル、その歩き方について

山﨑 潤一

1　はじめに

　本章本論は、経済学の近年の実証研究に関する課題を著者たちが整理した形となっている。私の理解した限りでは、「ランダム化比較試験（RCT）には様々な理由から限界があるので、RCT の研究結果以外の“実態認識”ともいうべき情報をどのように研究に使うのか」が主な論点となっており、そのためには総合力や共同研究が重要だという主張が骨子だと理解している。私は大筋では合意するものの、比較的若い研究者である自分から見たときに、明確化を求めたい点、違和感を覚える点などを明らかにしつつ、課題の提示のみならずそれに対する解決策に関する思案などを以下で議論したい。それらに対する本論の著者たちからの返答によって、議論がより明瞭になることを期待している。

2　「実態認識」について

本論では実態認識の重要性にその紙面の多くが割かれている。例えば「テ

ーマの選択にあたって実態認識、経済理論と計量経済学の知識が不可欠であると思われる」（第 4 節，p.84）「研究者がピラミッドの下層に位置する観察データに基づく研究、事例研究、逸話、専門家の意見、研究者の実態認識を無視または軽視してしまう傾向がある」（第 4 節，p.84）という具合である。しかし、そもそも実態認識とはどんなことを指すのかが明瞭に示されていないように感じる。そこで、ここでは私なりの「実態認識」を定義し著者らとの擦り合わせを図りつつ、本論の議論を批判的に検討し直してみようと思う。

　便宜的に機能の意味で実態認識を 2 つに分けたい。まずはリサーチクエスチョンやデータ、設定を所与として、論文を書く際に重要になる「実態認識」である。この中の第一の要素として、興味のある処置変数 D がどのようにして割り振られているかに関する知識、すなわち $D = F(X,e)$ という D の観察可能な X と観察不能な e で表現されるデータ生成過程（data generating process：DGP）に関する知識が識別戦略（identification strategy）の意味で重要であることは、すでに第 1 章本論（澤田）などで触れられているのでそちらを参照されたい。また第二の要素として、興味のある結果変数 Y と D の周りを取り巻く諸々の構造的知識、つまり $Y = G(D, X, e)$ という DGP に関する先験的知識である。この重要性を例にとって示そう。開発経済学の分野では、所得の向上が紛争を減らすのかという一連の文脈があり、そこでは雨を所得の操作変数として利用することが多かった。なぜなら雨は所得を変える一方、他に紛争に関係しそうな事柄とは無関係と考えられていたからである。しかしながら、私たちには「雨は灌漑が整備されている地域では所得に影響しない」という知識がある。ゆえに、もし先ほどの議論が正しければ、灌漑の整備された地域では、雨は紛争に影響しないはずである。しかしながら実際の灌漑の整備された地域のデータでは、雨が紛争に影響していることから、所得以外の経路でも雨が紛争に影響することを示唆したのが Sarsons（2015）である。このように DGP に関する知識は分析結果の妥当性の議論に重要な役割を果たしていることがわかるだろう。もちろん RCT を行えば、D の割り付けが自動的に外生的になるため、さほど議論をする必要はないが、Y に関する DGP がどうなっているかは RCT の結果の解釈に大きく影響するため、やはり重要である。

　もう 1 つの「実態認識」は、そもそも何を問うべきかに関する諸々の文脈

に関する知識である。これは政策現場やフィールド、また過去の研究から照らした場合にどういうテーマが重要かというリサーチクエスチョンの選択や、その問いをデータ分析に落とし込む際にうまくデータが計測したいコンセプトと一致しているか、といった計測の問題を含んでいる。この重要性の例はすでに本章で検討されているので、改めてここでは議論はしない。

　こうして2つに分けてみると、1つのことに気がつく。私は2005年に大学に入学し、信頼性革命がすでに浸透しつつあった2006年あたりから経済学の本格的な教育を受けた。つまり第1章でいうところの第二世代以降に学部や修士課程の教育を受け、博士課程からは信頼性革命を所与として新しい研究を希求した第三世代という、いわば2.5世代であるが、前者の意味での「実態認識」は信頼性革命以降、むしろ重要性を増したのではないかという理解である。例えば自然実験を用いた研究のセミナーや論文などでは、コンテクストに関する議論に多くリソースが投入されている。一方で、本章本論において「問題は、RCTやNEがより厳密で信頼度が高いという理由で、（中略）研究者の実態認識を無視または軽視してしまう傾向があることである」（第4節, p.84）と疑義が挟まれているのは、後者の意味での「実態認識」ではないかと思われる。これに関しては、私は信頼性革命以前以降で変化したのかという定量的な感覚があまりない。もちろん数多ある論文の中には問題のある論文が存在することは確かだろうが、全体的に問題が増えているという傾向があるというためには、例えば論文の引用傾向などから、「信頼性革命以降の論文は地域研究の成果を引用しなくなった」などのことが言えれば、本論がより説得力を増すように思う（もちろん近年の傾向としてないがしろにされていようがいなかろうが、依然として実態認識が重要な点であることに違いないことは付言しておく）。

3　因果推論以外の実証論文について

　本章本論では、エビデンス・ピラミッド上では逸話や専門家の意見等の記述的情報などの階層が低く位置付けられていながらも、その価値を積極的に認めようとしている。私もその点については同意であるし、実際にトップジ

ャーナルにおいても、そうした記述的研究は見受けられる。こうした研究は、精密な因果推論を行うというよりも、世の中の実態を描写し、何が問題なのか、何を研究すべきなのかを議論するというアジェンダセッティング的な役割があると考えられる。

　しかしながら、自らこうした研究を行おうとしたときに気づくことは、トップジャーナルにこの種の研究を発表しているのは一部のエリート大学のシニア研究者に偏重しているかもしれない、ということである。仮にそうだとしても、もちろん彼／彼女らの能力が高いというのは事実ではあるのでそれ自体が問題なのかはわからないし、その他のアプローチの論文と比較して特に偏重しているのかは定かではないのだが、自分の体験からしてここには2つのポイントが存在しうるのではないかと考えられる。

　まずはシニア研究者が多いという傾向があるとすれば、キャリアに関する憂慮が関連しているのではないかと思う。若手の研究者にとっては、綺麗な識別戦略なしに粗が多く切れ味が悪い論文を書くと、良いジャーナルに通らないのではないか、という危惧がある。本稿執筆現在で博士号取得後5年の私には少なくともそう感じられる。一本一本を確実に良いジャーナルに掲載していかないと、キャリアと生活が怪しくなる若手にとっては、こうした論文を書くのはリスキーなのかもしれない。

　また一部のエリート大学に偏っているとすれば、社会環境を含めた広義の研究資源の問題も考えられる。記述的分析においては、むしろデータそのものの質や量が研究の質に直接的に反映される。そうすると、トップジャーナルに載せようと思った場合、アイデア次第では評価されうる RCT よりもむしろ必要な研究資源が大きくなってしまうかもしれない。例えば Dal Bó et al.（2017）の研究は北欧の詳細な個人レベルの行政データを用いており、日本で同様の分析をするのは現状難しいだろう。また Falk et al.（2018）では世界各地の選好に関するデータを収集した結果を用いており、こうした独自調査にも多大な資源が投下されていると思われる。記述的分析に限った話ではないが、これらデータアクセスへのコストを下げていくことは、特に研究資金面でのコストを比較的大きく感じるはずの若手にとっては重要である（実際 Falk et al.（2018）のデータは研究用に公開されている。これは素晴らしいことだと思う）。

　最後に少々異なる論点になるが、信頼性革命以前の研究で多くみられたように、処置変数 D に関する変動がどのように生まれているのか不明な状況で記述の範疇を超えて因果関係を主張しようとすると、ほぼ無限にバイアスが生まれる理由が考えられてしまう。しかしながら、バイアスは存在すれども小さいのかもしれず、逆に利用できるサンプルサイズが大きいなどの理由でこうした非自然実験的研究の方が真に迫ることも、案外あるのかもしれない。また自然実験的状況を用いたとしても仮定の正しさは常に議論の対象になるので、バイアスの問題から自由になることは究極的にはないだろう。そうした意味で、Oster（2019）などの係数の安定性（coefficient stability）分析は、バイアスの大きさ、もしくは識別の不安を客観的・定量的に議論しようとするものであり、自然実験的であるかどうかに関わらず有用であろう。近年多くの実証論文で使われているので、紹介しておきたい。

4　課題と克服について

　本論第 6 節では、経済学理論や計量経済学に加え、「実態認識」をフル動員すること、またそれが実際上難しいことから、異分野のスキルを持った共著者との共同研究が大事だとされている。

　しかしながら大学院生などの若手にとっては、共同研究はシニアに比べてハードルが高いと思われる。なぜならキャリア初期において、単著論文が持つ本人の能力のシグナル的重要性は大きく、また経済学以外のジャーナルへの掲載はあまり評価されないからである。採用側からすればこれらには一定の合理性があるものの、若手の野心的な研究を抑制してしまう効果もあるかもしれない。

　ならいっそ自分一人で総合力を身につけようとする野心溢れる若手もまたいるだろう。確かに経済学の大学院では通常ミクロ・マクロ・計量経済学の3つのコアコースを履修することを求められるので、その意味での総合力を鍛える場所はすでに提供されている。一方で、「実態認識」に関する授業はあまりないのかもしれない。例えば途上国のフィールド調査を行う場合には、どのようなことに気をつけたらよいのだろうか。もしくは、歴史的データを

扱う際に、どのような文献を読めばその時代の背景が理解できるのであろうか。もしくは英語で論文を書くためには、たとえ非英語圏の背景、例えば日本の経済史的背景を用いた研究をしていても、英語で書かれた論文が大いに参考になるが、そのようなものはあるのだろうか。通常の経済学の文献探しには比較的慣れている筆者でも、これらを探すのは比較的難しいし、そもそも経済学とは方法論的に異質な質的研究の世界において、質の高い研究がどういう研究なのかを判断することも難しい。経済学はディシプリンも強固で見通しのよい分野ではあるが、そこから一歩離れつつ実態に近づこうとすると、不慣れなジャングルで彷徨っている感覚を覚える研究者も多いのではないだろうか。

　こういう理由で実証研究に対する参入障壁が高くなってしまうと、競争も共創も起きず、分野が活発化しないという危惧を私は持っている。それに総合力の高い査読者が十分存在しなければ、査読による品質保証も怪しくなってしまう。もちろん勉学に近道なしではあるが、道が見えなければ行けるところにも行けない。いったいどうすればよいだろうか。

　若手の視点に立って何が手元でできるのかを考えると、たとえ単著で論文を仕上げる必要があったとしても、いろいろなタイプの研究会などに参加をし、いろいろな情報を摂取することは重要だろう。身近なところでいえば、例えば同級生などから得た経済史の授業のシラバスなどを参考に文献を探したりするのも一考である。本番のフィールド調査をする前に、できるだけ予備調査や聞き取りなどを行うことも重要であろう。

　一方で、土地勘がある先達が獣道を舗装をするのも分野の発展には欠かせない。例えば地域研究や経済史の分野において、リーディングリストやサーベイ論文の公開によって、その分野の共通理解もしくは対立点が何なのかを明示すると、実態を読み解くコストが下がり、結果として正確な実態認識に基づくことができるかもしれない。またフィールド調査において気をつける事柄などがまとまった資料があれば、多くの学生にとっては有用であろう。特に本論の著者たちはこれまでに多くのフィールド調査を行ってきているので、これらの点において参考になる書籍などがあればぜひ紹介いただきたい。

5　おわりに

　以上、「実態認識」の定義についての確認、記述的分析に関する追加的な
ポイントの提示、また課題に対する改善案に関して議論を行ってきた。読者
の皆さんにとって、課題のより正確な理解や、今後の助けになるような議論
が本論の著者たちとできれば幸いである。

　私個人しては、経済学全体としては実態の認識に基づく研究がより増えて
いくのではと期待を感じている。本書は実証経済学の書籍であるが、近年
「実装」経済学ともいうべき、経済学の社会実装が本邦でも進んでいる。こ
れらは企業や行政の実際のニーズを基に経済学の応用で問題解決を試みるも
のであり、まさに「実態」と対峙しながら理論家を含めた経済学研究者と現
場のアクターが汗水を流すものである。必ずしもそのすべてが学術的な研究
成果になるとは限らないが、そうした交流から新たな経済学的知見や課題が
見出される将来は、もうすでに来ているのだろう。

［リプライ］

「実態」というジャングルの正体

大塚 啓二郎・樋口 裕城・鈴木 綾

　討論者は、実態認識には「リサーチクエスチョンやデータ、設定を所与」
とした場合に必要になる知識と、「そもそも何を問うべきかに関する諸々の
文脈に関する知識」の２つがあることを指摘した。前者は「因果効果の特定
のため」の実態認識であり、推定方法や推定結果の解釈が実態とかけ離れな
いようにするための知識である。後者は「テーマ選定のため」の実態認識で
あり、何を研究課題とすべきか、どのような経済モデルを設定するかを考え

る際に重要となる知識である。本章本論で力点を置いたのは特に後者の意味
での実態認識であり、このリプライの中では実態認識という言葉の中身全体
について議論したい。

　筆者たちが考えている実態認識とは、研究対象となる社会の経済的・社会
的構造、重大な出来事や制度、社会が直面する重要な問題に関する知識のこ
とである。経済的・社会的構造がわかっていると、X と Y と Z という変数
の間にどのような関係があるかを特定化するのに役立つ。討論者の例に従え
ば、灌漑が整備されている地域では雨は所得に影響しないという知識は、重
要な実態認識の一部である。Sarsons（2015）以前の所得と紛争の関係を分
析した論文にはこの実態認識がなかった。そのため、雨は所得を介したルー
ト以外には紛争に影響しないと考え、適切な操作変数であると判断したが、
この論文によって雨が操作変数として不適切であることが立証された。実態
認識があっても確定的なことはわからないが、雨量と灌漑の有無と所得がど
のような関係にあるかは見当がつく。

　信頼性革命の前後で、後者の意味での研究者の実態認識が改善されてきた
かどうかは筆者たちにもわからない。しかしながら、実態を無視した研究が
あまりにも多いことは事実である。例えば、2022年の *American Economic
Review* に掲載されたアフリカのメイズ（トウモロコシ）の質の向上に関す
る論文がある（Bold et al. 2022）。コメについては、日本国内ばかりでなく
国際的にも著しい品質の格差があるが、メイズについてはそれがないことが
知られている。にもかかわらず、アフリカのメイズの質を向上させるような
研修を農家に提供するランダム化比較試験（RCT）が実施された。その結果、
そうした研修は効果がないことが確認された。第5章本論（高野・高橋）第
3節で紹介されているように、分益小作料を引き上げることの効果を RCT
を用いて分析している研究も実態感覚に欠けている。また第5章では、とに
かく RCT をやったという「ヤッコー研究」が増えていることが紹介されて
いる。こうした怪しげな研究が混じっていては、研究成果を政策に活用する
のは容易ではない。

　筆者たちは、因果推論以外の実証研究を推奨しているわけではない。信頼
ができかつ重要な因果推論を行うためには、理論や計量経済学の知識に加え
て、実態認識が重要であると主張しているのである。しかしながら、討論者

が指摘しているように「実態認識」を教えてくれる教科書はない。なぜなら
ば、それは主に経験と努力によって獲得されるものであり、時代や場所によ
っても変わりうるものだからである。アメリカの大学院では、博士論文のた
めにフィールド調査を行うと、経験不足のためになかなか成果が出ないと言
われている。Christopher Udry は現場を重視する代表的な開発経済学者であ
るが、彼が経済学者としての評価を高めるには長い時間を要した（Google
Scholar Citations の推移より）。速水佑次郎は、初めての本格的な農村調査
を行う前に、少数のサンプル農家を選んで生産、消費、労働配分、貯蓄、投
資等の基本的なデータを収集して、まず実態の把握に努めた（Hayami et al.
1978）。今日では、経済学者が開発途上国に行く機会は増えている。しかし
ながら、途上国に行く目的が RCT の準備、二次データの収得、あるいは自
然実験探しになっていて、「テーマ選定」を目的とした実態認識獲得のため
の調査は、むしろ減っているのではないかと思えてならない。

　こうした実態認識を得るための確立された手法はないが、本格的なデータ
収集の前にピラミッドの下層にある情報に耳を傾け、多様なステークホルダ
ーの話を聞き、見えてきた現実と経済理論とを対話させることが重要である。
実態認識に関する重要な知識はどこかに転がっているものではなく、理論を
使いながら研究者が積極的に「掘り起こす」作業から得られるものである。
だから経験の豊富な研究者が、「フィールド調査のコツ」について議論する
ことは価値があると思う。

　しかしそれにしても、信頼性革命の時代は参入障壁が高く、若手研究者に
は厳しい研究環境である。本論では、異なる能力を有する研究者の共同研究
を推奨したが、異なる能力を有する研究者との接触を増やすのも効果的な方
法かもしれない。そのような若手とベテランが議論する場は、これからます
ます重要になるであろう。

引用文献

Akerlof, George A. (2020) "Sins of Omission and the Practice of Economics," *Journal of Economic Literature,* 58(2), pp.405-418.

Angrist, Joshua D., and Jörn-Steffen Pischke (2010) "The Credibility Revolution in Empirical Economics: How Better Research Design Is Taking the Con out of Econometrics," *Journal of Economic Perspectives,* 24(2), pp.3-30.

Banerjee, Abhijit V. (2020) "Field Experiments and the Practice of Economics," *American Economic Review,* 110(7), pp.1937-1951.

Banerjee, Abhijit V., Esther Duflo, Nathanael Goldberg, Dean Karlan, Robert Osei, William Parienté, Jeremy Shapiro, Bram Thuysbaert, and Christopher Udry (2015a) "A Multifaceted Program Causes Lasting Progress for the Very Poor: Evidence from Six Countries," *Science,* 348(6236), 1260799.

Banerjee, Abhijit, Dean Karlan, and Jonathan Zinman (2015b) "Six Randomized Evaluations of Microcredit: Introduction and Further Steps." *American Economic Journal: Applied Economics* 7(1), pp.1-21.

Bloom, Nicholas, Benn Eifert, Aprajit Mahajan, David McKenzie, and John Roberts (2013) "Does Management Matter? Evidence from India," *Quarterly Journal of Economics,* 128(1), pp.1-51.

Bold, Tessa, Selene Ghisolfi, Francis Nsonzi, and Jakob Svensson (2022) "Market Access and Quality Upgrading: Evidence from Four Field Experiments," *American Economic Review,* 112(8), pp.2518-2552.

Bouguen, Adrien, Yue Huang, Michael Kremer, and Edward Miguel (2019) "Using Randomized Controlled Trials to Estimate Long-Run Impacts in Development Economics," *Annual Review of Economics,* 11(1), pp.523-561.

Brodeur, Abel, Nikolai Cook, and Anthony Heyes (2020) "Methods Matter: P-Hacking and Publication Bias in Causal Analysis in Economics," *American Economic Review,* 110(11), pp.3634-3660.

Card, David (2022) "Design-Based Research in Empirical Microeconomics," *American Economic Review,* 112(6), pp.1773-1781.

Card, David, and Alan B. Krueger (1994) "Minimum Wages and Employment: A Case Study of the Fast-Food Industry in New Jersey and Pennsylvania," *American Economic Review,* 84(4), pp.772-793.

Dal Bó, Ernesto, Frederico Finan, Olle Folke, Torsten Persson, and Johanna Rickne (2017) "Who Becomes A Politician?" *Quarterly Journal of Economics,* 132(4), pp.1877-1914.

Deaton, Angus, and Nancy Cartwright (2018) "Understanding and Misunderstanding Randomized Controlled Trials," *Social Science & Medicine,* 210, pp.2-21.

Falk, Armin, Anke Becker, Thomas Dohmen, Benjamin Enke, David Huffman, and Uwe Sunde (2018) "Global Evidence on Economic Preferences," *Quarterly Journal of Economics*, 133(4), pp.1645-1692.

Greenhalgh, Trisha (2014) *How to Read a Paper: The Basics of Evidence-Based Medicine*, Wiley-Blackwell.

Hamermesh, Daniel S. (2013) "Six Decades of Top Economics Publishing: Who and How?" *Journal of Economic Literature*, 51(1), pp.162-172.

Hamory, Joan, Edward Miguel, Michael Walker, Michael Kremer, and Sarah Baird (2021) "Twenty-Year Economic Impacts of Deworming," *Proceedings of the National Academy of Sciences*, 118(14), e2023185118.

Hayami, Yujiro, Masao. Kikuchi, P.F. Moya, L.M. Bambo, and E.B. Marciano (1978) *Anatomy of Peasant Economy*, International Rice Research Institute.

Johnson, Harry G. (1971) "The Keynesian Revolution and the Monetarist Counter-Revolution," *American Economic Review*, 61(2), pp.1-14.

Miguel, Edward, and Michael Kremer (2004) "Worms: Identifying Impacts on Education and Health in the Presence of Treatment Externalities," *Econometrica*, 72(1), pp.159-217.

Oster, Emily (2019) "Unobservable Selection and Coefficient Stability: Theory and Evidence," *Journal of Business & Economic Statistics*, 37(2),pp.187-204.

Paluck, Elizabeth L. (2010) "The Promising Integration of Qualitative Methods and Field Experiments," *The ANNALS of the American Academy of Political and Social Science*, 628(1), pp.59-71.

Rath, Katharina, and Kalus Wohlrabe (2016) "Recent Trends in Co-Authorship in Economics: Evidence from RePEc." Applied Economics Letters 23(12): 897-902.

Sarsons, Heather (2015) "Rainfall and Conflict: A Cautionary Tale," *Journal of Development Economics*, 115, pp.62-72.

Sonobe, Tetsushi, and Keijiro Otsuka (2014) *Cluster-Based Industrial Development: KAIZEN Management for MSE Growth in Developing Countries*, Palgrave Macmillan.

バナジー、アビジット V・デュフロ、エステル著、山形浩生訳（2012）『貧乏人の経済学――もう一度貧困問題を根っこから考える』みすず書房（Banerjee, Abhijit V. and Esther Duflo（2011）*Poor Economics: A Radical Rethinking of the Way to Fight Global Poverty*.）

バナジー、アビジット V・デュフロ、エステル著、村井章子訳（2020）『絶望を希望に変える経済学――社会の重大問題をどう解決するか』日経 BP 日本経済新聞出版（Banerjee, Abhijit V. and Esther Duflo（2019）*Good Economics for Hard Times: Better Answers to Our Biggest Problems*.）

第3章 引用文献

第 **II** 部

経済学の各分野における
実証上の諸問題

第**4**章

次世代の実証労働経済学

川口 大司

1 はじめに

　本稿では労働経済学分野の実証研究が1980年代半ばからどのように変化してきたかを振り返り、次世代の実証労働経済学がどのように変化するか見通してみたい。

　実証労働経済学の最近の発展を振り返ったときに、しばしば強調されるのは、観察データ（observational data）を用いて因果関係の識別（identification）を重視しながら研究を行うデザインベースのアプローチが普及したこと、すなわち信頼性革命（credibility revolution）が起こったことである。その影響の大きさは、2021年のノーベル経済学賞が信頼性革命を主導したDavid Card、Joshua Angrist、Guido Imbens の3名に与えられたことによっても明らかだと言える。

　もっとも実証労働経済学の発展を理解する上ではデータの進歩、研究テーマの変化も重要な要因である。実際に実証労働経済学者が研究計画を考える際にも、識別戦略（identification strategy）、データ、テーマの3つが大切だ。そのため、実証労働経済学の進歩をこの3つの側面から概観し、今後の発展を考えてみたい。ただし、このレビューは包括的であるわけではなく、筆者の研究上の関心に大きく引き寄せられたもので、バランスを欠いたものとなっている点についてはあらかじめご了解いただきたい[1]。

2　識別戦略

　非実験データから因果関係を正しく推定しようとする信頼性革命は、1980年代の半ばからプリンストン大学の Orley Ashenfelter らの労働経済学者を中心に広がり、それまでの実証分析の行い方を大幅に変えることとなった。アメリカでは早くから政府統計のミクロデータが匿名化処理を施した上で公開されてきたことや、National Longitudinal Survey のようなパネルデータの整備・公開が進んできたことを背景として、1980年代半ばまでに労働経済学の中心はミクロデータを用いた研究に移っていた。

　ミクロデータを使った研究が進む中で、観察データを使った因果関係の識別が難しいこともわかってきた。労働経済学の研究ではある説明変数 X が結果変数 Y にどのような影響を与えるかという因果関係の推定に関心が集まるが、その際に内生性の問題が深刻であることが認識されるようになったのである。これは X を動かす要因で観察されない要因が結果変数 Y を同時に動かしてしまうと回帰分析では因果関係を識別できないという問題である。古典的な例としては、教育の収益率の推定や労働組合への参加が賃金に与える影響の推定が挙げられる。信頼性革命以前のアプローチではこの問題に対して、複雑な計量経済学的な手法を適用することによって対処しようとしてきた。このアプローチが因果関係を識別できるのは、仮定が満たされた場合なのだが、その仮定がもっともらしいかは明示的に議論されることはなかった。このようなアプローチに対して、そもそも仮定が社会科学の視点から見てもっともらしいのかという疑問が湧き上がってきたのが1980年代であり、この蓄積されてきた不満に応えたのが信頼性革命である。

　信頼性革命以降の内生性に対するアプローチは、Y を決定する観察不能な要因とは独立に X を動かす要因をあらかじめ探し、それを用いて X から Y への因果関係を推定するものである。労働経済学の伝統的なテーマの1つである教育の収益率の推定を例にとって説明しよう。ここではある個人の

1）なお本稿の第2節は、第1章本論（澤田）と重なる面はあるが、労働経済学をベースにして補完性が強くなるような議論を展開することを心がけた。

第4章
本論

教育年数が1年延びることによって、賃金がどれだけ上昇するかを推定することが目標である。このとき、教育年数が個人によって異なる理由としては、例えば学習能力の違いが考えられるものの、これは時間当たりの賃金にも直接の影響を与えうる。なぜならば、学習能力が高ければ、学校に行かずとも稼得能力が高いということが考えられるためである。したがって、教育年数が長い人の賃金が高かったとしても、それが教育年数の賃金に対する因果関係を捉えているのか、学習能力の高さが生み出す相関関係を捉えているのかがわからない。この問題を根本的に解決するためには、時間当たり賃金を決定する観察不能な要因とは独立に、個人の教育年数を動かすような要因を探し出すことが必要であり、例えば、義務教育年数の延長などが用いられる。このように Y とは独立に X を動かす要因のことを外生変動と呼び、この外生変動をあらかじめ明確にしてから研究を始めることをデザインベースのアプローチと呼ぶ。

　外生変動として確率的な割り付けを用いるのがランダム化比較試験（randomized controlled trial：RCT）である。この方法は、信頼のおける外生変動をもたらす手法として古くから労働経済学においては注目されてきた。例えば、負の所得税が労働供給に与える影響を明らかにしようとしたインディアナ州ゲーリー市における実験（Moffitt 1979）や、公的な職業訓練の効果を RCT によって明らかにしようとした JTPA プログラム（Bloom et al. 1997）などが挙げられる。比較的最近ではボストンのスラム街に住む人々を近郊に移住させその効果を測定しようとする「恵まれた機会に向けての移住（Moving to the Opportunity）」も挙げられる（Katz et al. 2001）。これらの社会実験から推定される因果効果はバイアスを持たないが、大規模な実験を様々な社会現象を対象に行うことは難しく、適用範囲が限定的であることは否めない。また実験を行う被験者数が限定的であるため、推定される因果効果はバイアスはないものの標準誤差が大きいという実際上の問題や、実験がある場所と時を限定して行われる以上、結果がどの程度普遍的な知見を提供しているかという外的妥当性（external validity）を満たすのかという問題がある（Deaton and Cartwright 2018）[2]。

　このように RCT は因果関係を正しく推定するためには望ましいが、実行できる範囲が限られているのが現実だ。そのため、社会制度などの特徴ゆえ

に発生した実験的状況を活かして、それを外生変動として用いる研究が今日に至るまで実証労働経済学では主流になっている。最も代表的な手法は、ある外生変動の影響を受けて X が変化した人々と X が変化しなかった人々の結果変数 Y の変化の差を推定する差の差分析（difference in differences：DID）である。Card and Krueger（1994）の最低賃金の研究が有名であるが（詳しくは第3章本論（大塚・樋口・鈴木）第5節参照）、差の差分析による推定は今日に至るまで労働経済学の実証研究において中心的手法になっている。これは政策変更があるグループにだけ影響を与えるというケースが多いためである。

　政策変更の影響を受けたグループを処置群、受けなかったグループを対照群と呼ぶが、差の差分析によって因果効果をバイアスなく推定するためには、政策変更がなかったならば、処置群と対照群の結果変数 Y の変化が共通していたという共通トレンドの仮定が満たされる必要がある。最近では、この仮定が満たされるかどうかを明示的に確認することが重視されるようになり、介入の前後の期間を長くとるイベント・スタディと呼ばれる手法を用いて、共通トレンドの仮定がもっともらしいことを論証することが増えている。

　また、処置群や対照群が多数あり、介入の入るタイミングがグループごとに異なる場合にも、すべてのグループと期間をプールして、グループ固定効果と時間固定効果を導入した二方向固定効果（two-way fixed effects：TWFE）推定を行えば、本質的には差の差分析を行うことができる。グループ間のアウトカム Y の平均値の違いをグループ固定効果で吸収し、共通トレンドを時間固定効果で吸収していると考えられるためである。そのため、二方向固定効果推定は幅広く実証研究で使われているが、政策介入のタイミングが処置群内で異なっていて政策効果に異質性がある際に、その異質性を考慮せずに通常の TWFE 推定量を求めると推定量が意図したものとは異なるものを推定してしまうという問題が指摘されるようになっている。イベント・スタディや二方向固定効果推定の議論の興隆は差の差分析が労働経済学の実証研究において引き続き中心的な役割を果たしていることを反映してい

2）もっともこの外的妥当性の議論は、RCT でなくても経済学の実証研究が特定の時期の特定の地域のデータを基に行われることを踏まえれば、すべての研究手法に共通する問題であろう。

る。

　デザインベースのアプローチにおいては、外生変動が X を動かし、さらにそれが結果変数 Y を動かすという連鎖を通じて X が Y に与える因果効果の大きさを推定しようとするわけだが、この考え方を実行に移すのが操作変数法（instrumental variables estimation：IV）である。外生変動が X ならびに Y にどのような影響を与えるかは直接推定できるが、研究者が知りたいのは X が Y に与える因果効果である。そこで、前者を後者に変換するための手法が操作変数法である。なお、操作変数法は古くからある推定手法であるが、このように推定された係数を知りたい係数に補正するための手法として理解されるようになったのは信頼性革命以降のことである[3]。あらかじめ探し出された外生変動に基づきリサーチデザインをし、それに基づき因果関係を識別する手法が操作変数法である。したがって、操作変数法を用いて内生性の問題を解決すると考えるのではなくて、何らかの興味深い外生変動を見つけ、その上で操作変数法を適用するというのが適切な考え方だといえよう。

　デザインベースの実証分析の手法として2000年代に入ってから急速に応用が進んだのが回帰不連続デザイン（regression discontinuity design：RDD）と呼ばれる手法である。これは連続変数の閾値を境に政策介入が非連続的に変化することが多いことに注目した推定手法である。例えば、働き方改革の一環として課されることになった労働時間の上限規制は2019年4月より大企業を対象に施行され、2020年4月より中小企業を対象に施行された。ここで中小企業の定義は産業によって異なるが、小売業・サービス業・卸売業を除く産業においては、資本金の額または出資の総額が3億円以下または常時雇用する労働者数が300人以下の企業のことである。資本規模についての基準を無視すると、2019年4月の時点で労働者数が301人の企業では労働時間の

3）おそらく経済学の分野で明示的に議論したのは Angrist（1990）がプリンストン大学に提出した博士論文ではないだろうか。これは Wald 推定量として知られる考え方である。なお、Wald 統計量として操作変数推定量を理解したことに伴って、この論文では外生変動が X に与える影響と、Y に与える影響を別のデータを使って推定している。これは2サンプル操作変数法と呼ばれるもので、操作変数推定量を Wald 統計量として整理したときに自然と出てくる考え方であると言える。

上限規制が適用され、300人の企業では上限規制が適用されないことになる。上限規制がないときに、労働者数が300人の企業と301人の企業で、労働時間を決定する要因が同じであるとすれば、この2つの企業の労働時間の差は労働時間の上限規制の違いによってもたらされていると言える。この例が示すように、ある連続変数が閾値を超えると政策変数である X が非連続的に変わることを外生変動として活かし、X が結果変数 Y に与える影響を推定しようとするアプローチが RDD である。差の差分析において共通トレンドの仮定が満たされる必要があるのと同様に、政策介入がないときの結果変数 Y の分布が閾値付近で連続であるという仮定が必要になる[4]。先の中小企業か否かの例では、様々な中小企業への優遇政策が存在するため、300人の企業と301人の企業は異質であり、仮に労働時間の上限規制がなかったとしても、平均的な労働時間は異なっているという批判がありうる。

　連続変数が閾値を超えたときに政策介入が行われるという例は多数あるため、RDD の応用例は多岐にわたる。もっとも差の差分析とは違い、RDD では連続変数の閾値付近で局所的な情報だけを用いて因果関係を推定することになるため、正確な推定を行おうとすれば、大規模なデータが求められることになる。

　これらのデザインベースの考え方がもたらした重要な変化として、X が Y に与える因果的効果が個人や企業によって異質であることに対する認識の高まりがある。因果効果が異質であるときに、異なるデザインを用いて因果効果を推定しようとすると、異なるものが推定される。これは具体的には局所平均処置効果（local average treatment effect：LATE）あるいは限界処置効果（marginal treatment effect：MTE）といった概念に結実している。処置効果の異質性の存在を許すと、得られた推定値の外的妥当性も問われることになり、ある国・ある期間・ある対象に対して発見された因果効果が、他の文脈で発見されるかはわからない。そのため、特定の研究で得られた結果がどれだけ外的妥当性を持つのかについても説得力がある議論をすることが求められるようになっている。

4）この仮定のもっともらしさを論証するため、しばしば連続変数の確率密度関数が閾値近辺で連続であることを示すことが行われる。

3　データ

　良い実証分析を行うためには質の高いデータを用いることが必要である。データの質の高さは、サンプルサイズの大きさ、パネルデータか否か、変数の測定の正確さ、格納されている変数の豊かさやユニークさ、という4つの要因によって規定されている。この質の高いデータを求めて、伝統的な政府による統計調査、大学や民間企業によるパネル調査という伝統的なデータソースに加えて、フィールド実験のデータ、民間企業が通常業務に用いるデータなどが用いられるようになってきている。なかでも特筆すべきは政府が保有する業務データの利用である。

　行政機関は実務を執行するために必要な情報を電子的に蓄積している。例えば、課税業務、年金業務、雇用保険業務を執行するためには個人レベルの複数時点にわたる記録が不可欠である。これらのデータは行政記録情報と呼ばれるが、これを加工してパネルデータ化し（これを「行政データ」と呼ぶ）研究利用をするという動きが広がっている。行政記録情報が学術的に高い価値を持つのは、次の3つの長所があるためである。第一に、行政記録情報は対象者全員の情報を含むため、サンプルサイズがきわめて大きい。統計調査においては、サンプルサイズが限定的であることから生じる標本誤差に加え、回収率が100％でないためサンプルが母集団を代表していない非標本誤差が起こりうる。第二に、行政記録情報は対象者全員を毎年観測するため、複数時点にわたって同一個人を追跡したパネルデータが構築できる。さらに年金や雇用保険の業務データに関しては、企業・事業所レベルで情報が回収されていることが多いため、労働者と企業を接合したパネルデータの作成も可能になる。第三に記録が正確である。統計調査は訪問式・自記式のアンケートを基にしているため、過少申告や誤記の問題を避けることができないが、行政記録にはその問題がない。

　近年の労働経済学の発展の文脈において重要なのが行政記録情報を用いた企業・労働者接合データ（linked employer employee data：LEED）である。LEED を用いた研究の嚆矢となったのは Abowd、Kramarz、および Margolis による研究である（Abowd et al. 1999、以下 AKM）。彼らはフランスの行政

記録情報を用いて、労働者と企業の情報を同一の ID を使って接合し、労働者に関しても企業に関してもパネル化されたデータを作成した。このデータによって、賃金の決定要因として労働者固定効果と企業固定効果の双方を入れた分析ができるようになった。このデータセットの長所は労働者の異質性を制御した上で、企業ごとの賃金の違いを捉えることができる点である。まず、労働者の固定効果によって、労働者の能力など通常のデータセットでは観察不能な異質性が制御できる。その上で、企業の固定効果によって企業ごとの賃金の違いが推定できる[5]。この推定を通じて、同じ労働者であっても働いている先の企業が異なれば賃金水準が大きく異なることが明らかになった。この研究以前にも家計サーベイを用いて、大企業で働いている人々の賃金が高いことが明らかになっていたが、能力の高い労働者が大企業で働く傾向があるというセレクションの可能性を否定できなかった。また、企業規模は企業の異質性を捉える 1 つの側面であり、職場環境、立地など様々な要因を含んだ異質性を制御できないという問題もあった。AKM の用いた LEED はこれらの批判を乗り越え、企業が賃金決定において重要な役割を果たすことを指摘することとなった。賃金決定における企業の役割の重要性は明らかであったものの家計のデータしかなかったため、捨象されてきたのである。

　ドイツではドイツ労働市場・職業研究所 (Institut für Arbeitsmarkt- und Berufsforschung：IAB) が失業保険の行政記録情報を用いて労働者のパネルデータを作成した。そして、このデータを用いることで、Card、Heining、および Kline は AKM と同様に賃金決定における企業の役割の重要性を発見した (Card et al. 2013)。さらに彼らは、異質な労働者が異質な企業にどのように割り振られていくのかのプロセスも記述することに成功した。この研究のほかに、賃金決定における企業の重要性を指摘するものとして、若年の間に就く職がその後のキャリアにどのように影響を与えるかを明らかにした研究が挙げられる (von Wachter and Bender 2006)。さらに IAB データは政策研究の側面でも重要な役割を果たしており、2015年の連邦最低賃金の導入が労働者の事業所間移動をどのように促したのかも分析されている (Dust-

---

5）なお、転職者がいなければ、労働者の固定効果と企業の固定効果は同一になってしまうため、2 つを分離して推定することはできない。したがって、2 つの固定効果は転職者の存在によって識別されていることとなる。

mann et al. 2021）。この研究では最低賃金の導入によって、低賃金の事業所で働く労働者が高賃金の事業所に移動していく姿が描き出されている。このような分析も労働者が働く事業所が特定できて初めて可能になった。

4　研究テーマ

　データや研究手法の進歩が研究の発展を規定する一方で、適用先の研究テーマが重要であれば研究のインパクトはより大きくなる。ここでは 4 つのテーマの重要性を論じたい。

　まず LEED の整備によって促された労働市場での企業の役割の分析が重要なテーマになっていくだろう。これは企業が労働市場において一定程度の買い手独占力を持っているということが明らかになってきたことに起因する。伝統的な完全競争的な労働市場においては、企業は賃金を所与のものとして行動すると仮定されるが、Manning（2013）は企業が賃金を所与として行動するということは、市場賃金よりも 1 ドルでも低い賃金を提示すれば、すべての労働者がやめてしまい、1 ドルでも高い賃金を提示すれば無限に労働者を雇うことができることを意味すると指摘し、その仮定の強さを批判している。いわゆる市場賃金で簡単に人が雇えないと仮定すると、どのくらいの求人をどのような賃金で出すのかという採用の意思決定が経済分析の俎上に乗ってくる。また、市場に摩擦がある状態では労働者の限界生産物価値と賃金の間には乖離が生まれる。この差分を企業と労働者のどちらが取るかという問題も分析の対象となる。Manning は企業が買い手独占力を持つと仮定した場合にどのような現象が労働市場で起こりうるかを主として理論的見地から広範に議論しており、その多くが実証分析の対象となりうるものである。

　日本の研究者にとって残念なのが、政府統計のレベルでは企業統計と接続できる労働者パネルがないため[6]、米欧の LEED と同等のデータを作成できない点である。企業活動基本調査といった企業データと賃金構造基本統計調

6）総務省の労働力調査を用いた 1 年間のパネルや厚生労働省の21世紀成年者縦断調査などがパネル調査としては利用できるが、世帯調査であるため企業情報と接合できない。

査の賃金データを接合して企業側だけがパネル化されたデータを用いても興味深い分析はできるだろう。しかし、研究を次のステージに進めるためには、行政記録情報を用いて LEED を作成し、研究目的で利用することが重要である。これらのデータ整備は、大きな学術的進歩を社会科学にもたらすことは間違いない。

　2つ目の研究テーマは技術進歩と雇用・賃金への影響に関する研究である。アメリカでは1980年代より賃金格差が拡大する中で、新技術の賃金格差への影響が注目された。特にコンピュータが技能が高い労働者の生産性をより高いものとするのではないかという技能変更的技術変化（skill biased technical change：SBTC）仮説が注目された。初期の研究では労働者の属性として学歴が注目されたが、Autor et al.（2003）の研究を境に、労働者がどのような作業を行っているかをより詳細に観察したタスクベースのアプローチがとられるようになった。その中でコンピュータが代替するのは繰り返しを伴う事務作業であるという指摘がなされるようになった。つまり、技術の中身を詳細に検討し、どのタスクが新技術に代替されるかを精緻にモデリングするようになったのである。2010年代後半になるとロボットや人工知能といった自動化技術が人間の労働を置き換えるのではないかと懸念されるようになったが、ここでもロボットが行う作業や人工知能が行う作業を特定し、それが人間のどのタスクを置き換えるのかというタスクベースのアプローチが用いられている。ロボットの雇用に対する影響に関する研究としてはアメリカ、ドイツ、日本のデータを用いた研究がなされた（Acemoglu and Restrepo 2020；Dauth et al. 2021；Adachi et al. 2020）。初期の研究では産業レベルのロボットデータを用いた研究が多かったが、最近では企業レベルのロボット導入実績を用いた研究に焦点が移りつつある。人工知能の雇用に対する影響は、世間の関心が高いが、人工知能の利用の有無と生産性や賃金が記録された個別労働者のデータが十分に整備されていないため十分に研究が進んでいない。また労働者が持つ技能や行っているタスクを時代に即した形で測定したデータがないという指摘も重要だろう（Frank et al. 2019）。ここでもデータの整備によって研究が伸びる余地が大きい。

　3つ目の研究テーマは人的資本に関する研究である。技術進歩に関する研究は技能を持った労働者に対する需要をテーマの中心に据えるが、人的資本

に関する研究はその技能がどのように形成されるかを研究する。この研究分野に関するサーベイとしては Deming（2022）があるが、特に重要なのが人的資本の一形態としてのチームで働く能力、チームを率いる能力といった社会的スキルの重要性が増しているとの指摘である。この分野は Deming 自身が研究を先導している分野であるが、リーダーシップという能力をチームメイトの比較優位を見出し、それに応じてタスクを割り振る能力であると理論化した貢献が大きい。ソフトスキルの育成は実務では重要視されつつも、そのモデル化ならびに計測は難しいと考えられてきたが、ベンチマークとなるモデルができたことや、心理学との協業によってその能力測定が取り入れられることによって大きな発展を遂げていくのではないかと思われる。

　最後のテーマが、日本の労働市場に関する研究である。日本の労働市場は少子高齢化という人口構造の大転換が起こる中で様々な問題を抱えており、経済官庁、中央銀行、金融機関、報道機関の関係者はその行く末に重大な関心を寄せている。短期的なところでは賃金上昇に対する見通し、中長期的なところではデジタル人材の育成、女性の活躍推進や外国人労働力の受け入れなどに関心が集まっているが、これらの変化が日本型雇用慣行の色彩を色濃く残す日本の労働市場の中でどのように進んでいくのか、そしてこれらの変化が日本の労働市場をどのように変化させるかといった分析は十分に行われていない。重要性の割には研究が進まない原因の1つには、日本の労働市場の状態を包括的に把握することがあまりに難しいことに加えて、その難題に挑むことが研究者として論文を査読誌に出版するという目標と必ずしも合致してないということがあるだろう。困難な道ではあるが、価値がある研究が生まれる可能性が高い分野だといえる。

　今後重要になると思う研究テーマを4つ挙げたが、最後に留意点を述べたい。それは何が重要な研究テーマかはそれぞれの研究者によって異なるということである。経済学の対象としている範囲は広く労働経済学の中だけでも重要な研究テーマは無数にある。そしてそれぞれの分野で質の高い研究が続けられ、トップジャーナルに掲載され続けている。そのため重要な研究テーマを自分なりに選んで、質の高い論文を出版し続けることが大切だ。また、個々の研究者が研究活動を継続すれば、研究テーマは自然と変化していく。もちろん研究には蓄積が必要だから、1つの分野で論文を書くのが合理的で、

新しい分野に挑めば文献サーベイを一からやることになりきわめて骨が折れるのも事実だ。さらに査読者はその分野の専門家だから、当該分野ではよく知られたことを無視していることを指摘される可能性も高くなる。しかしこれらのコストは適切な共著者と仕事をすることによって引き下げることが可能であり、コストを上回るベネフィットがあると感じれば新しい研究分野に挑むというのは自然なことだろう。

5 おわりに

近年の実証労働経済学は、新しい計量経済学的推定手法と新しいデータを取り入れながら発展してきた。その一方で新しい手法やデータによって追究されている研究テーマは古典的なテーマが多く、新しいデータによって分野が復活したというケースが多いように見える。仮にそうだとすれば、研究者には新しいデータがどのようなリサーチクエスチョンに答えることができるかを関連付ける能力が求められる。同じデータを手にしても、論文の射程がどこまで伸びるかは、この関連付けで決まる。その意味ではかつてどのようなリサーチクエスチョンが立てられ、それにどのような回答が与えられてきたのか、そしてその限界はどこにあったのかという先行研究に関する知識の蓄積は重要だ。

同時に新しい推定手法の開発が特定の分野の研究を牽引するということも起こりえるだろう。これまでは通説だと思われていた見解が、新しい研究手法の適用によって覆されることがあるためだ。この最たる例としては、最低賃金の雇用に対する影響を差の差分析によって推定した Card and Krueger (1994) の研究が挙げられる。この発見を説明できるモデルとして労働市場の不完全競争に対する関心が高まった。労働市場の摩擦を前提とする理論モデルの研究にはサーチ理論をベースにした研究蓄積があるが、実証分析はまだこれからだ。

さらに、データや計量経済学的手法とは別の次元で、過去30年にトップジャーナルに掲載された論文に目を通してゆくと実証論文の質が一貫して向上していることに気づく。その質の向上は昔から論文を書く上で重要だと指摘

されてきたことをより精度を上げて実行することによって達成されている。具体的に指摘すると、自身の研究成果を先行研究の文脈に置くこと、文章を読みやすく正確な表現で書くことなどである。これらの作業は文献データベースが使いやすくなったことや、検索データベースをコーパス的に使えるようになったことによって昔よりも容易に行うことができるようになった。また、データを正確に取り扱うこと、図表を正確かつ読みやすく作ることについての要求水準も高くなってきている。現在の論文は、記述統計量やRDDやイベント・スタディのグラフを見ることで実証分析の結果が一目でわかるようになっている。

　このように考えてみると、次世代の実証労働経済学は、新しく入手可能となるデータに牽引されながら、より洗練された計量経済学的手法を取り入れつつ、同時にこれまでも行われてきた作業をより洗練された水準で行うことによって発展していくだろう。

コメント

次世代の労働経済学研究に向けて

佐々木　勝

1　はじめに

　労働経済学の研究では、因果効果（説明変数 X が結果変数 Y に及ぼす影響）にこだわってきた。本章本論で述べられている通り、信頼性革命以降、因果関係の識別に取り組むデザインベースな研究手法が採用されてきた。このような研究スタイルは次世代でも続くと思われる。図4-1は労働経済学分野のトップジャーナルである、*Journal of Labor Economics*（JOLE）に掲

図4-1：労働経済学研究の動向

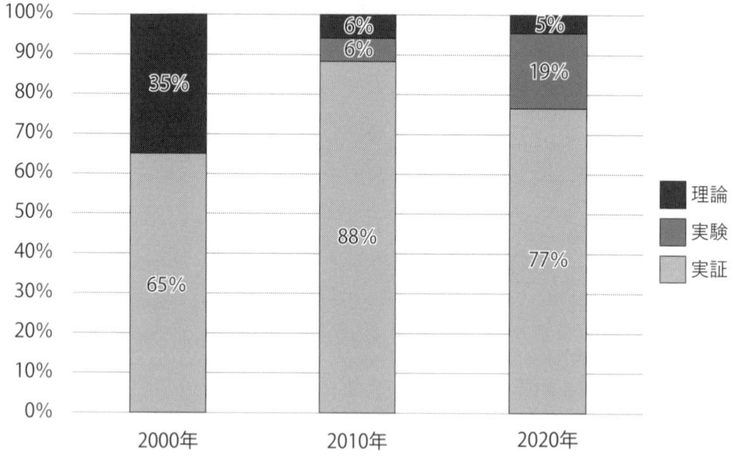

出所：筆者作成。
注：*Journal of Labor Economics*（2010(2)）は特別号なので、この分析から除外する。

載された論文のタイプの割合を3年分（2000年、2010年、2020年）示している。この図から過去20年間における研究動向の変化を垣間見ることができる。

　20年間のうち実証研究が大多数を占めており、この分野での研究ではデータが必要不可欠であることがわかる。2000年時点では掲載論文の約3分の1が理論研究であった。しかし、2010年、2020年になると理論研究が占める割合は一桁台に低下した。しかも、2020年では理論分析単独のものは1つもなく、すべて実証分析と一体化した研究論文であった。もう1つの特徴としては、2020年には経済実験の論文が増えたことである。2010年にも経済実験の論文は1本あったが、実験室実験による研究であった。2020年になると、経済実験の研究論文はすべてフィールド実験によるものに変わっていった。

2　経済実験

　本論でも指摘されているように、因果効果の推定には、結果変数とは独立であるが、説明変数に影響する要因となる外生変動をあらかじめ準備してお

く必要がある。ランダム化比較試験（RCT）では、実験参加者をランダム
に2つのグループ（対照群と処置群）に分け、処置群に外生変動となる介入
を実施することで、介入がもたらす因果効果を推定する（第1章本論（澤田）
第4節参照）。

　この手法は古くから労働経済学の分野でも取り入れられてきた。本論で紹
介された研究論文以外にも、大学内にハローワークと同じ機能を果たす職業
紹介の施設を設け、実験参加者がウェブ・インターフェイスから実際に仕事
を探すことができるようにした壮大な研究がある（Belot et al. 2019）。仕事
に関する情報の与え方によってジョブ・インタビューを受ける回数がどのよ
うに変わるのかを検証した。行動経済学に関係のある研究として、ピア効果
と生産性の関係に関する研究がある。実験参加者の労働生産性を測る指標と
して、フルーツの収穫量（Bandiera et al. 2010）やスーパーのレジ打ちの速
度（Mas and Moretti 2009）を採用している。

　労働経済学に近い教育経済学の分野でも RCT が盛んに行われている。
2020年の JOLE に掲載された実験論文のうち半分は教育に関するものであ
り、介入方法としては、学習の個別指導（チューター制度）や生徒の学習達
成度に応じたボーナス支給制度の導入などであった。

　このような RCT を実施するには、潤沢な研究資金と十分なマンパワーが
必要なことがわかる。誰もが簡単に取り組めるような研究ではない。加えて、
実験参加者の公募、同意書の作成、倫理審査委員会からの承諾書など、実際
に実験を始める前に様々な準備をしなければいけない。特に、倫理審査の基
準が厳しくなっているように思われる。研究者全員が公正研究推進協会
（Association for the Promotion of Research Integrity：APRIN）のような機関
が提供する研修を受講しなければいけなかったり、研究代表者だけでなく、
共同研究者も自分の勤務校の倫理審査委員会からの承諾が必要だったりする
ことが求められている。

　RCT を実施するハードルが高くなるにつれ、大学院生が主体となってこ
のような研究を進めることは難しくなるであろう。そうすると、社会制度な
どの変更を外生変動とみなし、自然実験的な状況にあてはめて分析する研究
が好まれる。本論にあるように、差の差分析、イベント・スタディ、二方向
固定効果推定、操作変数法、回帰不連続デザイン（RDD）という分析ツー

ルを使った研究が労働経済学研究の中心となった。分析方法の使い方を丁寧
に解説する論文が発表されているので、さらに学習しやすくなった（例えば、
RDD の使い方を解説した Imbens and Kalyanaraman（2012）がある）。

3　質の高いデータの活用に向けて

　分析ツールのノウハウを解説した論文が増えて、取り組みやすくなったと
しても、肝心の質の良いデータがなければ研究は進まない。労働経済学の研
究には、経済主体を長期的に追跡したパネル調査が必要である。アメリカで
は1960年代からすでにパネル調査の収集が始まっていたが、日本では1993年
になって家計経済研究所が「消費生活に関するパネル調査（Japanese Panel
Surveys of Consumers：JPSC）」を開始し、パネル構造となるデータを使っ
て研究ができるようになった。2017年12月に家計経済研究所が解散した後、
慶應義塾大学パネルデータ設計・解析センターが引き継ぎ、それまでに調査
してきた「慶應義塾家計パネル調査」とともに社会全体の消費、就業、健康
などの状態を追跡し続けている。しかし、研究や政策評価に必要不可欠なデ
ータを一機関に頼りきりでよいのだろうか。追跡調査なので、長期的にサポ
ートする仕組みが必要だ。

　労働経済学者が研究する上で期待するその他のデータは、統計法第33条に
よって提供される調査票情報（二次利用）である。現在、様々なデータが利
用可能であるが、労働経済学の研究では主に「賃金構造基本統計調査」、「21
世紀出生児縦断調査」、「中高年者縦断調査」などが頻繁に利用されている。
賃金の動向や分布の変化、児童手当が児童の健康や母親の就業に及ぼす影響、
高齢者が就業からの引退を決める要因の分析に用いられる。

　労働政策の評価にこれらのデータが欠かせないにもかかわらず、データを
入手するまでに時間がかかりすぎることが問題である。担当者とのやり取り
を経て、データを手に入れるまで１年も要することもある。担当者が怠けて
いるわけではなく、データ入手希望者に対して対応する人員が少ないと思わ
れる。そうだとすると、対応する人員を増やすか、または申請手続きを簡素
化することが解決の糸口だと考えられる。今のところ、必要最小限の情報し

か入手できないことになっているので、担当者は申請者が申請する情報（変数）が必要なのかを1つずつチェックしなければいけない仕組みになっている。その文言さえ削除すれば、1つずつ情報を確認する作業がなくなり、もっと早く申請手続きを進めることができる。また、申請する研究者としても、できるだけ多くの情報を事前に獲得しておきたいと思うので、必要最小限の情報しか入手できないというルールは撤廃してほしいと願っている。

　行政記録情報（政府・地方自治体が所有する業務データ）の利用になるとさらにハードルが高くなる。労働経済学研究での代表的なものとして、「雇用保険業務統計」と「職業安定業務統計」がある。2008年に一度だけこれらのデータを使って研究する機会があり、その研究プロジェクトを通じて、求職者と求人企業のマッチングや雇用保険制度がジョブ・サーチ期間に及ぼす影響を検証することができた。研究プロジェクトの成果は労働政策研究・研修機構の資料シリーズの1つとして発表された（労働政策研究・研修機構 2007）。それ以降、これらのデータを使った研究の機会はない。そうすると、求職者のジョブ・サーチ活動の意思決定、求人企業の採用戦略、労働市場のマッチングの効率性、公的職業訓練が就職確率に及ぼす影響など労働市場政策にとって重要な研究課題に取り組むことができないことになり、この分野の研究が滞ることになってしまう。

　近年、地方自治体が所有する行政記録情報を研究者に提供し、政策評価に活用する動きが見られる。東京大学政策評価研究教育センター（Center for Research and Education in Program Evaluation：CREPE）は、複数の地方自治体から匿名化された個人の税務情報を受け取り、行政の効率化に向けた取り組み（EBPM 推進のための自治体税務データ活用プロジェクト）を始めた（川口・正木 2022）。今後、賛同する地方自治体が増えれば、分析結果をもとに効率的な行政運営が期待できる。

4　おわりに

　今後の注目すべき研究テーマとして、本論では4つ挙げている。1つ目は企業の役割や買い手独占のような労働市場の特性、2つ目は技術進歩が労働

市場に及ぼす影響、3つ目はソフトスキルのような新しい人的資本に関する研究、そして4つ目は日本の労働市場に特化した研究である。どれも古くて新しい研究テーマであり、新しいデータの出現により研究テーマが再度脚光を浴びることになった。

さらに、本論では、新たな研究分野への挑戦が重要だと述べている。1つの分野に特化し、深く学問の真理を追究することは大切であるが、我々が直面する新たな社会課題の解決には、他の研究分野との学際的な連携関係を築き、共に問題解決に取り組むことが今後期待される。例えば、ワークプレイス研究を取り上げよう。チームの生産性は職場環境に影響されるが、その職場環境についての研究をワークプレイス研究といい、産業社会学から始まった。しかし、産業社会学だけでなく、建築学でもワークプレイス研究はこれまで盛んに行われてきた。産業社会学、建築学、そして労働経済学や人的資源論の知見が融合すれば、チームの生産性を引き上げる新しい職場環境や働き方を提案できるかもしれない。

生産性の引き上げだけでなく、日本では多くの経済問題を抱えている。社会保障、低賃金、少子高齢化、外国人労働など問題は山積みだ。政策担当者にはもっと研究者の人的資本を活用してほしいと訴えたい。研究者の知見と政策担当者の現場力が融合すれば、効果的な政策が効率的に立案できるだろう。

研究者も現場に入り、経済の実態を肌で感じることが必要だ。特に、人々の暮らしに密接に関係のあることを研究対象とする労働経済者は積極的に現場に入るべきであろう。20年ほど前、小池和男先生が関西労働研究会で研究報告をされた際に、我々に向かって「君たちはもっと現場に入らなきゃいけない」と発破をかけられた覚えがある。現場で働く人の懐に入り、本音を聞き出すことで、本当の実態を掴むことができると言いたかったのだろう。現場の話を聞くことができても、せいぜい数件ぐらいでしかない。しかし、現場の実態を理解しないと、全体像を把握することはできない。前世代、現世代だけでなく、次世代でも研究者が現場に入り、実態を肌で感じることは重要だ。

リプライ

次世代の実証労働経済学を
進めるために必要なこと

川口 大司

　佐々木勝のコメントは冒頭で *Journal of Labor Economics* の2000年、2010年、2020年を例にとり、労働経済学研究における理論研究の重要性が低下し、それに代わって実証研究の重要性が増してきたことを指摘している。なかでも実験の重要性が増していることを指摘し、2020年には20％の論文が実験によるものであることを示している。一方で、実験論文を書くためには研究資金のみならず研究倫理審査を通過させる必要があるなど、大学院生など研究資源を十分に持たない研究者には実現が難しいことを指摘し、非実験データを用いた研究が引き続き重要であることを指摘している。

　この実験的手法における研究者の排他性に関する指摘は実を言うと非実験データを用いた研究に関しても当てはまる。佐々木が指摘する通り統計法33条に基づく学術研究目的の公的統計のミクロデータ利用の手続きは煩雑でありデータ利用の阻害要因となっている。これについてはガイドラインの見直しを行い利用手続きの簡素化を行うことが望ましい。また大学院生や海外在住の研究者が利用資格を持っていないことも問題で、利用資格の拡大も検討されるべきである。また、「雇用保険業務統計」と「職業安定業務統計」などの業務統計についてもその個票を研究利用できるような環境の整備が必要である。

　東京大学政策評価研究教育センター（CREPE）においては、近藤絢子東京大学教授をリーダーとして全国の自治体の協力を仰ぎ、税務データを収集し学術利用できるような仕組みを構築しつつある。このデータ整備が進めば、個人レベルの給与所得などが格納されたパネルデータが構築できるため、税制・社会保障制度が労働供給に与える影響の推定、所得プロセスの推定、パネルデータを用いた賃金変化の測定などを行っていくことができる。この取り組みにおいては自治体にデータ提供のインセンティブを与えるため、次年

度の税収予測や足元の経済状況、例えば所得格差の状況などの情報を提供している。プロジェクトを進めるにあたっては、個人情報保護法制との関係、内部ルールの整備、セキュリティー保持のための技術的仕組みの構築、自治体とのやり取りやデータ分析を行うチーム体制の構築など、様々な課題があるが着実に進めていく予定である。

　佐々木は学際的な研究の重要性を指摘する。同じ現象にいくつもの学問分野が関心を持っていることは多いため、学際的な研究を進めることが望ましいのはその通りだろう。一方で、実際に学際的な共同研究を行う際に難しいのは学問分野ごとに何を業績とみなすかが異なることである。また、論文の書き方の流儀も分野によって大きく異なるため、いったい何をゴールにして共同研究を始めるのかを明確にした方がよい。また、分野によってアウトプットの仕方が異なることを踏まえると、共同研究といったときに必ずしも共同論文の執筆を前提とせず、意見交換の場を設けるといったことが有益なこともあるだろう。

　佐々木は現場に入ることの重要性を強調する。実際には労働経済学の分野では、労使関係論の研究者のように現場調査だけで論文を書くといったことは難しい。例えば、1つの企業のミクロデータを用いた実証研究を行ったときですら、それがどの程度までその企業以外にも当てはまる現象か、外的妥当性が厳しく問われる経済学の中にあって、数社のインタビュー調査だけで論文を書いても国際査読誌には掲載されにくいのが現実だ。そのため実証経済学は経済理論をガイドにミクロデータを用いた因果関係の推定を行うという流れは今後も変わらないと思われる。その一方で、データを用いた実証分析を最初に行うにせよ、しっかりとした現場のインタビューを行い、仮説の構築に活かしたり、データ分析の結果の解釈に活かしたりすることはとても有益である。

　現場の知識を得るための方法はインタビューだけとも限らない。新聞や雑誌などの情報から現実にどのような変化が起こりつつあるのかを把握することもできる。これは特に政策研究を行う場合には重要で、重要法案が議論されている時期にはその政策がどのような目的を達成することが期待されているのか、どのような副作用をもたらすことが懸念されているのか、幅広く議論されている。このような時代の雰囲気は仮に10年前の出来事であったとし

ても研究者の記憶からは抜け落ちていることがある。この種の周辺情報を固め、適切に補強材料とすることで実証分析論文の質は向上するはずである。また、例えば過去20年間にわたる日本経済新聞を順番に読んでいくだけでも、どのような政策が議論され実行されてきたのかを把握することができるはずで、これは論文のテーマ探しに悩んでいる人にも有効なアプローチになりそうである。

　本章本論では信頼性革命に伴い、因果関係の識別のために制度や歴史に対する知識の重要性が増し、実証経済学が数理科学から社会科学に戻ってきたことを記述した。これは識別の議論だけに限られたことではなくて、仮説の設定や結果の解釈といった側面でも社会科学的な素養の重要性が増していることを示している。

引用文献

Abowd, John M., Francis Kramarz, and David N. Margolis (1999) "High Wage Workers and High Wage Firms," *Econometrica*, 67(2), pp.251-333.

Acemoglu, Daron, and Pascual Restrepo (2020) "Robots and Jobs: Evidence from US Labor Markets," *Journal of Political Economy*, 128(6), pp.2188-2244.

Adachi, Daisuke, Daiji Kawaguchi, and Yukiko Saito (2020) "Robots and Employment: Evidence from Japan, 1978-2017," RIETI Discussion Papers, 20-E-051.

Angrist, Joshua D. (1990) "Lifetime Earnings and the Vietnam Era Draft Lottery: Evidence from Social Security Administrative Records," *American Economic Review*, 80(3), pp.313-336.

Autor, David H., Frank Levy, and Richard J. Murnane (2003) "The Skill Content of Recent Technological Change: An Empirical Exploration," *Quarterly Journal of Economics*, 118(4), pp.1279-1333.

Bandiera, Oriana, Iwan Barankay, and Imran Rasul (2010) "Social Incentives in the Workplace," *Review of Economic Studies*, 77(2), pp.417-458.

Belot, Michèle, Philipp Kircher, and Paul Muller (2019) "Providing Advice to Jobseekers at Low Cost: An Experimental Study on Online Advice," *Review of Economic Studies*, 86(4), pp.1411-1447.

Bloom, Howard S., Larry L. Orr, Stephen H. Bell, George Cave, Fred Doolittle, Winston Lin, and Johannes M. Bos (1997) "The Benefits and Costs of JTPA Title

II-A Programs: Key Findings from the National Job Training Partnership Act Study," *Journal of Human Resources*, 32(3), pp.549-576.

Card, David, Jörg Heining, and Patrick Kline (2013) "Workplace Heterogeneity and the Rise of West German Wage Inequality," *Quarterly Journal of Economics*, 128(3), pp.967-1015.

Card, David, and Alan B. Krueger (1994) "Minimum Wages and Employment: A Case Study of the Fast-Food Industry in New Jersey and Pennsylvania," *American Economic Review*, 84(4), pp.772-793.

Dauth, Wolfgang, Sebastian Findeisen, Jens Suedekum, and Nicole Woessner (2021) "The Adjustment of Labor Markets to Robots," *Journal of the European Economic Association*, 19(6), pp.3104-3153.

Deaton, Angus, and Nancy Cartwright (2018) "Understanding and Misunderstanding Randomized Controlled Trials," *Social Science and Medicine*, 210, pp.2-21.

Deming, David J. (2022) "Four Facts about Human Capital," *Journal of Economic Perspectives*, 36(3), pp.75-102.

Dustmann, Christian, Attila Lindner, Uta Schönberg, Matthias Umkehrer, and Philipp vom Berge (2021) "Reallocation Effects of the Minimum Wage," *Quarterly Journal of Economics*, 137(1), pp.267-328.

Frank, Morgan R., David Autor, James E. Bessen, Erik Brynjolfsson, Manuel Cebrian, David J. Deming, Maryann Feldman, et al. (2019) "Toward Understanding the Impact of Artificial Intelligence on Labor," *Proceedings of the National Academy of Sciences*, 116(14), pp.6531-6539.

Imbens, Guido, and Karthik Kalyanaraman (2012) "Optimal Bandwidth Choice for the Regression Discontinuity Estimator," *Review of Economic Studies*, 79(3), pp.933-959.

Katz, Lawrence, Jeffrey Kling, and Jeffrey Liebman (2001) "Moving to Opportunity in Boston: Early Results of a Randomized Mobility Experiment," *Quarterly Journal of Economics*, 116(2), pp.607-654.

Manning, Alan (2013) *Monopsony in Motion: Imperfect Competition in Labor Markets*, Princeton University Press.

Mas, Alexandre, and Enrico Moretti (2009) "Peers at Work," *American Economic Review*, 99(1), pp.112-145.

Moffitt, Robert A. (1979) "The Labor Supply Response in the Gary Experiment," *Journal of Human Resources*, 14(4), pp.477-487.

von Wachter, Till, and Stefan Bender (2006) "In the Right Place at the Wrong Time: The Role of Firms and Luck in Young Workers' Careers," *American Economic Review*, 96(5), pp.1679-1705.

川口大司・正木裕輔（2022）「行政データと実証経済学——東京大学 CREPE 自治
　体税務データ活用プロジェクトの実践 Vol.1 CREPE によるプロジェクト設立の
　背景とねらい」『経済セミナー』、2022年 6・7 月号、pp.68-75.
労働政策研究・研修機構（2007）「職業安定業務統計等を活用した求職者等に関す
　る分析方法の研究」、資料シリーズ No.27.

第 **5** 章

実証開発経済学の これまでとこれから

高野 久紀・高橋 和志

1 はじめに：2010年までの開発経済学の潮流

1.1 RCT 革命前夜

開発経済学は、貧困、失業、低栄養、低教育、汚職など開発途上国の抱える諸問題を、経済学のツールを用いて分析し問題解決に役立てようとする政策志向の強い学問だ。初期の開発経済学は、途上国経済の離陸条件を検討するマクロ研究が主だった。伝統社会と近代社会という異なる経済システムが一国に存在する「ルイスの二重経済モデル」（Lewis 1954）に代表されるように、途上国の市場は先進国と異なる特有の構造を持つと想定され、市場に積極的に介入する政府主導の工業化戦略の検討が進んだ。しかし1960年代になると政府主導の工業化の失敗や、資本蓄積型成長の限界を示唆するソローモデルの影響もあり、市場の役割を見直すアプローチが主流となる。

実証研究もマクロ分析中心だったが、Arthur Lewis とともに1979年にノーベル経済学賞を受賞した Theodore Schultz がルイス・モデルの妥当性を実証的に批判し[1]、「貧しいが合理的」な貧困者像を示して以降[2]、ミクロ経済

---

1) Schultz は1918〜1919年のインフルエンザ禍でインド農村に多くの死者が出た「自然実験」に着目し、大きな農村人口を抱えるインドですら人口減により食糧生産が低下しており、労働の限界生産性がゼロというルイス・モデルの想定の妥当性に疑問を呈した（Schultz 1964）。

理論を土台とした開発ミクロ実証研究が進んだ。この背後には、ゲーム理論や情報の経済学などの理論的発展に加え、家計調査データなど途上国におけるミクロデータの蓄積がある。例えば、インドのデータを使った Mark Rosenzweig と Kenneth Wolpin の1980年の 2 本の論文（Rosenzweig and Wolpin 1980a；1980b）では、「causal inferences（因果推論）」や「natural experiment（自然実験）」という現代の因果推論のキーワードがすでにタイトルに使われており、手法も構造推定を使うなど非常に現代的だ。インド以外でも、2015年にノーベル経済学賞を受賞した Angus Deaton の主導で世界銀行が行った家計生活水準計測調査（Living Standards Measurement Study：LSMS）プロジェクトにより、多くの途上国で大規模家計調査が実施され、ミクロレベルのデータ整備が急速に進んだ。ミクロ計量経済学の手法の発展も伴い、家計の消費・貯蓄や投資行動などに関する多くのミクロ実証研究が生まれた。

1.2　RCT 革命

　ミクロ実証研究の進展により途上国の人々の経済行動に関する理解は深まったが、研究成果が実際の政策に活かされるまでには距離があった。その距離を一気に縮めたのが、Michael Kremer が指導学生の Edward Miguel と実施したケニアでの虫下し薬配布のランダム化比較試験（randomized controlled trial：RCT）だ（Miguel and Kremer 2004）[3]。この研究に触発された Abhijit Banerjee と Esther Duflo は、RCT による貧困削減プログラムの評価

---

2 ）厳密には、Schultz 自身は、貧困層は彼らの持つ資源を使って効率的な生産を行っている「貧しいが効率的」なことを提示している。ただし、毎年同じことを繰り返している停滞的な「伝統的農業」では効率的だが、経済環境の変わるダイナミックな社会では非効率が発生するとも主張している。経済環境の変化だけでなく、市場の失敗や情報の問題から非効率が生じている可能性も考慮され、その後、主流の開発経済学では、置かれた環境下では合理的な意思決定をしているという「貧しいが合理的」な貧困者像が想定されるようになった。

3 ）Miguel and Kremer（2004）については第 3 章本論（大塚・樋口・鈴木）第 5 節も参照。RCT 自体はこれ以前にも、条件付き現金給付の RCT であるメキシコの PROGRESA やアメリカの RAND 健康保険実験など実施されてはいたが、NGO と協力し少数の研究者の研究プロジェクトとして実施できる可能性を示したことで、これ以降多くの開発経済学者が RCT に取り組むようになった。

を行う J-PAL を立ち上げ、開発経済学における RCT の一大潮流を作り出した。それにより、Kremer、Banerjee、Duflo が2019年にノーベル経済学賞を受賞したのは記憶に新しい（第 1 章本論（澤田）も参照）。

RCT 革命は、「援助は効果的か」というような様々な要因が絡み合う大きな問い（big question）を、ランダム化が可能な小さな問い（small question）に変換することで、信頼性の高い政策効果のエビデンスを蓄積していこうという潮流をもたらした。援助の効果は様々な要因に影響され、援助プロジェクト間で単純に比較分析をしても、多くの要因が異なるために、何が援助の効果を高める要因かを特定することは難しい。そこで特定のプロジェクトの実施や内容変更をランダムに選ばれた対象者に行うことで、そのプロジェクトが効果的か、その内容変更が効果的かを、より厳密に推定しようというわけだ。研究者自身にとっても、自らが有効だと考える政策を実際に実行でき、既存のミクロデータを使うよりも統計的に妥当な因果効果が推定できて、良い学術雑誌にも載せられるメリットがある。費用対効果の高い政策を特定しスケールアップできれば、より多くの人々の生活水準の上昇に貢献できる。途上国の問題を何とかしたいと開発経済学を志した研究者にとって、資金と時間が許せばこれほど魅力的な研究方法はない。

RCT の普及で多くの研究者が途上国に足を運び独自にデータ収集するようになった影響も見逃せない[4]。自ら現地調査を行う過程で、標準的な経済理論では説明困難な場面に遭遇する。人々はインセンティブに敏感に反応するので完全に非合理ではないが、常に期待利得を最大化するように合理的な意思決定を行っているわけでもない。人々の非合理的な意思決定や典型的な意思決定の癖に焦点を当てた行動経済学[5]の発展を背景に、その理論予測を

---

4 ）RCT 流行以前も、国際半乾燥熱帯作物研究所（International Crops Research Institute for the Semi-arid Tropics：ICRISAT）や国際食糧政策研究所（International Food Policy Research Institute：IFPRI）などを中心に、多くの経済学者が現地調査を行っていたが、RCT によって自らデータを集めることの便益が大きくなり、多くの研究者が現地調査を行うようになった。RCT 実施のためだけの現地訪問で現場の実態の理解がおろそかな調査も見受けられるが、Akerlof や Stiglitz が途上国の市場取引の実態から情報の経済学の着想を得たように、多くの研究者が現地調査からインスピレーションを得て開発経済学に新たな視点をもたらすことが期待される。

5 ）行動経済学の近年の潮流については本書第 7 章も参照。

データや RCT で検証することで、Schultz 以降の「貧しいが合理的」な貧
困者像を超え、「貧しく非合理的」な可能性を考慮した貧困削減政策のデザ
インが検討されるようになった。

　RCT 革命と並行して、自然実験を活用した政策効果の推定を行う研究も
盛んになった。この背景には、2021年にノーベル経済学賞を受賞した David
Card、Joshua Angrist、Guido Imbens らが引き起こした「信頼性革命（cre-
dibility revolution)」がある。妥当な自然実験を見つけて RCT では実行困難
な大規模政策の効果や長期的効果を調べる研究も増え、RCT と自然実験を
活用した実証研究が2000年以降の開発経済学研究の主流になっていった。

　以下、第 2 節では主に2010年以降の開発経済学の実証分析がデータや手法
の上でどのような進化を遂げてきたのか概観し、第 3 節ではその進化の過程
で生じてきた問題や課題、さらには今後のありうるべき方向性や展望につい
て述べたい。

2　実証分析手法の進化と研究の進展

2.1　Impact Evaluation 2.0と外的妥当性への関心

　RCT が流行する一方、その問題点も議論されるようになった[6]。特にラ
ンダム化さえすれば複雑な計量手法を使わずに効果が測れるという簡単さか
ら「ヤッコー研究（やったらこうなったという研究)」も増え、「理論なき計
測」という批判が出てきた。

　「理論なき計測」の問題の 1 つが、介入効果が生じたメカニズムが不明だ
ということだ。RCT により研究対象集団における介入効果は正確に測定で
きるようになった（これを「内的妥当性（internal validity)」という）。しか

6）経済学の他分野に先駆けて RCT を牽引してきた開発経済学では、実証研究をより厳
　密な科学的プロセスに基づいて実施する動きも加速している。とりわけ、統計的に有意
　な結果がでるまで様々な特定化を繰り返し試す p ハッキングや、統計的有意な結果を知
　った後にその結果を解釈するためのもっともらしい仮説とストーリーを作り出す
　HARK（hypothesizing after the results are known）ing に対する関心も高まっている。紙
　幅の関係でこれらについては本稿では議論しないが、興味のある読者は第 1 章本論（澤
　田）参照。

しその介入が他地域でも同様の効果が期待できるか、という「外的妥当性（external validity）」も検討される必要がある。例えば虫下し薬配布は、寄生虫の問題が重要でない地域では効果が薄いだろう。このように、介入効果はコンテクストに依存する。こうした懸念のもと、Blattman（2008）は、「Impact Evaluation 1.0には、結果に至るメカニズムや政策背後のコンテクストの軽視が見られたため、今後の Impact Evaluation 2.0では、何が効くかから、なぜ、どのような状況においてある政策は機能するのか、よりよく機能させるためには何が必要かという課題に関心をシフトさせていく必要がある（筆者訳）」と述べ、メカニズムやコンテクストによる効果の違いを考える理論的フレームワークの重要性を説いた。

　このため、2010年代以降は、政策効果推定に加え、効果が発現するメカニズムも検証されるようになった。メカニズムがわかれば外的妥当性も検討しやすくなる。例えば介入 X（虫下し薬）が結果変数（教育）に影響を与える可能性として A（虫下し薬を飲んだ本人への直接効果）と B（周囲の感染率が低くなることによる間接効果）の2通りがあり、実証研究の結果 B の影響が大きいとわかれば、B の影響が小さい（周囲の感染率が低い）地域では介入 X の効果は小さいと予想できる。また、B に焦点を当てた別の介入候補（学校での感染を防ぐための衛生環境整備）を考えることもできる。こうした予測を導くのに経済モデルが有用であることが多いため、理論パートを含めた実証研究も増えている。

　外的妥当性への対応として、政策効果が個人の特性によって異なるという効果の異質性も検討されるようになった。効果の異質性の検討には3つの意義がある。1つは前述のメカニズムの検討、2つ目は外的妥当性への追加的検討材料、3つ目は政策改善の可能性の検討だ。例えば、女性向けのマイクロクレジット（microcredit：MC）の効果は、家計内の男性が事業を行っていない方が大きいということを示した研究がある（Bernhardt et al. 2019）。これは、女性がお金を借りても男性の事業に使われてしまう家庭内資金流用というメカニズムを示唆する。また、MC の効果が家計内の妻の交渉力に依存することを示唆するため、女性の立場が強い国と弱い国とでは MC の効果が異なりうるという外的妥当性への含意も提供する。さらに、MC と同時に女性のエンパワーメントが必要という政策提言も導かれる。

　効果の異質性を推定するには、特定の変数と政策介入の交差項を回帰分析に入れることが一般的だが、政策効果は他の様々な変数にも依存しうるため、近年では causal forest[7] など機械学習の手法を応用して効果の異質性を推定する手法も発達している（Wager and Athey 2018）。様々な特徴を加味した上で家計ごとの効果の異質性を推定できれば、高い効果が期待される家計に対して政策を実施する政策ターゲティングも可能となる。ただし、途上国では市場環境などの変化のスピードも速く、コンテクストが変われば効果も変わるため、過去に測定された効果の分布に基づいてターゲティングを行うことの妥当性も検討される必要がある。

2.2　経済モデルの推定

　理論モデルには、前節で述べたメカニズムを描写する役割に加え、仮想的な世界を再現する役割もある。理論モデルが現実のある側面をよく描写できているなら、モデル内で介入を行った場合や経済・政策ショックが起きた場合の結果をシミュレートできる。この考えに基づき、実際のデータと整合的なモデルのパラメータを推定し、そのモデルを使って仮想的な政策の効果を推定するのが構造推定だ。実施する政策を事前に決め実際に実施したデータを用いて分析する RCT と異なり、構造推定ではモデル上で様々な政策効果の比較を行える利点もある。RCT で効果測定し主要なメカニズムを特定した後で、そのメカニズムに焦点を当てたモデルを作って仮想的な政策の評価を追加的に行う研究も増えている。

　構造推定は、効果の異質性や外的妥当性の検討にも有用だ。介入効果は経済環境やコンテクストに依存するので、モデルにそのような経済環境、コンテクストを組み込めばよい[8]。例えばタイの大規模な MC 政策の構造推定を行った Kaboski and Townsend（2011）は、投資収益の異質性を考慮したモ

7）分類や予測のための標準的な機械学習の手法に決定木（decision tree）があるが、そのパフォーマンスを上げるために、データや変数の一部をランダムに選んで決定木を作成するプロセスを繰り返し何百本も作成された決定木を合成したものを分類・予測に用いるのが random forest、さらにそれを因果推論に応用したのが causal forest だ（tree をたくさん作るので forest と名付けられている）。どんな特徴が効果の大小を説明するかの予測モデルができれば、効果の異質性が推定できるわけだ。

デルを推定した。投資収益が十分に高い家計は、親族や金貸しから借りてでもすでに投資しているはずなので、MCが利用可能になっても影響を受けない。結局MCで投資が促進されるのは、MCで借入コストが低くなり正の収益が見込めるようになった中程度の収益性の家計となる。一方、投資収益性は低いが所得の季節性などによる一時的な資金制約で消費が過小な人たちにMCを提供すれば、投資は増えないが消費は増える。このように、異質性を考慮したモデルにより、投資の収益性の分布の違いによって地域間で効果が異なることも予測できる。また、MC以外の借入コストは地域の金融システムに依存するため、金融システムの発展度の違いによるMC効果の差も数量化できる。

　経済モデルは一般均衡効果を考慮するのにも役立つ。MCを拡大すれば資本需要が増え利子率も高くなるため、一般均衡効果を考慮するとMCの効果はRCTで推定されるより小さくなる（Buera et al. 2021）[9]。このように、政策をスケールアップすると経済全体の資源制約により政策効果が小さくなることが多く、均衡モデルはそれを数量化するためのツールを提供してくれる。

2.3　Small questionからBig questionへ：開発マクロ経済学の隆盛[10, 11]

　RCTの流行により研究テーマがRCT可能な政策介入に偏り、経済成長や産業発展など、重要性の高い大きな問いに対する研究が少なくなるという懸念も出てきた。この懸念は開発マクロ経済学への関心を高めた。貧困削減1

8）ただし、モデルは特定のメカニズムに焦点を当てるために抽象化されたものなので、様々な反実仮想（counterfactual）を考える上で必要となるすべての要因を単一モデルに含めることは不可能だ。1つのモデルであらゆる外的妥当性の問題を検討できるわけではなく、想定する反実仮想によって適切なモデルを選択する必要がある。

9）MCをはじめ金融機関は仲介機関であり資本の供給主体ではないため、MC利用者の増大は資本需要を増大させ、金融市場の利子率を上昇させる。ただし、金融市場の不完全競争のために資本が過少供給だった場合には、MC拡大は金融市場をより競争的にして利子率を下げることもありうるが、この可能性はBuera et al.（2021）では検討されていない。このように、モデルの予測する反実仮想はモデルの設定に大きく依存するため、現状を正しく認識した上でモデルの設定を注意深く決定する必要がある。

つとっても、世界の貧困層人口が1990年の19億人から2018年には7億人にまで減少したのは、ミクロの貧困削減政策の恩恵よりも国全体の経済成長の貢献の方がはるかに大きかったためだ。

　国の間の経済格差の要因を分析する発展会計（development accounting）によれば、豊かな国と貧しい国の格差の大部分は全要素生産性（total factor productivity：TFP）によって説明される。資本蓄積によって説明される経済格差は小さいため、資本不足は低所得の直接的原因ではない。人的資本の差は国家間の所得格差の一部を説明するものの、TFPの影響の方がはるかに大きい。そこで国家間のTFPの違いをもたらす源泉を特定し、TFP改善に有効な政策を探る研究が行われてきた。

　途上国の低TFPの要因の1つが資源配分の歪みである。完全競争下では、企業は限界生産物価値が価格に等しくなるよう生産水準を決めるため、企業間で限界生産物価値が均等化し、社会的に最適な生産水準が達成される。ところがHsieh and Klenow（2009）は、アメリカ、中国、インドの製造業の個票データから限界生産物価値を推定した結果、中国とインドでは企業間の限界生産物価値のばらつきが大きく、生産性の高い企業の生産水準が社会的に過小となり経済全体のTFPが低くなっていること、仮にアメリカ並みの効率的資源配分がなされれば、TFPは中国で30〜50％、インドで40〜60％高くなることを示した。ただし上記推計は調整コストや不確実性を無視しており、市場の効率性改善によるTFP上昇効果を過大評価しがちなため、これらを考慮した上で資源配分の歪みを計測する手法も提案されている（David and Venkateswaran 2019）。資源配分の歪みによる生産性の低下は工業部門だけでなく農業部門でも観察されており（Adamopoulos et al. 2022）、農村の資源配分を改善することで貧困削減につながる可能性も議論されている。

　構造転換や農業の発展が経済全体の発展に与える影響も近年再び注目を集

---

10) RCTに対しては、大きな問い（big question）に答えられていないという批判がよく向けられる。これに対し、Banerjeeは、ノーベル経済学賞の記念講演で、big questionに答えるRCTの例として、後述のBalboni et al.（2022）の論文などを挙げながら反論を行っている。

11) 開発マクロ経済学の発展については本書第9章も参照。

めている。貧しい国ほど農業と非農業部門の生産性格差が大きい傾向にあり、農業から製造業、サービス業へと経済の比重がシフトする構造転換により国全体の TFP を改善できる。Bustos et al.（2016）は、ブラジルの市区町村レベルのデータを用いて、農業における労働節約的な技術の普及が工業部門に労働力を供給し工業発展を促すという標準的な二部門モデルから得られる理論的予測が現実妥当性を持つことを示した。また、Gollin et al.（2021）は、土地利用のシフトや構造転換への影響を考慮すると「緑の革命」がマクロ経済に与えた影響は大きく、もし緑の革命が10年遅れていたら2010年の世界のGDP は17％も低かったという推定結果を導いている。

　開発マクロ経済学の実証研究の進展により、発展戦略や産業政策といった初期の開発経済学の関心事項に対しても新たな知見が提供されるようになった。市場の摩擦などで生産が過小になる場合、その影響は鉄など多くの産業に生産物を供給する上流産業ほど大きくなるため、上流産業を補助する産業政策が効率的になりうる。ただし、特定の産業への補助は資源配分を歪めうるので、補助が当該産業に与える影響だけ見ても、経済全体への効果は測れない。この問題に対し、Liu（2019）は生産ネットワークを考慮した多部門均衡モデルを構築し、特定産業への補助金が経済全体の産出量に与える影響はこの指標さえ計算すれば求められるという「十分統計量（sufficient statistic）」を導出し、中国の産業政策が全要素生産性を6.7％上昇させたという実証結果を示している。複雑な構造推定を経ずに均衡効果を考慮した影響を推定できるため、十分統計量を活用した研究も近年増えている。

2.4　RCT の大規模化、長期化

　RCT を用いて大きな問いに答えようとする研究も増えてきた。例えば「貧困の罠」に関する実証研究だ。貧困の罠がある場合、ある水準 $\bar{k}$ 以上の資本があればさらに資本を増やし高所得を得る高位均衡にたどり着くが、資本水準が $\bar{k}$ 未満だと次第に低位均衡に落ち着いて低所得となってしまう。このとき、貧困層の資本を $\bar{k}$ 以上に引き上げる「ビッグ・プッシュ」型政策を一度行えばその後は自律的に高位均衡に到達できるようになり、貧困問題が解決できる。しかし貧困の罠が実際にある場合、均衡状態では人々は高位均衡か低位均衡の近くにいて、閾値となる $\bar{k}$ 近傍の人々がほとんど存在

しないため、そのような閾値 $\bar{k}$ があるのかを観察データで実証するのは困難だ。そこで Balboni et al.（2022）は、バングラデシュで極貧層に対し介入額の大きな資本供与を行った RCT のデータを用い、その後の資本成長を決定づける資本水準の閾値が存在するかを検証した。その結果、500ドル強の閾値を超えられた家計と超えられなかった家計の間で長期的な資産蓄積、職業選択や消費パターンに有意な違いがあった。これは貧困の罠の存在を示唆するものである。

　介入対象者の数が小さい小規模な RCT で有効性が確認された介入をスケールアップしたときに、一般均衡効果などで同様の有効性が得られないこともあるため、実験の段階から大規模に行う試みも広がっている。例えば Egger et al.（2022）は、ケニアの1万強の貧困家計に対し1,000ドル（平均年間所得の約75％相当）の所得移転を行う RCT を実施した。その際、地域経済への均衡効果の影響も分析できるよう、村レベルで受給者割合を変化させた。その結果、受益者が多い村では、受益者の消費水準が向上しただけでなく、経営者の利潤上昇に伴って賃金も上昇し、非受益者の生活水準も改善したことが見出された。このように、大規模な RCT を行って、一般均衡効果を考慮した上で政策介入をスケールアップしたときの効果を考察する研究も増えている。

　その他、虫下し薬配布や極貧層対策、経営研修など、短期的効果が見られた政策効果の持続性を、数年から10年単位で検証していく研究も増え、政策の長期的な費用対効果についての理解も進んでいる。

2.5　データ革命
■衛星データ
　リモートセンシング技術や地理情報システムの発達により、人工衛星画像や地形データといった空間情報の活用も広がった。特に夜間光量の変化は国の GDP の変化と強く相関しており、経済活動を測る指標として有用だ。農業生産など夜間光では捕捉しにくい経済活動があったり、夜間光の多くが街灯や公共施設の照明で貧困層の経済活動の変化を捉えにくいなどの問題もあるが、統計が未整備な国・地域や行政区分以下の小さな範囲など、正確な統計が存在しないケースでも経済活動水準を計測できるようになった。例えば

Michalopoulos and Papaioannou（2013）は、西欧諸国が決めたアフリカの国境線によって異なる国に分断された民族に注目し、首都から離れた地域では国レベルの制度よりも民族固有の制度が今日の経済水準を規定していることを夜間光データを用いて示している。

　衛星情報は、違法森林伐採など政府公表データに現れにくい活動の補捉や、農地の面積や収穫量の正しい計測などにも有用だ。夜間光だけでなく日中の衛星画像も使い、大規模家計調査の消費・資産データとの関係を深層学習で学習させることで、これらの衛星画像だけから行政単位の貧富の差の約 7 割を説明できる貧困マップを描けることを示した研究もある（Yeh et al. 2020）。治安が悪く調査実施が困難な地域や、コロナ禍で調査不可能な時期のデータとして利用できるため、今後も衛星データの利用は増えていくだろう。

■歴史的データ

　信頼性革命を受け、歴史から自然実験を探して経済発展や制度、文化の起源を求めようとする歴史研究も発展した。その端緒が、植民地時代の植民者の死亡率を操作変数に使って制度が経済発展に与える影響を分析したAcemoglu et al.（2001）だ。彼らは、西欧諸国の植民地政策において、自国民が植民して経済活動を行うことが困難な地域では植民地の富を収奪するような搾取的制度を導入したことに注目した。そして、植民者の死亡率が高い被植民地国ほど現在の制度も搾取的であり、搾取的制度により経済発展が阻害されていることを示した。この研究に触発され、過去の奴隷貿易、民族分布、交易経路、統治制度など、歴史的データをデジタル化して経済発展の歴史的源泉を数量的に評価する研究が増えた（Nunn 2020）。

　例えば Dell et al.（2018）は、過去の行政システムがコミュニティの役割に影響を与え、現在の経済水準にも影響を与えている可能性をベトナムを事例に分析した。かつてのベトナムは、中央集権的で村にも強い権限が与えられていた北部の大越と、村の行政的役割が弱いクメール帝国領の南部に分かれていた。大越とクメール帝国の境界地域を対象に地理的回帰不連続デザインで分析した結果、大越地域の方が今日の消費水準が高かった。これは、大越地域では植民地化後も村が地域公共財供給など重要な調整機能を担い続けたためであり、歴史的源泉としての過去の行政機構の重要性を示している。

3 課題と今後の展望

3.1 ローカルコンテクストの軽視

　理論モデルは外的妥当性の追求やメカニズムの理解、一般均衡効果の推定などに有用だが、一方で見栄えをよくするためだけにモデルを付けたり、ローカルコンテクストを考慮せずに推定しやすいモデルを選ぶ傾向も見受けられる。RCT では反実仮想はデータから構築するが、構造推定では反実仮想はモデルから構築するため、モデルの妥当性には十分注意しなければならない。

　例えば貿易の効果を考慮する際、単純なモデルでは労働市場の調整機能が十分で、負の影響を受けた部門の労働者は他の部門で簡単に職に就けると仮定される。しかし、Dix-Carneiro and Kovak（2019）によると、ブラジルでは、主要産業が輸入自由化の影響を大きく受けた地域では、その後も長らく正規雇用労働者数は停滞し、多くの人がより低賃金のサービス部門の非正規雇用労働者として働くか失業状態となっており、この傾向は20年近く経っても継続している。労働市場の調整機能が十分なら賃金低下や失業がこのような長期にわたって継続することはありえないため、十分な調整機能を持つ労働市場を想定したモデルでは、貿易政策に関して誤った反実仮想を構築してしまうことになる。1970〜80年代の構造調整プログラムの失敗も市場の調整機能を過大評価しすぎた結果だったことを考えると、対象とする国の市場の機能を適切に反映したモデルを構築できているかについて、より注意深い検討がなされていくべきだろう。

　制度はローカルコンテクストの中で存在しているという点にも留意が必要だ。例えば大塚（2020）は、分益小作が一般的でないウガンダで、土地なし女性を対象に小作人の取り分を変えた分益小作契約を提示してインセンティブ効果を調べた Burchardi et al.（2019）の RCT を、現実感覚のない研究として批判している。分益契約では小作人の労働インセンティブが弱くなる（モラルハザード）ことは「マーシャルの非効率性」として知られていたが、現実には分益契約は多くの場合、モラルハザードの影響を軽減するため血縁関係や長期的な社会関係を持つ集団の中で行われている。上記 RCT はそう

した制度的背景を無視し、モラルハザードが生じやすい状況で分益小作制の実験をしており、実際に現場で生じていない低生産の問題を研究のために作り出した形になっている。

3.2　RCT の大規模化・長期化にまつわる問題

　RCT の大規模化や長期化は新たな知見をもたらした一方で、新たな危惧も生み出している。その 1 つが第 1 章本論（澤田）でも指摘されているような途上国の研究者の周縁化だ。大規模な RCT を実行できるのは、豊富な資金力や現地に調査実行部署を持つ欧米の有力な研究機関に所属する一部の研究者に限られる。十分な資金のない途上国の研究者は、そうした研究グループに入る以外、同等規模の調査を行うことはほぼ不可能だ。主要なジャーナルの編集者をそうした一部の研究者が占めることで、知の創出が一部の研究者の好みに偏向してしまう可能性もある。それによって、途上国出身の研究者が自国の開発課題に対して影響力を持つ研究をしにくくなる懸念がある。

　また本来、RCT はプロジェクトの取捨選択の判断材料としてパイロット的に行われるべきものだが、大規模な RCT が標準になると、うまくいかない介入を実験的に行った場合の損失も多大なものになる。外的妥当性の検討には、1 つの RCT の規模を大きくするより、経済環境の異なる様々な地域で RCT を行った方が望ましいことも鑑みると、検出したい効果の程度によってサンプルサイズを決める検出力分析を使いながら、調査の費用対効果を考慮して RCT の規模を決めていくべきだろう。

　RCT の長期化に対する倫理的懸念もある。長期効果の検証は政策の費用対効果を知る上で重要だが、短期的に効果があるとわかった介入を長い間対照群に与えないと、彼らの逸失利益は大きくなる。特に介入効果が大きいほど、生涯がたった一度のくじで大きく左右されることにもなりかねない。長期間ある集団を対照群に置く場合には、その後彼らが速やかにキャッチアップできるよう追加的介入が必要となるだろう。

3.3　今後の展望

　以上の通り、開発経済学は手法・トピック両面で進化してきた。今後の開発経済学の展望について考えてみると、まずは蓄積されてきたミクロレベル

での政策介入効果についてのエビデンスを統合し、より一般的な知見を生み出すメタ分析の有用性が高まるだろう。さらに、ミクロな経済主体の意思決定の内部をより深く分析する内包的深化と、従来のミクロ分析が対象としてきた企業や家計といった単体の経済主体の行動分析を超え、市場構造そのものや市場均衡を通じた地域・国全体の経済発展を考える外延的拡大の2つの新たな軸ができるのではないだろうか。

■エビデンスの総合

　ミクロレベルの政策介入の効果に関するエビデンスが蓄積されてきた今、これらの実証研究を総合的に評価するメタ分析の有用性が高まっている。メタ分析することで、政策効果のより正確な推定値を得られるだけでなく、効果の異質性も分析できるようになるからだ。メタ分析は外的妥当性を検討する上でも有用な指針を与える。地域間の効果の異質性をもたらす主要因に関する変数をメタ分析に組み込むことで、特定の地域で実施したときの介入効果もある程度予測できるようになるからだ。

　第2節で論じたように、ある介入の効果 τ は、介入対象者の特性 X やローカルコンテクスト W に依存するし、介入のデザイン V にも依存するので、これらの関数として $\tau(X, W, V)$ と表すことができる。介入効果関数 $\tau(X, W, V)$ が推定できれば、特定の地域、対象に対してどのようなデザインの介入が効果的なのかを考慮することができるようになるので、ローカルコンテクストや介入デザインが異なる多くの研究を総合的に分析して介入効果関数 $\tau(X, W, V)$ を推定しようというのが多変量メタ分析の目的だ。

　介入効果関数 $\tau(X, W, V)$ の推定は外的妥当性の検討にも有効だ。あるローカルコンテクスト W_j を持つ地域 j で、介入デザイン V_j の介入を行ったときの、特性 X_i を持つ個人に対する介入効果は $\tau(X_i, W_j, V_j)$ と表せるので、その地域 j で特性 X_i を持つ人の割合を $p_j(X_i)$ と表記すれば、その介入実験から推定される平均介入効果はその加重平均

$$\tau_j = \sum_i \tau(X_i, W_j, V_j) p_j(X_i)$$

を求めていることになる。外的妥当性の議論では、このように求めた τ_j が、他の地域 j' でも同様になるかに関心が向けられることが多いが、ローカル

コンテクストが異なり（$W_{j'} \neq W_j$）、様々な特性に関する人口分布も異なれば（$p_{j'}(X_i) \neq p_j(X_i)$）、$\tau_{j'} = \tau_j$ となることは期待できないだろう。

　しかし、個別介入効果関数 $\tau(X, W, V)$ の良い推定量 $\hat{\tau}(X, W, V)$ が得られれば、別の地域 j' でデザイン $V_{j'}$ の介入を行ったときの効果を

$$\hat{\tau}_{j'} = \sum_i \hat{\tau}(X_i, W_{j'}, V_{j'}) p_{j'}(X_i)$$

と予測できる。これにより、同じ介入を他地域で行ったときの効果も推測できるようになる。

　もちろん、この方法を適用するには現状で課題もある。まずローカルコンテクスト W や介入デザイン V の記録が研究間で整合的になされなければならない。これに関しては、援助機関所属の研究機関など、メタ分析を行う便益が高い機関が主導していくのがよいかもしれない。また、介入効果に影響を与える要因 W のすべてがデータとして観測できるわけでもない。介入効果に重要な影響を与える要因が観察可能でなく、それが地域間で大きく異なれば、推定量 $\hat{\tau}$ から予測した介入効果は現実と大きく異なってしまうかもしれない。これは回帰分析における欠落変数と同じ問題だ。同じことは構造推定を使ったシミュレーションにも当てはまる。介入効果に重要な影響を与える変数がモデルに含まれていなければ、構造推定で得られた介入効果予測は現実とは大きく異なったものになりうる。結局のところ、外的妥当性は欠落変数の問題であり、介入効果に影響を与える重要な要因についての我々の無知による問題なのである。

　このような問題はあるにせよ、ミクロな介入効果のエビデンスの蓄積を現場の政策決定に活かすには、ローカルコンテクストや介入のデザイン、介入対象者の特性の異質性を考慮したメタ分析が有用になってくる。そのようなメタ分析に基づき、途上国の特徴に合わせた望ましい開発政策を実務家向けにわかりやすく記述したガイドラインの作成も、今後の課題の1つとなっていくだろう。

■内へ：人間の内面、行動様式についての理解の進展

　行動経済学の発展や詳細なデータ分析から、Schultz 以来の「貧しいが合理的」な貧困者像にとらわれず、より現実的な貧困層の意思決定を分析する

研究が進んできている。良い選択ができないことが貧しさの一因になっているなら、それを改善することで貧困緩和が期待できるだろう。

　特に貧しいがゆえに良い選択ができない場合、貧困そのものが選択を通じて貧困の原因になるという「心理的貧困の罠」が生じうる。貧しいとお金のやりくりのために様々なことに神経を使わねばならず、常に認知機能に負荷がかかった状態となるため、意思決定の質が低下する可能性がある。貧しさによるストレスや不安によってメンタルヘルスが低下する影響もあるだろう。実際、貧しさが認知機能や作業効率を低下させることを示す実証結果も出始めており[12]、心理的貧困の罠の存在について、より詳細な検討が必要である。

　また、貧困層の方がリスク回避的で近視眼的な傾向があるため、将来の所得向上をもたらす投資も控えがちになる。周囲もみな貧困なら、貧困から抜け出す希望も薄れ、努力する意欲も失せてしまうだろう。そのような場合、同じような状況から成功したロールモデルの存在を示すことで、教育投資など将来を見越した行動が促進されるかもしれない。

　以上は貧困層が意思決定プロセスで抱える問題を示唆している。「貧しいが合理的」な貧困者像は、無知で愚かなゆえに貧困という見方に対する有効なアンチテーゼだった。しかし近年の研究は合理的でない貧困者像の可能性も示唆している。何が貧しい人々の意思決定プロセスに影響を与えているのか、いかにして彼らの意思決定の質を向上できるかは、今後より深く研究されていくべき分野だろう。

■外へ：ミクロな主体の分析から市場・国レベルの均衡分析へ

　貧困の原因は個人の意思決定に起因する部分もあるが、主要な原因は十分な収入を得る機会がないという外的要因に起因するものだ。貧困層の主な収入源は農業や単純労働だが、低所得国では農作物価格や賃金が低いことが彼らの収入をさらに低くしている。これまでの実証開発経済研究はミクロな経済主体の分析が中心であったが、貧困の原因が市場取引で得られる収入の低

---

12) 例えば Mani et al.（2013）は、収穫前の貧しい時期には、同一の農家でも収穫後の豊かな時期より認知機能が低下していることを見出している。また、インドで日給額をランダムに変える実験を行った Kaur et al.（2021）は、貧しい労働者の場合、給与額が多いとミスが減り生産性が上昇していることから、心理的貧困の罠の存在を示唆している。

さによるものなら、市場そのものを分析対象とする研究がより行われていくべきだろう。

　例えば信用制約があると、投資が少なくなり労働需要が減ることで低賃金や格差の拡大が起こりうるほか、逆選択は市場規模そのものを縮小しうる。つまり、市場の失敗は市場均衡を通じて経済発展に影響を与えうる。市場の失敗を是正することが貧困削減につながるかを検証するためにも、ミクロレベルの経済主体のデータから市場均衡を通じて経済全体への影響を類推する理論的フレームワークが必要だ。

　市場均衡を考慮するための方法に構造推定があるが、経済の均衡にはローカルな制度や市場の摩擦など様々な要因が影響し、それらの存在によって社会厚生への影響も変わる。ローカルな市場の調整過程を明らかにし、それが政策効果や分配の問題にどう影響するかを明らかにする分析がより行われていくべきだろう。

　また、多くの低所得国の農村で失業や余剰労働力が観察される。市場統合や企業活動の立地選択などを考慮し、どのような条件で農村の経済活動が促進可能か、空間的な経済活動分布を考慮した実証分析が望まれる。地理情報システムの発達により地理的に粒度の細かなデータも手に入るようになってきており、空間均衡モデルを使った実証分析の役割が大きくなるだろう。

4　おわりに

　途上国の開発課題の解決を志向してきた開発経済学は、様々な開発プログラムに関するRCTの実施を経済学の他分野に比べ早期に取り入れてきたことから、エビデンスに基づいた政策形成（Evidence-Based Policy Making：EBPM）の先駆者ともなってきた。しかしそれでも貧困問題をはじめ途上国の諸問題は多くの改善の余地が残されている。

　そうした途上国の抱える様々な開発課題の解決を志向する上では、単に個々の政策効果を計測するだけでなく、低所得国が抱える問題と、それに対する効果的な政策を示す概念の提示が重要だ。概念の提示により複雑な現実の世界を分析する視点が与えられ、我々の理解を深めることができる。貧困

の罠も資源配分の歪みも、概念化されたからこそその重要性を理解し評価しようとする研究が生まれた。そうした概念の提示に至るには、モデル化のプロセスが重要だ。複雑な事象すべてをモデルに入れることはできないため、モデルを作るには、ある現象の説明に何が重要な要素なのかを見極める必要に迫られる。その過程で、現実の世界を理解するためのレンズが磨かれる。現地の経済構造に関する正確な知識を基に既存研究が見落としていた重要な事実を見つけ出し、それまで標準的なモデルで説明できなかった現象とその論理的帰結を、新たなモデルで示すことができれば、新たな政策オプションも見えてくるだろう。そのようにすることで、現場の問題を正しく認識するだけでなく、現場の人も気づかないような知見・政策提言を提供することが可能になるはずだ。

　一方で、近年の開発経済学では、メカニズムや均衡効果などを考慮するための数理モデルが多用されるようになった結果、開発社会学や開発人類学や途上国地域の地域研究など、関連する社会科学分野との断絶が大きくなってきた感がある。複雑な現実社会を数理モデルで描写するには経済理論に関する深い知識が欠かせず、分析手法も年々発展していることから、他分野の研究成果を学ぶ時間も十分に取ることが難しくなってきている。新たな概念を提供できる経済モデルを生み出すためにも、他分野の議論の発展に気を配り、それを経済学のレンズで再解釈し、分野をつなげるモデルを作り出すことも、次世代の開発経済学に求められていることだろう。

コメント

政策科学としての開発経済学
課題と将来像

松本　朋哉

1　はじめに

　本章本論では、近年の開発経済学の研究の主流を概観し、実証研究における「信頼性革命」がいかにその方向性を変えたか、その過程でどのような問題が発生し、今後どのように展開していくのかについて、バランス良くコンパクトにまとめられている。本コメントでは、本論で議論が足りていないと感じた事柄3点について若干の補足を試みた。

2　ランダム化比較試験の再現性とメタ分析に関して

　開発経済学研究におけるランダム化比較試験の隆盛の影で、様々な問題が指摘されている（本書第1章、第3章、本章本論参照）。ここでは、他章でも触れられている再現性の問題、特に外的妥当性の検討のために異なる環境・設定のもとで行われる RCT の再現可能性（replicability）について、やや別の角度から再度議論したいと思う[13]。本論でも挙げられている政策効果の異質性、つまり異なる環境や異なる属性の対象者では効果が異なるということも、再現性が低い原因の1つであるが、もう1つの大きな理由として、単に、再現を試みた RCT の介入（あるいは処置）内容あるいは実施方法が不適切なため、そもそも再現実験になっていないということも考えられる。

---

13) 科学研究一般の再現性については、National Academies of Sciences, Engineering, and Medicine（2019）に詳しい。

つまり、下手な介入を実施したために、介入効果が著しく低かったというケースだ[14]。

　例えば、農業知識（X）の改善が生産性（Y）の向上に大きく寄与するという仮説を検証したいとする。この場合、実験計画者は、農業普及委員などを通じて、処置群に選ばれた農民に対して知識介入（Z）を実施する。吟味された知識介入を適切に行えば、Z は X を改善し、それが Y の向上に寄与するという仮説の検証が可能となる。さらに、仮説が正しければ、X の Y への効果となって観察される。しかし、不適切な処置では、Z の X への影響が小さい、あるいは全くないということも考えられる。この場合、Z は X の外生的な変動を作り出せずに、X の Y への効果が検証できなくなってしまう。Z の質が低いと、仮説が正しいとしても、処置の効果は当然小さくなってしまう。したがって、仮説を検証するためには、研究者はローカルコンテクストを十分考慮して、Z の内容を吟味しなければならない。また、再現実験が目的であれば、Z をその先行研究とできるだけ均質にしなければならない。

　ただし、Z の質が低いあるいは、Z を再現できないのは、単に研究者が怠慢だからというだけではない。社会科学の文脈では、医学・薬学系の臨床実験に比べ、Z の自由度が高く再現実験をするのが容易ではないことが元来から多いのだ。途上国のフィールドで社会実験を計画、実施してみるとわかるが、制御しなければならないこと、そして制御が難しい、あるいはできないことがたくさんあることに気づく。

　では、再現が難しい社会実験から、どうすれば有益な情報が得られるだろう。1つ重要なことは、Z の Y への処置効果を計測するだけでなく、Z の X への効果も計測することだ。つまり、本来処置が意図して操作しようとしている変数 X を観察すべきということだ。上の農業技術の知識介入の例でいうと、技術知識の水準を計測すべきということになる。X を観察していれば、下手な介入だったとしても、少なくとも Z を修正すべきだという

---

14) ここで「下手な介入」と言及しているのは、RCT のランダムな割り付けがうまくできていない（例えば、Stable Unit Treatment Value Assumption が成立していない）介入を指しているのではない。もちろん、ランダムな割り付けがうまくできるかどうかは、RCT による政策評価に関わる重要な要因であるが、ここでは議論しない。

ことはわかる。そうでなければ、処置効果がない場合、Z が悪いのか、仮説が間違っているのかわからず、有益な情報は得られない。

　このことは、操作変数法（instrumental variables estimation：IV）のアナロジーとして考えると、わかりやすい。Z は操作変数で、X は内生変数、Y が従属変数にあたる。下手な介入は、操作変数 Z と内生変数 X の弱相関（weak instrumental variables）の問題として解釈できる。一方、内生変数 X と相関の高い Z は理想的な操作変数だ。何せ、Z はランダムに割り付けられているからだ。RCT は（X の外生的変動を演出するための）操作変数 Z を設計することと解釈してもよいかもしれない。RCT の設計者は、自然と操作変数の弱相関問題を気にかけて、Z の設計を丹念に行うようになるだろう。

　こうした議論は、本論第3.3項でその有用性を説くメタ分析についても、再考を要請する。処置 Z はその内容や実施方法の細部を考慮すると、無数のパターンが考えられる。しかも細かな違いが大きな結果の違いにつながりうる。それなら、メタ分析で類似の介入実験の Z と Y との関係に関する証拠のみを蓄積しても、あまり意味がない。むしろ、Z と X の関係、そして X と Y の関係に関する証拠を蓄積することが重要ではないだろうか。Z と X の関係で、どんな介入がダメなのかがわかる。また、X と Y の関係がわかれば、効果の高い処置の本質（上の例だと農業知識が大事ということ）がわかる。メタ分析をさらに無力化するのが、介入実験の内容や実施の細部まで完全に記述することが不可能なこと、また記述できない部分が結果に大きく影響することがあるという事実だ。そうした場合、メタ分析を行っても有益な情報を抽出できない。

　最近、私が携わるプロジェクトで、知識介入を用いた RCT を実施する機会を得てアニメを用いた教育動画を作成した。その試作品の評判がすこぶる悪く、慌てて実験本番の前に、伝える情報は極力変えずに、音声部分の台本を修正し、話しぶりを変えた。幸いなことに、改訂版のうけは大幅に良くなり、本番でも想定以上の評価を得た。さらに、視聴者の理解度テストの点数も大きく改善した。処置の効果の検証はこれからではあるが、少なくとも処置（Z）の知識（X）への効果は確認できた。少しの違いが大きな差を生むことがあるのだ。しかし、論文で実験を記述するなら、試作品と完成品の違

いはほぼない。これが再現性の低さの原因かもしれない。そうであるなら、これは RCT のメタ分析を骨抜きにしてしまう。

3　おわりに：今後の開発経済学の展望について

　本論の結論では、これからの開発経済学がより政策科学としての役割を果たすために、内と外、2つの方向への展開、すなわち人間の内面のより深い理解に基づく意思決定モデルの構築と、ミクロの知見をマクロ政策につなげる理論的フレームワークの確立が必要だと提唱している。大筋で共感するが、ここで補足したい点が2つある。

3.1　「貧しいが合理的」な貧困者像捨て去るべき？

　1点目は、内への展開として主張される内容についてだ。本論では、行動経済学などの知見を取り入れ、新古典派的な「貧しいが合理的」な貧困者像を捨て、より現実的な貧困層の意思決定モデルを構築すべきと主張している。しかし、行動経済学が隆盛を極める以前に経済学研究者としての訓練を受けた身としては、若干の違和感を禁じえない。まず、「貧しいが合理的」な貧困者像をなかなか捨てられない。また、開発経済学研究者として簡単に捨て去るべきでもないと考える。観察されたデータが、自身が考える経済主体の合理性を仮定した経済モデルと合致しないことはよくあるが、安易に経済主体の非合理性を持って、観察データに収まりのよい解釈をすべきではない。大きな見当違いをしてしまう可能性があるからだ。RCT の隆盛に紛れてローカルコンテクストの欠如した研究が増加しているという本論の指摘にも関係するが、観察データと合理的モデルの乖離は、現場で大事な要因を見落としていたり、鍵となる情報を入手し損ねていたりするために発生している可能性がある。私がこう思うのも、人々の行動を観察し行動パターンをモデル化する際に、第一次近似としては、やはり経済合理性に基づくモデリングが重要だと信じているからだ。古い論文になるが、Griliches (1957) は、ハイブリッドコーンの普及過程を研究した当時の画期的な論文で、新技術の普及にはその収益率が決定的に重要であることを示したが、その結語に以下のよ

うなくだりがある。「…農家は利潤最大化の考えと一致した行動をとっている。証拠がそうでないように見える場合でも、関係する経済変数を詳しく調べれば、その変化が見かけほど利益を生んでいないことがわかる。（筆者訳）」　経済学研究者として常に心に留めている言葉の1つだ。

　開発経済学の文脈でナッジ政策を検証した論文として有名なケニア西部のメイズ農家の肥料使用に関する一連の論文（Duflo et al. 2008；2011）を読んだ際、この言葉を思い出した。彼女らの観察では、この地域の農民は、肥料投入の収益率がとても大きいにもかかわらず、最適量よりずっと過小にしか肥料を投入しないという。また、その大きな理由の1つが、多くの農民の時間選好に現在バイアスがあるために、肥料投入の時期に資金不足に陥って十分な量を購入できないからだという。しかし、この解釈にはいくつかの疑義が挟まれている。例えば、Foster and Rosenzweig（2010）は、技術採用に関するレビュー論文の中で、これら研究に触れ、肥料を投入することで増加する施肥、草取り、収穫作業に係る追加的な労働の費用を換算すれば、利益はそれほど大きくないはずだと指摘している[15]。また、同じレビュー論文の中で「技術採用に関する文献において、普及が十分に進んでいないとされる投入物や技術に関して、その収益率を注意深く記述した研究がなんと少ないことであろう」と驚きを述べ、技術採用の経済的な価値を評価する重要性を説いている。同感である。収益率がプラスであることが、技術採用の必要条件であるからだ。途上国農村では、インフラが貧弱で輸送コストが高く、市場へのアクセスが悪いため、あるいは、天水に頼る農業であるため、技術採用の収益率が場所やタイミングのわずかな違いで大きく異なることがある。ある地域で収益率が高いからと言って、他の地域でそうだとは限らないのだ。やはり、私は「貧しいが合理的」な貧困者像を捨てず、経済合理性を仮定したモデルを出発点に、現象を丹念に観察し課題の検証をしたいと思う。それでもなお非合理性が残る場合、行動科学の知見を活用するというのが、開発経済学者として建設的な落とし所ではないだろうか。

---

15) 正確に言うと、Foster and Rosenzweig（2010）がコメントしているのは、*American Economic Review* に掲載された論文の前段階の *National Bureau of Economic Research* に2009年に掲載されたワーキングペーパーに対するものである。Duflo et al.（2011）では、そのコメントを考慮してか、メイズ生産に係る一部作業の労働費用が考慮されている。

3.2　これからの開発経済学研究の道標

　2点目は、外への展開として主張されている事柄への補足である。本論で
は、外への展開として、開発課題の根本的な解決のためには、ミクロ経済主
体の行動分析を超え、市場均衡を通じた地域・国全体の経済発展を視野に入
れた研究が必要と主張する。もっともなことだと思う。では、いったいどの
ような研究課題を設定し、どう展開すればそうした研究につなげられるだろ
うか。本論の記述では、具体像が見えてこないが、ローカルコンテクストを
考慮した丹念なミクロレベルの現地調査を重ね、そうした観察を基礎に発展
パターンをモデル化し、課題解決につながる政策を特定し、開発戦略に接続
していくといったところか。ミクロなテーマに偏りすぎる傾向の強い昨今、
そうした壮大な展望を持つ研究は稀有である。しかし、ないわけではない。
ここで、開発問題の解決のために地域・国全体の経済発展を視野に入れた研
究のロールモデルとして、本邦研究者の一連の取り組みを紹介したい。

　Sonobe and Otsuka（2006；2011；2014）は、日本を含む北東アジア、南
アジア、アフリカの合計20か所の産業集積について、その発展メカニズムを
独自の企業調査によって解明してきた。こうした事例研究の積み重ねにより、
産業の相違にかかわらず革新に成功した産業集積は発展する一方、失敗した
産業集積は停滞することを発見した。また、革新を実現するためには製品の
質を上げるような「技術革新」ばかりでなく、新しい製品を販売するための
マーケティング、製品の質を管理する企業組織、特注の部品を調達する下請
システムの構築のような「経営革新」が重要であることも明らかにしている。
さらに彼らの一連の研究が卓越しているのは、そうした発見を開発政策につ
なげる試みまで行っているところだ。彼らは、経営研修、特に日本が得意と
するカイゼンが産業集積の発展にとって重要であるという仮説を提起し、複
数の国でRCTを実施し、経営研修が漸進的経営革新の実現を通じて企業の
業績を改善すること示している。この一連の研究は、効果的な産業政策の立
案に一石を投じるものであろう。こうした取り組みが増えることで、途上国
の開発課題の解決につながっていくと強く信じている。

リプライ

開発経済学の実証研究成果の幅広い政策形成利用に向けて

高野 久紀・高橋 和志

　討論者の論点は、①RCTの再現性が低い理由としての不適切な介入の存在、②「貧しいが合理的」な貧困者像を捨てることへの疑問、③開発経済学実証研究の1つの好例としてのSonobe and Otsuka（2006；2011；2014）の一連の研究の紹介、の3点にまとめられる。基本的には私たちと立ち位置に大きな違いはなく、コメントには概ね賛同したい。

　例えば①では、農業知識（X）が生産性（Y）に与える影響を検証するために知識介入（Z）を実施する例を挙げ、Zの質が異なるためにXの改善度合いが異なり、それがYへの効果の再現性を低下させている可能性、その対処として、$Z \to Y$だけでなく、$Z \to X$も計測することが提案されている。これはまさに、知識介入Zが農業知識Xを通じて生産性に影響を与えるというメカニズムに注目したものであり、本論で言及したImpact Evaluation 2.0で主張されてきたことだ。いわば、理論もなくRCTで効果を測っただけの「ヤッコー研究」とは、メカニズムを考慮せず$Z \to Y$の効果を示しただけのものとも言える。Impact Evaluation 2.0以降の開発経済学実証研究では、デザインや媒介変数によって効果がどう異なるかメカニズムを明らかにし、それにより外的妥当性の検討が行われてきたことをここで改めて指摘したい。

　一方、介入デザインで効果が異なるなら、メタ分析で類似の介入実験に関する証拠を蓄積しても意味がないという指摘がされているが、これについては私たちの見解は逆である。つまり、介入デザインで効果が異なるからこそ、異なるデザインの介入を統合的に分析するメタ分析が必要になる。メタ分析を通じて、より効果的な介入デザインが明らかになるほか、メタ分析が標準慣行となることで、介入デザインの記述方法も変化していくだろう。討論者の指摘の通り、現状では、介入デザインの記述が不十分なことが多く、記述の仕方も研究間で異なるので、メタ分析で各介入の特徴を数量化する際の扱

いが難しい。しかしメタ分析されることが前提となることで、介入デザインの記述もより標準化・詳細化され、研究ごとの介入デザインの差も明確になり、効果的な介入デザインの探究と再現性の向上が進むのではないだろうか。なお、記述できない部分が結果に大きく影響しうるという指摘がされているが、そのような重要な特徴が記述されない・わからないなら、そもそもその研究から有用な政策提言を導くこともできないので、メタ分析以前の問題だ。メタ分析の普及により、介入デザインやコンテクストの記述に十分な注意が払われ、それらの重要性が明らかになっていくことが期待される。

　②では、「貧しいが合理的」な貧困者像を捨てるべきではないという論点が提示されているが、私たちも捨てるべきだとは考えていない。本論で提示している「市場・国レベルの均衡分析」では、合理的な意思決定主体を想定したモデルが基盤となるだろう。しかし一方で、現在バイアスという非合理性を標準的な経済モデルに導入することで、貯蓄におけるコミットメントの重要性という新たな視点が提供されたように、現実の人々の意思決定パターンを説明する要因を探ることから新たな政策提言が生まれることも事実だ。貧困層の行動原理や環境特性に対する理解をさらに深めることで、貧困層の意思決定の質を向上させていく可能性が広がるだろうということが私たちの主張だ。なお、Duflo et al.（2008；2011）の結果が合理的な貧困層のモデルで説明できるかは、データでも検証可能だ。肥料を購入しないのが収益性の低さに起因するなら、そもそも肥料販売時期を変えても人々の行動は変化しないはずだが、人々の行動は現に変化している。また、肥料を実際に購入して収益が低いとわかった人は買わなくなるはずだが、実際に彼らのデータを再分析してみても、初年度に介入を受けて購入した人は次年度購入しなくなるというパターンも見出せない。このように、合理的仮説や他の意思決定仮説に関してデータで検証可能な含意（testable implication）を導き出し、実証研究を通じてより真実に近い貧困者像を明らかにしていくことが重要だ。

　最後に、次世代にも引き継ぎうる実証経済学のロールモデルとして、Sonobe and Otsuka（2006；2011；2014）の一連の研究が挙げられているが、その重要性については私たちも認めるところだ。同様に、大塚啓二郎らによるアフリカの緑の革命に関する一連の研究も挙げておきたい（Otsuka and Larson 2013, 2016；Otsuka et al. 2023）。このプロジェクトでは、アフリカ

の農業の現場で問題となっている事柄を現地農家や専門家から聞き出し、生産性向上のボトルネックとなっていた農業技術研修を国際協力機構（JICA）と協力して実施し、その効果を RCT などを使って統計的に検証している（本書第 2 章も参照）。各分野の専門家と協働して介入デザインを検討し、それを複数の国で検証して外的妥当性やコンテクストの違いの重要性を考察することを目指しており、これは本論の最後で近年の潮流に対する課題として触れた、他の社会科学分野との交流を推し進めるものだ。こうしたアプローチがどれほどの価値を生むかは、その知見がいかに経済学のモデルに落とし込まれ、新たな視点・概念が提示されるかにかかっているだろう。

　本論の結語でも「概念」や「モデル」の重要性を強調したが、私たちの多くは、概念やモデルの提示によって初めて現実世界の問題をクリアに認識できる。政策提言に正しい現実認識が重要なのは言うまでもないが、その国のあらゆる事情を正しく理解することは多くの研究者・実務家にとって現実的ではない。そこで、概念やモデルによって重要な要素を整理して政策決定の質を高めることが望まれる。医療の発展が、名医しか使えない技術ではなく、一般の医師でも利用可能な技術の発展によって達成されてきたように、より良い政策形成のためには、ローカルコンテクストにも経済理論・実証研究にも詳しい名医の存在を前提とするのでなく、適切な概念化・モデル化によって多くの実務家・研究者の政策立案の質を高めることが必要であり、それが今後の開発経済学の実証研究でも追究されるべきだろう。

引用文献

Acemoglu, Daron, Simon Johnson, and James A. Robinson（2001）"The Colonial Origins of Comparative Development: An Empirical Investigation," *American Economic Review*, 91(5), pp.1369-1401.

Adamopoulos, Tasso, Loren Brandt, Jessica Leight, and Diego Restuccia（2022）"Misallocation, Selection, and Productivity: A Quantitative Analysis with Panel Data from China," *Econometrica*, 90(3), pp.1261-1282.

Balboni, Clare, Oriana Bandiera, Robin Burgess, Maitreesh Ghatak, and Anton Heil（2022）"Why Do People Stay Poor?," *Quarterly Journal of Economics*, 137(2), pp.

785-844.

Bernhardt, Arielle, Erica Field, Rohini Pande, and Natalia Rigol（2019）"Household Matters: Revisiting the Returns to Capital among Female Microentrepreneurs," *American Economic Review: Insights*, 1（2）, pp.141-160.

Blattman, Christopher（2008）"Impact Evaluation 2. 0: Presentation to the Department for International Development（DFID）," retrieved from https://chrisblattman. com/documents/policy/2008. ImpactEvaluation2. DFID_talk. p df（2023年 5 月31日閲覧）

Buera, Francisco J., Joseph P. Kaboski, and Yongseok Shin（2021）"The Macroeconomics of Microfinance," *Review of Economic Studies*, 88（1）, pp.126-161,

Burchardi, Konrad B., Selim Gulesci, Benedetta Lerva, and Munshi Sulaiman（2019）"Moral Hazard: Experimental Evidence from Tenancy Contracts," *Quarterly Journal of Economics*, 134（1）, pp.281-347.

Bustos, Paula, Bruno Caprettini, and Jacopo Ponticelli（2016）"Agricultural Productivity and Structural Transformation: Evidence from Brazil," *American Economic Review*, 106（6）, pp.1320-1365.

David, Joel M., and Venky Venkateswaran（2019）"The Sources of Capital Misallocation," *American Economic Review*, 109（7）, pp.2531-2567.

Dell, Melissa, Nathan Lane, and Pablo Querubin（2018）"The Historical State, Local Collective Action, and Economic Development in Vietnam," *Econometrica*, 86, pp. 2083-2121.

Dix-Carneiro, Rafael, and Brian K. Kovak（2019）"Margins of Labor Market Adjustment to Trade," *Journal of International Economics*, 117, pp.125-142.

Duflo, Esther, Michael Kremer, and Jonathan Robinson（2008）"How High Are Rates of Return to Fertilizer? Evidence from Field Experiments in Kenya," *American Economic Review*, 98（2）, pp.482-488.

Duflo, Esther, Michael Kremer, and Jonathan Robinson（2011）"Nudging Farmers to Use Fertilizer: Theory and Experimental Evidence from Kenya," *American Economic Review*, 101（6）, pp.2350-2390.

Egger, Dennis, Johannes Haushofer, Edward Miguel, Paul Niehaus, and Michael Walker（2022）"General Equilibrium Effects of Cash Transfers: Experimental Evidence from Kenya," *Econometrica*, 90（6）, pp.2603-2643.

Foster, Andrew D., and Mark R. Rosenzweig（2010）"Microeconomics of Technology Adoption," *Annual Review of Economics*, 2（1）, pp.395-424.

Gollin, Douglas, Casper W. Hansen, and Asger M. Wingender（2021）"Two Blades of Grass: The Impact of the Green Revolution," *Journal of Political Economy*, 129（8）, pp. 2344-2384.

Griliches, Zvi（1957）"Hybrid Corn: An Exploration in the Economics of Technological Change," *Econometrica,* 25(4), pp.501-522.

Hsieh, Chang-Tai, and Peter J. Klenow (2009) "Misallocation and Manufacturing TFP in China and India," *Quarterly Journal of Economics,* 124(4), pp.1403-1448.

Kaboski, Joseph P., and Robert M. Townsend (2011) "A Structural Evaluation of a Large-Scale Quasi-Experimental Microfinance Initiative," *Econometrica,* 79(5), pp. 1357-1406.

Kaur, Supreet, Sendhil Mullainathan, Suanna Oh, and Frank Schilbach (2021) "Do Financial Concerns Make Workers Less Productive?," NBER Working Paper 28338.

Lewis, Arthur W. (1954) "Economic Development with Unlimited Supplies of Labour," *Econometrica,* 79(5), pp.1357-1406.

Liu, Ernest (2019) "Industrial Policies in Production Networks," *Quarterly Journal of Economics,* 134(4), pp.1883-1948.

Mani, Annandi, Sendhil Mullainathan, Eldar Shafir, and Jiaying Zhao (2013) "Poverty Impedes Cognitive Function," *Science,* 341 (6149), pp.976-980.

Michalopoulos, Stelios, and Elias Papaioannou (2013) "Pre-Colonial Ethnic Institutions and Contemporary African Development," *Econometrica,* 81(1), pp.113-152.

Miguel, Edward, and Michael Kremer (2004) "Worms: Identifying Impacts on Education and Health in the Presence of Treatment Externalities," *Econometrica,* 72(1), pp.159-217.

National Academies of Sciences, Engineering, and Medicine (2019) *Reproducibility and Replicability in Science,* The National Academies Press.

Nunn, Nathan (2020) "The Historical Roots of Economic Development," *Science,* 367 (6485), eaaz9986.

Otsuka, Keijiro, and Donald F. Larson (2013) *An African Green Revolution: Finding Ways to Boost Productivity on Small Farms,* Springer, Dordrecht.

Otsuka, Keijiro, and Donald F. Larson (2016) *In Pursuit of An African Green Revolution: Views from Rice and Maize Farmers' Fields,* Springer, Dordrecht.

Otsuka, Keijiro, Yukichi Mano, and Kazushi Takahashi (2023) *Rice Green Revolution in Sub-saharan Africa,* Springer, Dordrecht.

Rosenzweig, Mark R., and Kenneth I. Wolpin (1980a) "Life-Cycle Labor Supply and Fertility: Causal Inferences from Household Models," *Journal of Political Economy,* 88(2), pp.328-348.

Rosenzweig, Mark R., and Kenneth I. Wolpin (1980b) "Testing the Quantity-Quality Fertility Model: The Use of Twins as a Natural Experiment," *Econometrica,* 48(1), pp. 227-240.

Schultz, Theodore (1964) *Transforming Traditional Agriculture,* Yale University Press.

Sonobe, Tetsushi, and Keijiro Otsuka (2006) *Cluster-Based Industrial Development:*

An East Asian Model, Springer.

Sonobe, Tetsushi, and Keijiro Otsuka（2011）*Cluster-Based Industrial Development: A Comparative Study of Asia and Africa*, Palgrave Macmillan.

Sonobe, Tetsushi, and Keijiro Otsuka（2014）*Cluster-Based Industrial Development: KAIZEN Management for MSE Growth in Developing Countries*, Palgrave Macmillan.

Wager, Stefan, and Susan Athey（2018）"Estimation and Inference of Heterogeneous Treatment Effects Using Random Forests," *Journal of the American Statistical Association*, 113（523）, pp.1228-1242.

Yeh, Christopher, Anthony Perez, Anne Driscoll, George Azzari, Zhongyi Tang, David Lobell, Stefano Ermon, and Marshall Burke（2020）"Using Publicly Available Satellite Imagery and Deep Learning to Understand Economic Well-Being in Africa," *Nature Communications*, 11(1), pp.1-11.

大塚啓二郎（2020）「貧困問題と開発経済学」『経済セミナー』2020年2・3月号、pp.34-38.

第6章

国際貿易論における 実証分析の現状と課題

戸堂 康之

1　はじめに

　本稿は、国際貿易論の実証分析に焦点を当てて、最近発表された重要論文で使われた手法を概観する。それによって、国際貿易論における実証研究を行う上で、どのような手法をどのような点に留意して利用すべきかについての手がかりを読者に提供することが、本稿の目的である。それはまた、第1章本論（澤田）で議論されている「第二世代・第三世代の実証分析」の手法が実際にどのように国際貿易論で活用されているかを示すことでもある。

　国際貿易論は、労働経済学や開発経済学などの分野とは若干異なる面があるかもしれない。国際貿易論では、本書第3章で最も信頼性のある方法であるとされているランダム化比較試験（randomized controlled trial：RCT）が活発に利用されてきたとは必ずしも言えず、差の差分析（difference in differences：DID）や操作変数法（instrumental variables estimation：IV）など観察データ（observational data）を使った推計手法に依存することが多い。

　これは、国際貿易論における重要なテーマ、例えば貿易が生産や雇用に及ぼす効果、企業の輸出行動と生産性の双方向の関係、海外直接投資（foreign direct investment：FDI）から地場企業への技術のスピルオーバー効果などを実証する上で、政策や企業に対するRCTによって外生的に貿易や投資行動を変化させることが比較的難しいからだ（ただし、後述するように不可

能ではない）。例えば、関税の削減や自由貿易協定（free trade agreement：
FTA）の締結などの貿易政策を RCT で行うことはほとんど不可能であると
言っていい。

　以下、このような特性を持つ国際貿易論における実証研究について、第3
章本論（大塚・樋口・鈴木）図3-2（p.83）に基づき、信頼性の低い順、
すなわち観察データ（第2節）、自然実験（第3節）、RCT（第4節）を利
用した研究の順でいくつかの代表的な研究を紹介する。さらに、計量経済学
的ではない手法としてシミュレーションを利用した研究についても言及し
（第5節）、最後にそれらの研究からの含意を述べる（第6節）。

2　観察データの利用

2.1　差の差分析（DID）

　まず、近年の観察データを利用した国際貿易論の実証研究をいくつか紹介
したい。例えば、国際貿易論の実証研究で重要なテーマの1つに、輸出によ
って海外の知識を取り入れて生産性や効率性が向上するという「輸出による
学習（learning by exporting)」の検証がある。しかしこのテーマでは、企業
にランダムに介入を行って輸出を促す RCT を行うことは困難であり（第4
節で詳述するように不可能ではない）、近年の研究でも DID を利用したもの
が多い。

　そのうちの1つ、Garcia-Marin and Voigtländer（2019）は、チリの事業所
レベルデータを使い、以下のような比較的単純な推計式を最小二乗法
（ordinary least squares：OLS）によって推計している。

$$y_{ijt} = \alpha_{st} + \alpha_{ij} + \sum_{k=-2}^{-1} T_{ijt}^k + \sum_{l=0}^{L} E_{ijt}^l + \delta_{ijt}^{exit} + \varepsilon_{ijt}$$

ここで、y_{ijt} は事業所 i の製品 j の時間 t における生産性や限界費用などのパ
フォーマンス指標、α_{st} は産業 s ×時間 t の固定効果、α_{ij} は事業所 i ×製品 j
の固定効果、T_{ijt}^k は輸出前1～2年間のトレンド、E_{ijt}^l は輸出開始年から L
年後までのトレンド、δ_{ijt}^{exit} は輸出をやめた場合の効果を表す。この推計にお
いて最も重要なパラメータは E_{ijt}^l であり、その推定値は輸出の企業業績への

効果を示している。彼らはこの推計に加え、傾向スコアマッチング法（propensity score matching：PSM）を利用して対照群を構築した上での推計も行っている。その結果、輸出は必ずしも全要素生産性（total factor productivity：TFP）を向上させないが、生産コストの削減には寄与するという結果を見出した。

　同様に、ラトビアおよびエストニアの企業データを利用した Benkovskis et al.（2020）は、中間財・最終財の輸出をグローバル・サプライチェーンへの参画とみなし、それが TFP に及ぼす影響を PSM と DID を組み合わせた方法で推計している。必ずしも輸出による学習そのものではないが、コスタリカの企業データを使った Alfaro-Urena et al.（2022）は、多国籍企業に対する供給をグローバル・サプライチェーンへの参画とみなし、それが TFP やマークアップに及ぼす効果をやはり PSM と DID によって推計している。

　このように、これらの論文は比較的単純な手法によって輸出などの企業の国際化が業績に及ぼす効果を推計しているが、その学術的貢献は高く評価されている。これは、これらの論文の主たる貢献が推計手法にあるのではなく、質の高いデータの構築にあるからだ。

　例えば、Garcia-Marin and Voigtländer（2019）は事業所レベルデータをさらに製品レベルに分解することで、細かなレベルの固定効果を考慮することができている。Benkovskis et al.（2020）は、企業レベルデータを税関における国際取引を網羅したデータと結合することで、グローバル・サプライチェーンへの参画を精緻に定義している。Alfaro-Urena et al.（2022）は、国内のすべての企業間取引を消費税のインボイスによって把握することができるデータを企業レベルデータと結合することで、国内の多国籍企業との取引の開始を識別している。

　これらの質が高く独自性のあるデータを利用して、国際化による企業の業績向上という古くからあるテーマにグローバル・サプライチェーンといった新しい要素を取り入れて分析をしているところに、これらの論文の価値がある。言い方を変えれば、国際貿易論では実験的な手法に頼らずとも、データやテーマを工夫して丁寧な DID 分析を行えば、十分に説得的な実証分析ができると言えよう。

2.2　操作変数法

　DID に加えて、観察データを利用して因果関係を識別するのにしばしば利用されるのが、操作変数法である。なかでも近年国際貿易論で注目されているのは、Bartik（1991）によって提唱されたいわゆるバルチック型操作変数、もしくはシフトシェア型操作変数である。本節では、国際貿易論での応用の嚆矢となった Autor et al.（2013）を特に詳しく紹介する。

　Autor et al.（2013）は、中国からの製造業製品の輸入の増加がアメリカの地域雇用に及ぼす影響を推計した。主要な説明変数は、アメリカの地域 i における中国からの輸入品の浸透度合いの変化で、

$$\Delta IPW_{uit} = \sum_j \frac{L_{ijt}}{L_{ujt}} \frac{\Delta M_{ucjt}}{L_{it}} \qquad (1)$$

と定義される。ここで、L_{ijt} は地域 i、製造業 j、期間 t の期初における雇用、L_{ujt} はアメリカ全体の製造業 j、時間 t における雇用、ΔM_{ucjt} は製造業 j におけるアメリカの中国からの輸入額の期間 t の期初から期末までの変化を表す。つまり ΔIPW_{uit} は、各製造業における中国からの輸入総額の増加 ΔM_{ucjt} をその産業における地域別の雇用シェア L_{ijt}/L_{ujt} をウェイトとして全産業について足し合わせて、地域の雇用量で標準化したものである。その上で Autor et al.（2013）は、雇用や賃金の変化率などを被説明変数とした以下のような推計式を立てた。

$$\Delta L_{it}^m = \gamma_t + \beta_1 \Delta IPW_{uit} + \mathbf{X}_{it}' \beta_2 + e_{it} \qquad (2)$$

　しかし、各産業における中国からの輸入とその産業の製品に対するアメリカでの需要ショックとは正の相関をもつと考えられる。すると、中国からの輸入浸透度 ΔIPW_{uit} は雇用関数の誤差項 e_{it} と相関してしまい、OLS 推定では偏りを生じてしまう。

　そのため Autor et al.（2013）は、以下のような変数を定義して ΔIPW_{uit} の操作変数として利用し、二段階最小二乗法（2SLS）によって推定した。

$$\Delta IPW_{oit} = \sum_j \frac{L_{ijt-1}}{L_{ujt-1}} \frac{\Delta M_{ocjt}}{L_{it-1}} \qquad (3)$$

ここで、ΔM_{ocjt} はアメリカ以外の先進国の中国からの輸入額の変化を表している。しかも式(3)は、式(1)とは違い、雇用シェアとして期間 t ではなく、1期前の $t-1$ のものを使っている。このように、時間的に過去のシェアと当該地域以外の地域の変数をかけ合わせて構築した操作変数をバルチック型もしくはシフトシェア型と呼ぶ。バルチック型操作変数は、過去の変数と当該地域以外の地域の変数を組み合わせることで、内生変数とは一定の相関を持ちながらも、推計式の誤差項とは相関しない可能性があり、その場合にはその利用によって内生性を制御できる。

Autor et al.（2013）はこの手法によって、中国からの輸入がアメリカの地域の製造業における雇用や賃金を減らしていることを見出し、学術的にも政治的にも大きな影響があった。その後この手法は、Acemoglu et al.（2016）など多くの論文で利用されている。

ただし、バルチック型操作変数の外生性は必ずしも成り立たない。Autor et al.（2013）の推計で ΔIPW_{oit} が ΔIPW_{uit} の適切な操作変数であるためには、アメリカ以外の先進国の中国からの輸入も、アメリカの地域雇用に対するショックと無相関でなければならない。例えば、アメリカにおける各産業に対する需要ショックが他の先進国での同じ産業に対する需要ショックと相関していれば、操作変数 ΔIPW_{oit} と雇用関数(2)の誤差項 e_{it} が相関して、2SLS推定量にも偏りを生じる。

Fischer et al.（2021）は、ΔIPW_{oit} は操作変数として不適切であると強く主張した。中国から先進国への輸出と他の新興国から先進国への輸出は強く相関しており、アメリカおよび他の先進国の中国からの輸入は主として需要によって牽引されていると考えられるためだ。その問題を回避するために、彼らは一般均衡モデルに基づいて、中国からの輸入額と他の新興国からの輸入額を比較することなどで輸入国の需要要因などを除き、中国の供給要因だけによるアメリカ以外の先進国の中国からの輸入の増加分を割り出した。そして、それを式(3)の ΔM_{ocjt} の代わりに利用して、より適切な操作変数を構築し、Autor et al.（2013）と同様の2SLS分析を行った。そのメインの推定結果にはそれほど大きな違いは見出されなかったとはいえ、Fischer et al.（2021）は、国際貿易論の実証研究で広く使われているバルチック型操作変数に対して、より慎重な利用を求めることとなった。

　むろん、バルチック型以外の操作変数もしばしば利用されている。例えば Tanaka（2020）は、自らミャンマーで3回にわたって収集した衣料企業のデータを用いて、各企業から空港までの所要時間をその企業の全売上額に対する輸出額のシェアの操作変数として利用した。もともと企業の多くは政府の貿易規制政策のために輸出とは無縁の状況に置かれていたが、2010年代に自由化が進んだことで、急激に輸出が増加した。この論文では、自由化前後のデータを用いており、自由化前に決められた企業の所在地から空港からの距離は外生的であるとみなしている。その結果、輸出によって労働環境やマネジメントのレベルが改善されたことが見出されている。Tanaka（2020）は、各企業から空港までの単純な距離ではなく所要時間を実際に測ることで、このように適切な操作変数を構築しているところに大きな貢献がある。

3　自然実験

　国際貿易論で最も重要な問いの1つは、貿易の拡大が経済の成長や厚生の向上に貢献するのかというものだ。しかし、貿易量は内生的に決まっており、貿易と成長の因果関係の識別は難しい。それを解決するために、多くの研究では、ある国における貿易の自由化などの大きな政策変更を外生的だと仮定した推計を行っている（Shu and Steinwender 2019）。このようなアプローチは、人為的な実験ではないものの、あたかも実験が実施されているような状況が自然に生み出されているために自然実験（natural experiment）による推計と呼ぶ。特に、2001年の中国の世界貿易機関（World Trade Organization：WTO）加盟を外生的に捉えて自然実験とみなした研究は多い（Sasahara 2022）。

　例えば Brandt et al.（2017）は、中国の WTO 加盟による関税率の引き下げを企業にとって外生的だとみなし、その減少幅が産業によって異なることを利用して、関税率引き下げが中国企業のマークアップや生産性に及ぼした効果を、以下のような式によって推計した。

$$y_{it} = \alpha_0 output\ tariff_{st-1} + \alpha_1 input\ tariff_{st-1} + Z_{st}\gamma + \gamma_t + \gamma_i + \gamma_s + \varepsilon_{it}$$

ここで、y_{it} は企業 i の時間 t におけるマークアップや生産性などのパフォーマンス指標、γ_t、γ_i、γ_s はそれぞれ時間、企業、産業の固定効果、Z_{st} は各産業の時間に関して可変のコントロール変数である。*output tariff*$_{st-1}$ および *input tariff*$_{st-1}$ はそれぞれ製品と中間財に対する 1 期前の関税率である。その結果、製品に対する関税率の引き下げはマークアップを縮小して生産性を向上させるが、中間財に対する関税率の引き下げはマークアップと生産性の両方を増加させることを見出している。

　Brandt et al.（2017）は、関税率の引き下げが外生的であることを丁寧に実証することによって、この比較的単純な識別戦略（identification strategy）を正当化している。まず第一に、WTO 加盟 6 年後の2007年時点ですでに産業ごとの関税率の違いは小さくなっており、政治的な理由から特定の産業に高い関税が課せられたままになっていることはないという。実際、1992年から2007年の期間に、産業別の関税率の平均は44％から10％に、標準偏差は28％から 7 ％に下がっている。第二に、関税率の引き下げ幅が WTO 加盟以前の産業別生産性とは相関しないことも示している。最後に、各産業の輸出成長率や国営企業のシェアなどの属性と関税率引き下げ幅とは相関しないことも示している。

　同様に Pierce and Schott（2016）は、中国の WTO 加盟に伴ってアメリカが中国に対して恒久的通常貿易関係（Permanent Normal Trade Relations：PNTR）を付与したことでアメリカの雇用が減少したことを、産業レベルデータを使った DID 推計で示した。実は、中国に対しては1980年から NTR 付与国に対する関税率が適用され始めており、PNTR（恒久的な NTR）の付与によって必ずしも関税率が引き下げられたわけではない。しかし、PNTR 付与前には NTR 関税率の適用には毎年議会の承認が必要であり、下院が承認に反対することも多く、実際に承認されるかは不確実であった。つまり、PNTR の付与によって、関税率が引き上げられるかもしれないという不確実性が外生的に排除されたと考えられるのだ。しかも、彼らはアメリカの主要な新聞のテキスト分析によって、PNTR 付与以前の NTR 付与の不確実性を実証している。したがって、PNTR 付与の結果として中国にアメリカ向け生産拠点を拡大するインセンティブが生まれ、アメリカの製造業が空洞化して雇用が減少したと、Pierce and Schott（2016）は解釈している。

　Sugita et al.（2021）は、2005年に失効した多角的繊維取極（Multi-Fiber Arrangement：MFA）をメキシコ繊維産業に対する外生的ショックとして利用した。MFA撤廃に従ってアメリカが中国からの輸入数量制限を撤廃したことで、すでに北米自由貿易協定（North American Free Trade Agreement：NAFTA）によって輸入数量制限が撤廃されていたメキシコの繊維輸出企業が中国企業との競争にさらされたためだ。Sugita et al.（2021）は、中国企業の参入に伴って競争が激化したことで、アメリカの輸入業者はより競争力の高いメキシコ輸出企業と取引を行うようになることを示した。この研究が可能となったのは、メキシコの貿易取引を網羅した税関データを使い、それに含まれた輸出・輸入企業を巨大な世界企業のデータ（Bureau van Dijk の Orbis データセット）によって丁寧に識別（identification）することで、独自のデータを構築したためだ。その上で、グローバル・サプライチェーンにおける取引関係の変化という今日的に重要なテーマを実証しているところに、この論文の価値がある。

　Bloom et al.（2016）も同様に、中国のWTO加盟に伴って欧州各国が製品ごとの輸入数量制限を撤廃したことを外生的なショックと考えたが、それを中国からの輸入量の操作変数として利用したことが上記の2つの論文とは異なる。彼らはOrbisによる企業レベルデータを利用して、このような枠組みに企業レベルの固定効果を含めた推計を行い、国×産業レベルの中国からの輸入のシェアが企業レベルの特許数や生産性などで測った技術レベルに正の効果があることを見出している。つまり、中国企業との競争激化に直面して、欧州企業はイノベーションを起こしてより技術レベルを上げたと考えられる。

　中国に関連した貿易障壁の縮小以外では、歴史的な事象を国際貿易論による自然実験として扱う研究も多い。例えばJuhász（2018）は、1803〜1815年のナポレオン戦争時にフランスの一部地域とイギリスとの貿易が途絶えたことを自然実験とみなして、貿易が途絶した地域では19世紀にむしろ綿紡績機の利用が広まり、生産が拡大したことを示した。これは、輸入代替工業化の可能性を示す結果である。Burchardi et al.（2019）は、1880年から2000年までの歴史的なアメリカへの移民のデータを基に構築した変数を2010年の移民数の操作変数として利用して、ある国からアメリカのある郡への移民によってその郡からその国への直接投資が増加することを示した。これらの歴史

研究でも、丁寧に史実やケースを追った上でメカニズムを考察して仮説を立て、ショックの外生性を様々な手段で検証しているからこそ、その説得性が高いことを強調したい。

4　ランダム化比較試験

　第1節で述べたように、国際貿易論の実証研究で RCT を行うことは難しい。ただし、企業レベルの RCT は最近になって実施され始めている。本節ではそのいくつかを紹介したい。

　まず国際貿易論で最も重要な RCT 研究の1つである Atkin et al. (2017) は、輸出が企業業績に及ぼす効果を検証するために、エジプトのある絨毯製造クラスターにおける零細業者に対して輸出の機会を与えるという RCT を行った。これは、アメリカのある NGO の途上国の零細企業の輸出振興プログラムの一環として行われたもので、地元の商社に輸出に必要な知識をトレーニングした上で海外でマーケティング活動を行い、海外からの注文を継続して受注できるようにした。その上で、従業員5人以下の零細業者219社から無作為に選ばれた74社にその注文を振り分けて発注し、そのうちの47社が注文を受けて実際に輸出用製品を製造し、その後も地元商社から輸出向けの注文を受けるようになった。

　そして、この RCT の前後の3年間にわたって計7回の詳細なサーベイを行って、売上高、利益、製品および投入財の数量と価格、総労働時間、製品の特性を調査した。特に、製品の特性については、サーベイに同行した熟練職人による評点と対象となりうる市場、単位面積当たりの横糸の数、横糸の種類、色の数といった非常に詳細な点が調査された。さらに製品の質についても、糸締まり、触り心地、デザインなどの11項目について熟練職人が精査して、1〜5の評点で評価した。

　Atkin et al. (2017) はこれらの詳細なデータを利用して、零細業者の業績や製品の質など様々な結果変数について介入の割り当て（assignment：この場合は輸出用製品の発注）の効果、すなわち「介入意図（intention to treat：ITT）」の効果を推計した。この推計では、ある介入が行われたときに、そ

の介入に対象者が実際に参加するかどうかはともかく、介入を割り当てたことによる平均的な効果がわかる。さらに、介入への実際の参加（take-up：この場合は製品の輸出）が必ずしも高くなかったことから、介入の割り当てをその操作変数として利用して、輸出が結果変数に及ぼす効果についても推計した。この推計では、局所平均処置効果（local average treatment effect：LATE）、つまり介入の割り当てに呼応して参加した業者が参加しなかった場合に比べて結果変数がどのように変化したかの平均値を推定することになる。LATE の解釈で重要なのは、必ずしもすべての業者に対して LATE で推計された効果が期待できるわけではないことだ。

　ITT および LATE の推計の結果、Atkin et al.（2017）は輸出によって売上や利益が上昇するが、それは輸出機会を与えられたためだけではなく、輸出によって製品の質や時間生産性が向上するという「輸出による学習」があったためだということを明らかにした。この論文の価値は、長期にわたって手厚い介入を行った上、製品の質を含め詳細なデータを取得しているところにある。定量データの収集以外にも、非介入業者への長時間のインタビューによって輸出による学習が可能となった背景（例えば、商人による情報提供）を明らかにするなどの点も、定量的なエビデンスを説得的に支持している。

　それ以外にも、Bloom et al.（2021）および Bloom et al.（2020）は、インドの繊維企業18社31工場に対してマネジメント指導を行う RCT を行い、その介入が生産性や製品の質だけではなく、輸出に対しても効果があることを見出している。

　また Kim et al.（2018）は、ベトナムの衣料産業の中小零細企業296社を対象に輸出振興のセミナーを RCT で行った。その介入の ITT の平均効果、LATE ともに有意ではなく、効果があったのは比較的規模の大きな企業に対してだけであった。Kim et al.（2018）は追加的な推計を行い、規模の小さな企業に対してセミナーの効果がない１つの理由は、介入によってむしろ輸出を難しいと感じるようになったことを明らかにしている。

　RCT を利用した研究には、外的妥当性（external validity）が満たされるのか、つまりある RCT による結果が他のケースにも適用できるのかという問題や、介入のアウトカムに対する因果関係だけではなくそのメカニズムを明らかにする必要があるのではないかという指摘がされている（Deaton

2010；Rodrik 2008；本書第1章ならびに第5章）。

　前者の問題に対しては、RCTをより多くのケースで実施していくことと、RCT以外の手法による結果をも組み合わせて判断をするということが解決策だ。例えば、Atkin et al.（2017）が検証した輸出による学習効果については、第2節で紹介したような様々な研究がある。Kim et al.（2018）が検証した輸出振興セミナーの効果については、Munch and Schaur（2018）やBroocks and Van Biesebroeck（2017）なども観察データをDIDやPSMを用いて分析している。これらの結果を総合的に見ることで、さらには第3章本論（大塚・樋口・鈴木）図3-2（p.83）で最も信頼性が高いとされているメタ分析を行うことで、どのような条件下ではその介入が効果的であるかどうかについて判断することができよう[1]。

　後者の問題については、十分に定量的・定性的データを集めて分析を行うことで、そのメカニズムを明らかにすることは可能だ。例えば、Atkin et al.（2017）やBloom et al.（2021）は介入が技術レベルを向上させることで輸出を促進したこと、Kim et al.（2018）はセミナー参加による輸出に関する知識向上がむしろ零細企業には輸出に負のインセンティブを与えることを明らかにした。ただし、ある介入が2つの結果変数AとBに効果があるとしても、Aに対する効果がBに対する効果を介してのものであるかは必ずしも明らかではない。この点については、実証分析の方法論的には因果媒介分析（causal mediation analysis）などにも踏み込む必要がある（Imai et al. 2010）かもしれない。しかし、Atkin et al.（2017）が行ったように、理論的に媒介効果を説明してその1つ1つを定量的な分析で検証し、さらに定性的なデータでも補強することでかなり説得的にメカニズムを示すことは可能だと筆者は考える。

1）メタ分析の意義と限界については、第5章の本論、コメント、リプライを参照してほしい。

5　シミュレーション

　最後に、シミュレーションを利用した研究にも触れたい。もともと国際経済論では、貿易自由化の効果を分析するのに応用一般均衡（computable general equilibrium：CGE）モデルを利用することがしばしば行われてきた。特に複数国および複数産業間の取引を仮定した GTAP（Global Trade Analysis Project）モデル（Aguiar et al. 2019）は、利用できるデータベースとともに研究者に公開され、また継続的に改良されてきたために、広範に研究者に応用され、その結果は政策立案に貢献してきた（例えば Itakura and Lee 2019）。より最近では、新型コロナウイルス（コロナ）の感染拡大初期に、その経済ショックがグローバル・サプライチェーンを通じて世界各国に波及することを予測するために、様々なシミュレーションが行われた（Guan et al. 2020, McKibbin and Fernando 2020）。

　上述の研究は予測を主たる目的としているが、シミュレーションによって事象や政策の効果を分析することもできる。計量経済学的な分析によって因果関係を識別するわけではないが、様々なシナリオを想定してシミュレーションすることで、現実のケースと反実仮想（counterfactual）のケースを比較することで、因果関係を推測することが可能だからだ。計量経済学的な手法では、ある介入に対してその介入を受けていない観測がない場合には、その効果を測ることはできない。また、これまで行われたことがない介入の効果を測ることもできない。それに対して、シミュレーションは、現実には起きていない事象の影響を測ることも可能であるのが強みであると言える。ただし、その分析結果はモデルの構造や仮定されたパラメータ値に大きく依存しており、そこに弱みがある。

　1つの例として、De Bromhead et al.（2019）を挙げよう。彼らは、1930年代の「ブロック経済」期にイギリスが行ったスターリング地域以外の国・地域に対する差別的な関税政策の効果を検証した。つまり彼らは CGE モデルを使って差別的な関税政策がなかった経済を仮想し、それと現実との差を政策の効果とみなしたのだ。その結果、差別的な関税政策は貿易総額にはそれほど大きな影響を与えなかったが、スターリング地域のシェアを大きく増

加させたと結論付けている。

　ただし、このようなシミュレーション分析が説得力を持つためには、CGE モデルにおいては異なる財の間の代替の弾力性が一定程度正確に推計されている必要がある。De Bromhead et al.（2019）は、1924年から1938年のイギリスの258品目の相手国ごとの関税率と貿易額に関するデータを整備することで、代替の弾力性を推計して一定の信頼性を得ている。

　Inoue and Todo（2019）は、日本国内のサプライチェーンのデータを利用したシミュレーション分析であるが、その手法はグローバル・サプライチェーンにも応用可能である（Inoue and Todo 2022）。Inoue and Todo（2019）は、一般均衡モデルではなく、より単純なルールに基づいて行動する主体を仮定したエージェントベーストモデル（agent-based model：ABM）を利用している。これは、このシミュレーションでは100万社程度の企業の400万程度の取引関係を含むデータを使っており、ABM に基づいても計算量は膨大で、場合によってはスーパーコンピュータ京や富岳を使わなければならないほどであり、一般均衡を解くことは計算量的に不可能であるためだ。

　企業間のサプライチェーンや資本所有関係のネットワークは、いわゆる複雑系をなしており、その中で企業同士は互いに影響しあい、カオス的なふるまいをすることが知られている（Acemoglu et al. 2015）。そのため、ネットワークの構造や特徴が個々の企業や経済全体に及ぼす影響は計量経済学的な分析では推計が難しい。そこに、Inoue and Todo（2019）のようなネットワークを通じた影響を考慮したシミュレーション分析の意義がある。

　そのようなシミュレーション分析の結果、Inoue and Todo（2019）は、東日本大震災による被災地の企業の生産が縮小した影響が、国内のサプライチェーンの途絶を通じて全国に波及したことを自然実験として捉えて、モデルのパラメータを推計した。その上で、サプライチェーンの構造や特徴を様々に仮想的に想定してシミュレーションを行い、サプライヤーの代替性やサプライチェーンのループ構造（最終財企業が直接・間接にサプライヤーに生産手段を提供していることによる循環）が波及効果を大きく左右することを示した。

6　おわりに

　最後に、以上のような国際貿易論における最近の実証研究の流れから得られる含意をいくつか述べたい。

　第一に、国際貿易論の実証研究では、RCT の利用が比較的困難で、自然実験や観察データを利用した実証研究が、影響力の大きいものの中にも少なくない。しかし、自然実験や観察データを利用した研究も、独自のデータを構築し、またその識別戦略を正当化するために定量的および定性的に貿易量や政策の変化の外生性を丁寧に検証しているからこそ、その結果が説得的であることを、最近の研究ははっきりと示している。

　第二に、そうは言っても国際貿易論でも RCT の利用は増えてきており、今後貿易論での様々な問いに対して RCT が実施されていくことが期待される。ただしその際にも、Atkin et al.（2017）が行ったように、綿密な準備をした上でメカニズムの分析が可能なような形で調査票を作成し、定量的な情報と同時に定性的な情報も収集することで、メカニズムを捉えて説得的に因果関係を示していくことが求められる。

　つまり、自然実験や観察データを利用するにしろ RCT を実施するにしろ、コンピュータに向かって行うデータ分析だけではなく、その周辺部分での努力が定量分析の結果を説得的にするのだ。しかし、日本の国際経済学者は、開発経済学者、労働経済学者、医療経済学者と違って経済活動や政策形成の現場での情報収集に必ずしも熱心でないように感じる。貿易政策の現場経験、例えば FTA における対外交渉経験のある国際経済学者も、以前に比べると少ない。かく言う筆者も、以前は国内でも海外でもそれなりにデータ収集や企業訪問をして貿易・投資の現場の声を聴くことに努めていたが、コロナ禍でそういう機会も随分と減ってしまったことを反省している。とはいえ、丁寧な調査を基に研究を行う若手研究者も出始めており（Tanaka 2020）、国際貿易論の実証研究で現場主義がさらに重視されていくことを望みたい。

　最後に、国際経済の分野ではグローバル・サプライチェーンや国際的な資本所有ネットワークが拡大しており、そのようなミクロのネットワーク関係を捉えた分析をすることが重要となっていることを指摘したい。Benkovskis et al.（2020）では税関データによる企業間国際取引、Alfaro-Urena et al.（2022, 第2.1節）では消費税のインボイスデータによる国内取引、Inoue and Todo（2019, 第5節）では信用調査機関による国内取引が詳細に把握できたことで、ミクロの取引関係が及ぼす影響を分析できた。複雑なネットワークが経済の複雑なふるまいを生み出しているため、このようなネットワークを利用した分析が今後はさらに重要になってくる。その際、計量経済分析だけではなく、ネットワーク科学の知見も利用したシミュレーションによる分析も1つの手段として考えていくべきだ。また近年は、安全保障に対する脅威を理由とした貿易政策によってグローバル・サプライチェーンが再編されようとしており、そのような政策の影響を分析することは、今後の国際貿易論にとって重要なテーマとなる。したがって、政治学や国際関係論などの知見を利用した学際的な研究も必要となっていることも強調したい。

> **コメント**

国際貿易分野における DID 分析や 重力方程式の現状と今後について

田中　鮎夢

1　はじめに

　稀にある自然実験を利用して、貿易利益を実証するといった試み[2]はこれまでもあったが、本章本論で指摘されている通り、国際貿易論では観察データの分析に依存する部分が大きい。特に観察データを差の差分析（DID）や傾向スコアマッチング法などで分析することが重要になっている。現場での

2）　Bernhofen and Brown（2005）による日本の開国の研究は著名な例である。

情報収集や丁寧な文脈の理解が重要だという本章本論の指摘は、意味のある実証研究を行うために無視できない。また、Inoue and Todo（2019；2022）で取り組んでいるシミュレーションによるネットワーク解析は、データが巨大化していく中、重要性を増すのではないか。

　中国からの輸入急増がアメリカに与えた影響に関する一連の研究（Autor et al. 2013；2016）は、本章が丁寧に紹介しているように、学界において確かに大きなインパクトがあった。一方で、David Autor ら労働経済学者と国際経済学者では微妙な見解の相違はある。Autor らは貿易増加による「一時的な調整費用」を強調している。しかし、賃金格差の原因が必ずしもグローバリゼーションに由来しないことは多くの実証研究により示されてきた（Helpman 2017）。伝統的な貿易理論が示してきたように、長期的には貿易は利益をもたらす。中国からの安価な輸入品は人々の暮らしを豊かにした面もある。貿易の短期的な負の側面だけではなく、貿易の長期的な利益を軽視しないように研究がなされていく必要があるだろう。

2　DID 分析

　本論で指摘されている通り、国際貿易の実証研究で DID を使っている研究は数多いが、この数年で従来型の DID への批判と新しい DID の推定手法の開発が急速に進んだ。批判の要点は、現実の DID の応用例の多くが、処置群の平均処置効果（average treatment effect on the treated：ATT）を識別できる前提条件を満たさず、標準的設定から外れている、ということである。特に、現実の応用例では多期間で処置のタイミングが個体によって異なることがままある。そのとき、二方向固定効果推定法（two-way fixed effects model：TWFE）は、処置群内の比較までも行ってしまい、TWFE の推定値は信頼できない（Goodman-Bacon 2021）。

　TWFE モデルの問題点を受けて、この数年、標準的な仮定を逸脱している場合でも使える新しい DID 推定手法を提案する研究が相次いでいる（Roth et al., 2022）。Callaway and Sant'Anna（2021）をはじめとして、特に処置のタイミングのずれを考慮した新しい有力な推定量[3]が次々に発表され

図 6 - 1：貿易当事国双方が GATT/WTO 加盟した場合の 2 国間貿易額への効果

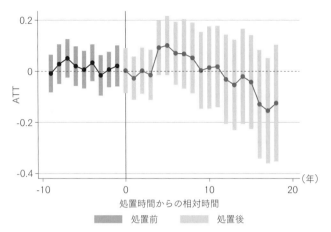

注：ATT は Callaway and Sant' Anna（2021）法による。
出所：Rose（2004）のデータを使って、筆者作成。

ている。こうした活発な DID の研究状況を DID ルネサンスと呼ぶことがある。

　DID ルネサンスは国際貿易の実証研究にも影響を及ぼすと考えられる。なぜなら、国際貿易の実証分析例では、処置のタイミングが個体によって異なることが多いからである。例えば、世界貿易機関（WTO）への加盟のタイミングは国によって異なる。GATT/WTO が貿易を増やすか否かという疑問はこれまで加盟のタイミングを考慮せず分析されてきた。Rose（2004）の古典的な研究では、標準的な重力モデルを用いて、GATT/WTO 加盟が 2 国間の貿易に与える影響はほとんどないと結論付けている。その後、数多くの研究がこの問題を再検討した。なかには、Rose（2004）とは逆に GATT/WTO 加盟が 2 国間の貿易にプラスの影響を及ぼしたとする研究もある（Chang and Lee 2011；Felbermayr et al. 2020）。今後、GATT/WTO 加盟の

3）処置のタイミングにずれがある DID デザインは「staggered treatment timing」や「staggered DID designs」と呼称されることがある。この staggered DID デザインにおいて、偏りのない ATT を推定する手法の開発が近年急速に進み、従来の TWFE 推定量に対して「new estimators for staggered timing」などと表現されている。

タイミングのずれを考慮して、Callaway and Sant'Anna（2021）などの新しい DID 手法を適用すれば、より精緻な政策効果分析ができるのではないか。図 6 - 1 は、Rose（2004）のデータを用いて、貿易当事国双方が GATT/WTO 加盟した場合の 2 国間貿易額への平均処置効果を Callaway and Sant'Anna（2021）の手法で推定し、プロットしたものである。加盟の効果は国によりばらつきが大きく95％信頼区間がゼロをまたいでいることがわかる。

3　重力方程式

政策効果を分析するために多用されてきた重力方程式もこの20年で劇的に進化した。いま、以下のような伝統的な重力方程式を考える。

$$X_{ijt} = \beta_0 \frac{GDP_{it}^{\beta_1} GDP_{jt}^{\beta_2} e^{\beta_4 WTO_{ijt}}}{DISTANACE_{ij}^{\beta_3}}$$

ここで、X_{ijt} は、年 t における国 i から国 j への輸出額である。また、GDP_{it} と GDP_{jt} は、輸出国 i と輸入国 j の GDP をそれぞれ表す。さらに、$DISTANACE_{ij}$ は、輸出国 i と輸入国 j の間の距離である。最後に、WTO_{ijt} は、輸出国 i と輸入国 j の両国が WTO に加盟していれば 1 をとるダミー変数である。上記の重力方程式を対数線形化し、次のような推定式を最小二乗法で推定する。

$$lnX_{ijt} = \alpha + \beta_1 ln\, GDP_{it} + \beta_2 ln\, GDP_{jt} - \beta_3 ln\, DISTANCE_{ij} + \beta_4 WTO_{ijt} + \varepsilon_{ij}$$

ここで、ε_{ij} は、誤差項である。この式を推定して得られた $\widehat{\beta_4}$ から、WTO 加盟の効果は、$e^{\widehat{\beta_4}}$ と計算できる。

　しかし、Anderson and Van Wincoop（2003）は独占的競争モデルに基づき、理論的に重力方程式を導出し、GDP で表される経済規模のほかに物価効果（multilateral resistance）を制御する必要性を唱えた。そのために、Redding and Venables（2004）が用いた固定効果アプローチと呼ばれる以下の式を用いるのが現在では標準的になっている。

$$lnX_{ijt} = \alpha + EXPORTER_{it} + IMPORTER_{jt} + PAIR_{ij} + \gamma WTO_{ijt} + \varepsilon_{ijt}$$

ここで、$EXPORTER_{it}$ と $IMPORTER_{jt}$ は、それぞれ時間可変な輸出国固定効果、輸入国固定効果である。輸出国固定効果、輸入国固定効果により、毎年の経済規模だけではなく物価も制御しようとしている。また、$PAIR_{ij}$ は貿易国ペアの時間不変な固定効果である。

　固定効果アプローチは、理論的には望ましいが、膨大な数の固定効果のため、コンピュータに高い計算能力が必要になる。例えば、35か国5年のサンプルの場合、2国間の貿易の観測数は、35×34×5＝5,950になる。時間可変な輸出国・輸入国の固定効果は、35×5＋35×5－5＝345個になる。ペア固定効果は35×34＝1,190個になる。実際の応用例では国の数はもっと多いことがある。推定には、通常の Stata 標準の `regress` コマンドでは計算時間がかかるため、`reg2hdfe` が使われてきた。

　貿易額の対数値を用いた OLS 推定は偏りがあるという Silva and Tenreyro (2006) の批判を受けて、現在では、ポアソン擬似最尤法（Poisson Pseudo Maximum Likelihood：PPML）によって対数をとる前の貿易額を従属変数とした推定が推奨されている。しかし、多数の固定効果（ダミー変数）を含んだ PPML 推定は、Stata 標準の `poisson` では時間がかかるため、`ppml` や `poi2hdfe` が開発されてきた。現在、Correia et al. (2020) による `ppmlhdfe` が最も有望なコマンドであるが、高次元の固定効果を含むとき、必ずしもうまくいくわけではない。コンピュータの計算能力の制約の中で、処置のタイミングの異質性を考慮した DID の新手法と固定効果アプローチや PPML とどう折り合いをつけ Stata や R で実装するのかは今後の課題であろう。

4　おわりに

　労働経済学や開発経済学分野に比べれば、国際貿易論分野は、実証より理論が重んじられてきた。結果として、国際貿易論分野は、両分野に比べて実証（特に厳密な因果推論）については相対的に遅れている。本章本論が強調しているように、史実や事例、現場の情報を丁寧にたどり、意義のある実証

研究を蓄積していくことが求められている。

| リプライ |

差の差分析（DID）に関する考察

戸堂 康之

　コメントでは、筆者がカバーできなかった最新の実証分析の手法について、的確に説明いただいた。それによって、読者にはより有用な情報を届けることができたと考える。

　コメントで紹介いただいた手法の1つは「DID ルネサンス」による最新の差の差分析（DID）であり、処置のタイミングのずれによる効果の異質性を考えた上で、その処置群の平均処置効果を推定するものだ。田中氏は、この手法を用いて GATT/WTO への加盟の貿易に対する効果を推定し、これまでのいくつかの先行研究の結果とは異なり、平均効果は有意ではないことを見出している。

　コメントが指摘するように、国際経済学における処置、すなわち貿易や直接投資関連の政策や企業行動の変容はそのタイミングがずれているものが多い。したがって、このような最新の DID 推定を使えば、本論第2.1節で紹介したようなこれまでの DID による分析結果が覆る可能性もあり、DID ルネサンスによる今後の研究の発展に注目すべきだろう。

　その上で、コメントを読み、またこの書籍のためのワークショップに出席して他の著者・討論者らと議論する中で、DID 推定について考えたことを2点述べたい。

　第一は、効果の異質性についてである。コメントで紹介されている Callaway and Sant'Anna（2021）では、処置のタイミングや処置後の時間による効果の異質性、特にコメントの例では GATT/WTO 加盟の時期や加盟後の

年数による効果の違いが考慮されている。さらに、平均効果だけではなく、処置の時期などでわけられたグループごとの平均効果を推定する手法も示されている。

　しかし、政策担当者や企業経営者からすれば、政策や企業行動を変更するにあたって、その時期だけではなく、自分たちのもつ属性（例えば国であれば所得やガバナンスのレベル、企業であれば規模や生産性など）のもとでの効果を知りたいに違いない。したがって、今後は属性による効果の異質性について推定する手法が開発されることも期待したい。

　むろんこれまでの研究でも、効果の異質性について、処置ダミーと属性との交差項を説明変数として利用したり、属性ごとにサンプルを分けて推計したりして分析が行われている。ただし、その場合には属性の内生性のために推定が偏る可能性もあり、そのような偏りを修正するためのより精緻な工夫も必要になるはずだ。

　第二に、効果の異質性だけではなく、「処置の異質性」についても今後はもっと考慮すべきではないだろうか。DID の手法が隆盛になるにつれ、処置、例えば政策や企業行動をダミー変数で捉えることが以前より増えた。貿易自由化の効果を推定するときに、関税率を説明変数として利用することもあるが、より単純に貿易が自由化されたかどうかをダミー化してその効果を推定することも多い（本論第3節参照）。企業の輸出や対外投資の効果の推定では、輸出や投資の額ではなく、輸出や投資をしたかしなかったかを表すダミー変数を使うことも珍しくない（本論第2.1項参照）。

　ダミー変数を利用することで、処置群と対照群を単純に二分化し、標準的な DID の手法を利用できるという利点がある。そのことから、連続変数を処置ダミーに変換して、DID 推定をした方が識別戦略としては正しいとする風潮もあるように思う。しかし、実際にはいかなる政策にも企業行動にも濃淡はあるはずだ。それを二分化して効果推定することは、処置ダミーの効果の異質性を拡大して、平均効果を推定することの妥当性を計量経済学的にも現実的にも減らしてしまうこととなる。異質性が拡大することで平均効果の統計的な有意性が出現しにくくなる可能性があるし、そもそも政策担当者は貿易を自由化するかしないかという2つの選択肢で迷っているわけではなく、どの程度自由化すべきかということで悩んでいるのだ。

　しかし、ダミーではない連続変数を処置変数として使うことは、DID で
はなく操作変数法を利用して推定することが必要になり、データや効果の識
別に関する要求水準がより高くなるという問題が生じる。この問題を解決す
る 1 つの方法は、本論第2.2項でも紹介したように自然実験やランダム化比
較試験によって外生的に変化した処置ダミー（例えば中国の WTO 加盟）を、
それによって内生的に変化した処置連続変数（関税率の変化）の操作変数と
して使うことだ。しかし、そのような解決法が取れない場合の方がむしろ多
く、連続変数を利用した因果推論の手法についても DID 同様の発展を期待
したい。

　近年は、ややもすると保護主義的な考え方がまかり通る世の中になってい
る。だからこそ、国際貿易や投資の効果について、処置や効果の異質性を考
慮したより丁寧な分析が社会に求められているのだ。

引用文献

Acemoglu, Daron, David Autor, David Dorn, Gordon H Hanson, and Brendan Price (2016) "Import Competition and the Great Us Employment Sag of the 2000s," *Journal of Labor Economics*, 34(S1), pp.S141-S198.

Acemoglu, Daron, Asuman Ozdaglar, and Alireza T.-Salehi (2015) "Systemic Risk and Stability in Financial Networks," *American Economic Review*, 105(2), pp.564-608.

Aguiar, Angel, Maksym Chepeliev, Erwin L. Corong, Robert McDougall, and Dominique van der Mensbrugghe (2019) "The Gtap Data Base: Version 10," *Journal of Global Economic Analysis*, 4(1), pp.1-27.

Alfaro-Urena, Alonso, Isabela Manelici, and Jose P. Vasquez (2022) "The Effects of Joining Multinational Supply Chains: New Evidence from Firm-to-Firm Linkages," *Quarterly Journal of Economics*, 137(3), pp.1495-1552.

Anderson, James E., and Eric van Wincoop (2003) "Gravity with Gravitas: A Solution to the Border Puzzle," *American Economic Review*, 93(1), pp.170-192.

Atkin, David, Amit K. Khandelwal, and Adam Osman (2017) "Exporting and Firm Performance: Evidence from A Randomized Experiment," *Quarterly Journal of Economics*, 132(2), pp.551-615.

Autor, David H., David Dorn, and Gordon H. Hanson (2013) "The China Syndrome:

Local Labor Market Effects of Import Competition in the United States," *American Economic Review*, 103(6), pp.2121-2168.

Autor, David H., David Dorn, and Gordon H. Hanson (2016) "The China Shock: Learning from Labor-Market Adjustment to Large Changes in Trade," *Annual Review of Economics*, 8, pp.205-240.

Bartik, Timothy J. (1991) *Who Benefits from State and Local Economic Development Policies?*, W.E. Upjohn Institute for Economic Research.

Benkovskis, Konstantins, Jaan Masso, Olegs Tkacevs, Priit Vahter, and Naomitsu Yashiro (2020) "Export and Productivity in Global Value Chains: Comparative Evidence from Latvia and Estonia," *Review of World Economics*, 156(3), pp.557-577.

Bernhofen, Daniel M., and John C. Brown (2005) "An Empirical Assessment of the Comparative Advantage Gains from Trade: Evidence from Japan," *American Economic Review*, 95(1), pp.208-225.

Bloom, Nicholas, Mirko Draca, and John van Reenen (2016) "Trade Induced Technical Change? The Impact of Chinese Imports on Innovation, It and Productivity," *Review of Economic Studies*, 83(1), pp.87-117.

Bloom, Nicholas, Aprajit Mahajan, David McKenzie, and John Roberts (2020) "Do Management Interventions Last? Evidence from India," *American Economic Journal: Applied Economics*, 12(2), pp.198-219.

Bloom, Nicholas, Kalina Manova, John van Reenen, Stephen T. Sun, and Zhihong Yu (2021) "Trade and Management," *Review of Economics and Statistics*, 103(3), pp.443-460.

Brandt, Loren, Johannes van Biesebroeck, Luhang Wang, and Yifan Zhang (2017) "WTO Accession and Performance of Chinese Manufacturing Firms," *American Economic Review*, 107(9), pp.2784-2820.

Broocks, Annette, and Johannes Van Biesebroeck (2017) "The Impact of Export Promotion on Export Market Entry," *Journal of International Economics*, 107, pp.19-33.

Burchardi, Konrad B., Thomas Chaney, and Tarek A. Hassan (2019) "Migrants, Ancestors, and Foreign Investments," *Review of Economic Studies*, 86(4), pp.1448-1486.

Callaway, Brantly, and Pedro H. Sant'Anna (2021) "Difference-in-Differences with Multiple Time Periods," *Journal of Econometrics*, 225(2), pp.200-230.

Chang, Pao-Li, and Myoung-Jae Lee (2011) "The WTO Trade Effect," *Journal of International Economics*, 85(1), pp.53-71.

Correia, Sergio, Paulo Guimarães, and Tom Zylkin (2020) "Fast Poisson Estimation with High-Dimensional Fixed Effects," *The Stata Journal*, 20(1), pp.95-115.

De Bromhead, Alan, Alan Fernihough, Markus Lampe, and Kevin H. O'Rourke（2019）"When Britain Turned Inward: The Impact of Interwar British Protection," *American Economic Review*, 109(2), pp.325-352.

Deaton, Angus（2010）"Instruments, Randomization, and Learning About Development," *Journal of Economic Literature*, 48(2), pp.424-455.

Felbermayr, Gabriel J., Mario Larch, Erdal Yalcin, and Yoto V. Yotov（2020）"On the Heterogeneous Trade and Welfare Effects of GATT/WTO Membership," CESifo Working Paper, No.8555.

Fischer, Andreas M, Philipp Herkenhoff, and Philip Sauré（2021）"Identifying Chinese Supply Shocks-Effects of Trade on Labor Markets," CEPR Discussion Paper, 13122.

Garcia-Marin, Alvaro, and Nico Voigtländer（2019）"Exporting and Plant-Level Efficiency Gains: It's in the Measure," *Journal of Political Economy*, 127(4), pp.1777-1825.

Goodman-Bacon, Andrew（2021）"Difference-in-Differences with Variation in Treatment Timing," *Journal of Econometrics*, 225(2), pp.254-277.

Guan, Dabo, Daoping Wang, Stephane Hallegatte, Steven J Davis, Jingwen Huo, Shuping Li, Yangchun Bai, Tianyang Lei, Qianyu Xue, and D'Maris Coffman（2020）"Global Supply-Chain Effects of Covid-19 Control Measures," *Nature Human Behaviour*, 4, pp.577-587.

Helpman, Elhanan（2017）"Globalisation and Wage Inequality," *Journal of the British Academy*, 5, pp.125-162.

Imai, Kosuke, Luke Keele, and Dustin Tingley（2010）"A General Approach to Causal Mediation Analysis," *Psychological Methods*, 15(4), p.309.

Inoue, Hiroyasu, and Yasuyuki Todo（2019）"Firm-Level Propagation of Shocks through Supply-Chain Networks," *Nature Sustainability*, 2, pp.841-847.

Inoue, Hiroyasu, and Yasuyuki Todo（2022）"Propagation of Overseas Economic Shocks through Global Supply Chains: Firm-Level Evidence," RIETI Discussion Paper, 2-E-062.

Itakura, Ken, and Hiro Lee（2019）"Estimating the Effects of the Cptpp and Rcep in a General Equilibrium Framework with Global Value Chains," GTAP Resource, 5712, Global Trade Analysis Project.

Juhász, Réka（2018）"Temporary Protection and Technology Adoption: Evidence from the Napoleonic Blockade," *American Economic Review*, 108(11), pp.3339-3376.

Kim, Yu Ri, Yasuyuki Todo, Daichi Shimamoto, and Petr Matous（2018）"Are Seminars on Export Promotion Effective? Evidence from A Randomized Controlled Trial," *The World Economy*, 41(11), pp.2954-2982.

McKibbin, Warwick J, and Roshen Fernando (2020) "The Global Macroeconomic Impacts of Covid-19 : Seven Scenarios," CAMA Workding Paper, 19/2020, Australian National University Crawford School of Public Policy.

Munch, Jakob, and Georg Schaur (2018) "The Effect of Export Promotion on Firm-Level Performance," *American Economic Journal: Economic Policy,* 10(1), pp.357-387.

Pierce, Justin R, and Peter K. Schott (2016) "The Surprisingly Swift Decline of Us Manufacturing Employment," *American Economic Review,* 106(7), pp.1632-1662.

Redding, Stephen, and Anthony J. Venables (2004) "Economic Geography and International Inequality," *Journal of international Economics,* 62(1), pp.53-82.

Rodrik, Dani (2008) "The New Development Economics: We Shall Experiment, but How Shall We Learn?" HKS Working Paper, RWP08-055.

Rose, Andrew K. (2004) "Do We Really Know that the WTO Increases Trade?," *American Economic Review,* 94(1), pp.98-114.

Roth, Jonathan, Pedro H. Sant'Anna, Alyssa Bilinski, and John Poe (2022) "What's Trending in Difference-in-Differences? A Synthesis of the Recent Econometrics Literature," arXiv preprint arXiv:2201.01194.

Sasahara, Akira (2022) "The Empirics of the China Trade Shock: A Summary of Estimation Methods and a Literature Review," KEO Discussion Paper,169.

Shu, Pian, and Claudia Steinwender (2019) "The Impact of Trade Liberalization on Firm Productivity and Innovation," *Innovation Policy and the Economy,* 19(1), pp.39-68.

Silva, J. M.C. Santos, and Silvana Tenreyro (2006) "The log of gravity," *Review of Economics and Statistics,* 88(4), pp.641-658.

Sugita, Yoichi, Kensuke Teshima, and Enrique Seira (2021) "Assortative Matching of Exporters and Importers," *Review of Economics and Statistics,* forthcoming.

Tanaka, Mari (2020) "Exporting Sweatshops? Evidence from Myanmar," *Review of Economics and Statistics,* 102(3), pp.442-456.

第7章

行動経済学から行動科学へ
「新人類」から「現代人」へのメッセージ

山村 英司

1　はじめに

　経済学は「社会科学の女王」である。曖昧模糊とした他の文系分野とは違って、科学的手法を適用した厳密な学問なのだ。伝統的な主流派経済学は合理的な人間像を前提に市場経済のメカニズムを明らかにする。しかし、現実の人間は様々な行動や考え方の癖がある。そのために主流派経済学が想定するように人間は行動しない。ここを出発点とした分野が行動経済学である。最初の頃は経済学の世界で、行動経済学はキワモノ扱いされ歯牙にもかけられなかった。1980年代後半、「若者」は新人類とよばれた。新人類世代の研究者は修業時代、行動経済学などに目もくれず主流派経済学を血肉化した。

　科学は発達する、そしてそれまで不可能だった精緻な経済分析が可能となる。とりわけ、21世紀に入る頃から、数学を用いた理論分析から、詳細なデータを用いた実証分析へと経済学の軸足が移ってきた。それまで、ブラックボックスとして扱われてきたことが、個人レベルのパネルデータの整備やフィールド実験、ラボ実験の普及などにより具体的に分析可能になった（第1章本論（澤田）参照）。このような環境変化のなかで、脚光を浴びるようになったのが行動経済学である。実証経済分野で行動経済学は無視することができない一大潮流を巻き起こした。

　行動経済学の守備範囲は飛躍的に広がった。科研費の大規模プロジェクト

は、多様な分野の共同研究を推進している。共通の知的基盤を共有しながら、医学、生物学、心理学、情報科学など諸分野との共同研究も盛んになった。その成果は伝統的な経済学専門誌だけではなく、*Nature, Science*、*PNAS* など科学全般を対象とする超一流科学誌に掲載されることも珍しくない。

　アカデミックな先端研究以外の場でも、経済学の役割は大きく変容した。詳細かつ膨大なデータを用いて、ビジネス、医療、公共サービス、教育など様々な現場で現代の経済学の知見が活かされている。例えば、行動経済学の研究成果に基づいて、自然災害時の避難を促すことや、新型コロナの予防やワクチン接種を促進するために、人々の行動変容もたらす仕掛け（ナッジ）が活用されている（大竹 2019）。エビデンスに基づいた政策形成（Evidence-Based Policy Making：EBPM）が重視される現在、行動経済学者は象牙の塔から抜け出し、実社会における問題解決の指南を求められる。

　これまでにないほど、社会からの行動経済学者へ向けられる期待は大きくなった。行動経済学者にはバラ色の未来がある。しかし、懸念がないわけではない。行動経済学の世代交代に伴って顕在化しつつある問題がある。「新人類」世代の行動経済学者は、もともと労働経済学、公共経済学、開発経済学など主流派経済学に含まれる分野の研究者だった[1]。一方、若手は主流派経済学を深く学ぶことがなく行動経済学者としてのキャリアを始めた。本章では、前者の行動経済学者の略称を「新人類」、後者の行動経済学者の略称を「現代人」とする。

　何かを得るためには何かを犠牲にする。経済学の初歩で教わることである。「新人類」から「現代人」に世代交代が進む現在、行動経済学者が失ったものは何か？　そのことについて、本稿で考えてみたい。

1）1980年代に「新人類」が出現した頃、それより古い世代は「旧人類」と呼称された。第1章本論（澤田）で定義される第一世代、第二世代、第三世代は、それぞれ「旧人類」世代、「新人類」世代、「現代人」世代にほぼ対応する。2020年代の現在、伝統的経済学の基盤を共有する点で、「旧人類」も「新人類」も同じである。単純化のため、本稿では特に断りがない場合「旧人類」世代も「新人類」世代に含めて考える。

2　科学的エビデンスと一般人の関心の乖離

　本題に入る前に、あるエピソードを紹介したい。私の知人に「頭がよくなる食品」の開発などをテーマにしている理系研究者がいる。食品の栄養素などを分析するのではなく、噛む回数に注目するアプローチらしい。噛む回数が増えると、脳の働きが活性化するし、食べ過ぎもなくなる。柔らかい食品ではなく、固い食品がよいらしい。よく噛まなければ食べられないからだ。たまにテレビに出演することもあるらしい。

　そこで、困ったことがあるという。

　新しい科学的知見：
　固い食べものをゆっくりとよく噛んで食べると頭によい。

　これが、テレビで伝える科学的な知見である。共演しているお茶の間の人気者も大いに納得しているので効果抜群である。しかし、メディアが多様化し、主要な情報源はインターネットから得ている人が増えている。テレビがメディアの主役だったのは昭和から平成初期までだろう。旧来メディアであるテレビの視聴者の多くは高齢者であると思われる。この番組を観た高齢者は、認知症対策のために固いものを食べるようになるかもしれない。しかし、対象を高齢者に限定すると、次のような提案が望ましい。

　常識的知見：
　歯が弱くなっているので、固いものを食べることは避けた方がよい。

　あまりにも当たり前で、言われなくてもわかることである。マスコミに出るからには、自分が研究している新たな科学的知見を発信したくなる。また、テレビも面白いネタで視聴率を稼ぎたい。結果として、「新たな知見」が望ましくない結果をもたらす可能性があるのである。

　経済学者も似たような問題に直面している。一例として幼児教育に関する経済学の問題を取り上げたい。例えば、James Heckman の研究によれば、幼児教育への投資は、アメリカの貧困地区で幼児期によりよい生育環境を整える効果がある（ヘックマン 2015）。主要な発見は、教育を受けた子供が犯

罪者になる可能性が低下し真っ当な社会生活を過ごすことが可能になったというものである。大人になってから投資するよりも、幼児期への投資は費用対効果が高いことが示される。経済学的には限られた予算の中で最大の効果を得るためには、幼児期への投資が推奨される。

　以上の研究結果とそこから引き出される帰結に対して、一般社会からの反響は大きかった。しかし、上記のような幼児教育への投資が、それが知力を上げるための教育をした結果なのか、基本的生活習慣を整えたことの効果なのか不明である。

　このような論点以外にも、著書の日本語版には教育関連の様々な専門家から批判が寄せられている。とりわけ重要なのは、ヘックマンの研究は、虐待や暴力に囲まれ、放置していれば犯罪者などになる可能性が高い最悪の条件を背景にしている。この場合、保育所などに預ける限界効果は大きいだろう。

　様々な先行研究の結果からわかるのは、「平均以上の家庭で育つ子どもたちは、家庭環境がそれほど悪くないため、幼児教育プログラムを受けても発達に大きな影響はない。それどころか、裕福な家庭の子どもにはマイナスの影響さえありうる。これは、裕福な家庭の環境は子どもの発達にとって特に望ましいためである」（山口 2021, p.118）。

　しかし、幼児教育を宣伝することで、関心を持つのは教育熱心な親である可能性が高い。もともと、教育投資を行っていた親の教育熱を高めることの限界効果はそれほど高くはあるまい。また非認知能力を高めることの重要性を指摘したところで、具体的にどのようにしたら非認知能力が高まるのかわかりにくい。一方、認知能力の向上を数値的に示すのは容易である。さらに、認知能力を高める手段は巷に溢れている。そのために、読み書き、算数、英語など、学力の強化に直結することへの教育投資が増える。海外の貧困地域での教育プログラムの効果を、日本の教育熱心な親は、そのまま自分の子供に当てはめて考えてしまうのである。

　一方、文部科学省は「幼児教育の意義及び役割」を次のように定義している[2]。

---

2 ）https://www.mext.go.jp/b_menu/shingi/chukyo/chukyo3/siryo/attach/1395402.htm（文部科学省ウェブサイト　2022年7月7日閲覧）

「この幼児期の発達の特性に照らした教育とは、受験などを念頭におき、専ら知識のみを獲得することを先取りするような、いわゆる早期教育とは本質的に異なる。幼児教育は、目先の結果のみを期待しているのではなく、生涯にわたる学習の基礎をつくること、『後伸びする力』を培うことを重視している。幼児は、身体感覚を伴う多様な活動を経験することによって、生涯にわたる学習意欲や学習態度の基礎となる好奇心や探究心を培」う。

　現実には、眼に見える形での短期的成果を望む親は、「幼児教育」＝「早期教育」として考える。その需要を満たすために「学力の経済学」という新分野がマスメディアで喧伝され影響力を持つ[3]。しかし、すでに十分豊かで知的な環境にある子どもに、認知能力向上のために追加的教育投資をする長期的効果について実証的エビデンスはない。

　科学的エビデンスに対する誤解は、長期的に経済学への社会的信頼を毀損するかもしれない。経済学の知見を社会に広めることには大きな意義がある。そのためには、社会の関心を集めることが重要である。詳細は省略してわかりやすく、人々が求める結果を提示することが求められる。結果として、エビデンスに対して社会的文脈を無視した拡大解釈が広まっていく。それは、社会にマイナスの影響をもたらすかもしれない。科学的エビデンスが日本の社会的文脈の中でいかなる影響力を持つかを予測しながら、あるときは抑制的にエビデンスの含意を発信していくこと。これが、経済学に求められているのではなかろうか。

3　行動「経済学」から「経済学」がなくなることの是非

　行動経済学が蓄積してきた研究によれば、人々は価格情報に反応して、合理的に意思決定を下さないことが多い。行動経済学の役割の1つは、ナッジを用いて望ましい行動へと誘導することである。その中には、資源配分を効率化することも含まれる。

3）ベストセラーになった中室（2015）で示されるエビデンスと、実社会での受け止め方には乖離があるように思われる。

　日本において行動経済学を広めた第一世代の大半は、それまで標準的な経済学を学び、それに基づいて労働経済学、ファイナンス、開発経済学、医療経済学などの専門家として活躍してきた。様々なスタンスがあるが、考え方のベースには「限界概念」や「効率性」がある。それを踏まえつつ、新たな経済学の方向性を探ってきた。

　「現代人」は当然のごとく、先端的な行動経済学の知見をよく知っている。そして他の研究分野と交流し、新しい研究を生み出している。さらに、様々な政策やビジネスの現場の担い手と共同プロジェクトを進める機会にも恵まれている。この傾向は行動経済学的以外の実証経済学の諸分野でも観察される（本書第1章、第3章）。それだけ、現実社会から実証経済学に対する需要は大きく、政策当局との橋渡しの重要性が高まっている（本書第2章）。

　現場の声を聴きながら政策やビジネスの戦略を提供することにより、経済学自体も発展していく。これが理想であるが、困難も伴う。経済学における「効率性」は「限界概念」に基づいている。それは経済学独特の考え方であり、一般的に用いられる効率性とは異なる。このような基本概念についてさえ政策現場はもとより異分野の研究者と経済学者の間の相互理解は難しい場合もあるだろう。実際に共同作業する場合には、多少の問題は承知の上で「平均費用」によって「効率性」を評価する場合や、公平性の観点を取り入れて「効率性」を高める方策を考えることもあるだろう。経済学的な「効率性」と共同作業をする際の「効率性」の違いを踏まえながらプロジェクトを進めるならば大きな問題はないだろう。

　「現代人」の議論を聴くと、しばしば経済学の基本概念を誤用している場面に出くわす。ゲーム理論の大家である神取道宏は現代の経済学教育において市場メカニズムの理解が軽視されることに対して次のように警鐘を鳴らす。「人類が長い時間をかけて築いてきた『市場』という制度の機能を正しく理解することこそが、経済現象を理解したり、正しい経済政策を立案したりするために最も必要なこと」である（神取 2014, p.vi）。この問題は実証経済学において深刻化しているのかもしれない。経済学教育においてあまりにも応用や実用への比重が高まったために、伝統的な経済学を現実に適用する思考訓練が不足している可能性がある。あるいは、現場や異分野との共同プロジェクトに馴染みすぎ、経済学的思考からいつの間にか乖離しているのかも

しれない。もしそうであるなら、「現代人」と社会心理学者、疫学者の何が違うのだろう？

　経済学の基本を身に付けていなければ、価値判断が場当たり的になるだろう。そして、効率性を重視すべき状況と、そうではない場面を見分けることができない。さらに、ナッジが「限界概念」や「効率性」とどのように関係しているのかも把握できない。知識として表層的な理解をするだけではなく、研究で使い物になるレベルまで経済学の基本への理解を深めることも求められる。教科書的な概念を現実世界で、そのまま適用できるわけではないからだ。例えば効率性の基本概念を踏まえた上で、実証経済学者は現実的な状況における効率性の評価をすることが重要である。社会からの需要が大きいからこそ、一度は「温故知新」で古臭いミクロ経済学を使った現実の理解・応用を深く考えることが求められる。これにより、行動経済学など現代の実証経済学の意義が高まる[4]。

4　分析の厳格化が陥る隘路

　実証経済学は現実世界のデータを集めて分析を行うので、自然科学のように実験により仮説を検証することはできない。この考え方は過去のものとなった。現在では、第 1 章でより詳しく議論されているように、自然実験、フィールド実験、実験室実験など多種多様な「実験」を基にした研究が実証経済学で広く行われるようになった。21世紀に入り複数のノーベル経済学賞は、行動経済学や開発経済学分野の実験からの知見に対して贈られている。

　伝統的な実証研究において因果関係を特定することは至難の業だった。たいていの場合、内生性の問題がある。理論的には操作変数法を用いることで、問題を解決できる。しかし、実際に操作変数の条件を満たす操作変数を見つけることは非常に困難である。さらに、現実世界では様々な要素が絡み合うために、純粋な因果関係を取り出すことも難しい。

4）「新人類」に分類される大竹文雄は、様々な事例を取り上げ主流派経済学と行動経済学の分析を対比している（大竹 2019, 第 8 章）。

　以上の難問を鮮やかに解決するのが、「実験」を用いた実証研究である。これらの研究には先に紹介した「ナッジ」の有効性を示した古典的研究も含まれる。しかし、近年この実験研究の成果をめぐって様々な問題が指摘されるようになった。論点は多岐にわたるが、大まかに下記のようにまとめられよう。

①ノーベル経済学賞受賞者であるカーネマン（2014）により、いくつかの問題が指摘された。例えば、チェリーピッキング（都合のよい分析結果の選択）や再現性の問題である。
②行動経済学の代表的研究成果に不正が認められた。数多くの事例があるが、特に衝撃的だったのが、世界的ベストセラーになったアリエリー（2013）の中でも紹介されている分析結果が捏造したデータに基づいていたことである[5]。

　似たような問題は、隣接分野である社会心理学などで、昔から深刻な問題として受け止められている。その対策としては、次のようなものがある。
　①の問題に対応するために、追試を繰り返すことにより、代表的な実験結果の再現性を確認する。例えば、日本の学生を対象とした実験結果が、アメリカの学生を対象とした場合にでも観察されるか。さらには、学生以外の集団でも観察されるかを実験するのである。厳密に考えると、同一集団で同じ実験を繰り返し行うことは「内的妥当性（internal validity）」を確認する。異なる集団で同じ実験をすることで「外的妥当性（external validity）」を確認する。歴史、文化、経済環境が異なれば「外的妥当性」がなくてもそれほど大きな問題ではない[6]。実験結果が異なるのは、実験外の条件が異なるからである。しかし、「内的妥当性」が無いとすれば、実験結果が偶然によって得られたものにすぎない証拠となる。したがって、「内的妥当性」を厳密に検証する。
　このような厳密な対応にも曖昧性が残る。私見によれば、厳密な意味での「内的妥当性」の検証は不可能である。日本の学生という同一集団であって

5）より大きなデータを使ってチェリーピッキング等の操作を統計的に検出した研究としては Brodeur et al.（2020）がある。
6）この問題については、第5章本論（高野・高橋）第3.3節とそのコメントが詳しい。

も、被験者が異なればその集団の性質は異なる。全く同じ被験者を対象とし
ても、数多くの実証研究の成果が示すように、実験日の天候、気温など制御
不能の外的要素があり、被験者はその影響を受けてしまう（Dell et al. 2014；
Park 2022）。例えば、同じ被験者が同じ条件の室内で同じ実験を受けたとし
ても、その実験室にたどり着くまでの野外の気温が35℃の日と、25℃の日で
は被験者のおかれた状況は異なる。「25℃の日」に観察される結果と、「35℃
の日」に観察される結果を比較することは「外的妥当性」の検証と言えよう。
厳密に考えるほど、「内的妥当性」を検証することはできないことに気づく。

　②の問題への対処は、新たな査読システムを導入することによって進めら
れている。査読付き国際誌で、いくつかの対応がとられているが、特に先鋭
的な例を紹介する。社会心理学や行動経済学などの研究成果を掲載対象とし
た学際専門誌である *Nature Human Behaviour* や開発経済学のトップジャー
ナル *Journal of Development Economics* などでは、Registered Report という
形で研究成果を受け付けている。Registered Report では、研究を実施する前
に事前に具体的な実験の段取りや分析方法を記した研究計画書を審査し、仮
掲載の可否を決定する。さらに、実験後に論文を投稿し正式に掲載を決定す
る[7]。このシステムでは、研究結果にかかわらず研究が採択されるので、研
究不正をするインセンティブを大幅に低下させる。非常に工夫されたシステ
ムである。

　Registered Report では、すべてが事前に提出された計画通りに研究を実行
する厳密な制約がかかる。しかし、研究現場では次のようなことがよく起こ
る。実際に研究を進めていくうちに、事前には予想していなかった仮説が浮
かび上がる。例えば、予定通り分析をして得られた結果は思わしくなかった
が、さらに分析を深めることによりその背後に驚くようなメカニズムが働い
ていることを発見した。事前には予定していなかった方向に研究が進展する
ことで、大きな発見が得られるケースは数多くあるだろう。事前に計画でき
ることは人間の想像力の限界を超えることはない。思いもよらぬ事態の中に、

7）新型コロナパンデミックが人々の意識に与えた影響を分析した研究では、2020年4月
　17日に *Nature Human Behaviour* に実験手順が事前投稿され、査読を経て5月12日に原
　則的採択されている。実験後の論文は翌年の2021年6月28日に正式採択されている
　（Wang et al. 2021）。

人間の想像を超えた真実があるのかもしれないのだ。Registered Report の制度のもとでは、このような研究の発展を阻害する可能性がある。

　研究不正が問題化する現在、厳密性を求める方向性自体を否定することはできない。一方で、素朴で粗削りな研究が消えてなくなれば経済学の活力は低減していくことだろう。行動経済学はまさにその状況にある。既存の経済学の枠組みを少し緩めて、広がりのある自由な研究を目指したはずの行動経済学が、いつの間にか非常に不自由な研究分野となっている。偶然の発見の重要性は、次の Daniel Hamermesh のこぼれ話に秘められている。「私はひょんなことから美貌の経済学に足を突っ込んだ。1993年の初め、とある研究プロジェクトで自分が使っているデータに、アンケート調査で調査担当者が調査対象者の容貌に点を付けたものが含まれているのを見つけた。人の美しさが所得や労働市場一般にどう影響するかを考えたら面白いんじゃないかと思った。そうやってできたのが、査読付きの論文誌に掲載されたこのトピックに関する私の論文のうち、最初の一本だ」（ハマーメッシュ 2015, p.3）。この時の苦労として、「この路線の研究で本当に難渋したのは〈中略〉昔の経済学者はそんな風に了見が狭かった。だからこそ、経済学者以外の人たちはだいたい、経済学なんてつまらないと思っていたのだ」（ハマーメッシュ 2015, p.3）。

　少し怪しげだが、新規性のある研究成果を発表する。これを検証する形で厳密な研究が積み重ねられていく。実証経済学は全体として、このような二段構えの構造を維持することが肝要なのである。成熟期を迎えた行動経済学では精緻化が進む一方、このような重層的でダイナミックなプロセスが欠けている。

5　駆動型データ解析にみられる理屈軽視の問題

　前節では事前に入念に計画を立てて、仮説を検証することの問題に言及した。この正反対の方向で、現代のテクノロジーを駆使した研究もある。2018年に第1回行動経済学会ヤフー株式会社コマースカンパニー金融統括本部優秀論文賞の受賞講演が行われた。登壇者の田中沙織は脳のメカニズムを分析

する研究者で、行動経済学者との共同研究での貢献がある。講演の中で先端の研究動向として、駆動型データ解析が紹介された。

　経済学の実証研究では仮説を立てて、それを検証する。機械学習を取り入れた駆動型データ解析は大規模データを収集し機械的にデータの解析を行う。その利点として、再現性を検証できる。そして、分析を機械的に行うことにより、仮説に縛られない膨大な推計結果を得ることができる。膨大な分析結果の中から、意味がありそうな結果を探し出す。このような趣旨の解説がなされた。

　駆動型データ解析は、通常の経済学の実証研究と比較して、人間の頭脳を関与させる作業を大幅に削減できる。そして、人間の発想を超えた分析結果を得ることもできる。経済学者も共同研究を進めこのアプローチを取り入れる価値がある。しかし、ここで「経済学」の存在意義が問われる。経済学の実証研究は経済学理論から導かれる仮説を、統計的に検証する。そして、分析結果の含意を検討しつつ、理論的な発展の基礎材料にする。また、政策やビジネス現場への提言なども行う。これが経済学、さらには経済学者の存在意義である。仮説を放棄する分析は、経済学的ロジックを放棄することであろう。それでよいのだろうか？

　論理なき機械的分析から得られる「新しい発見」を評価するのは人間である。機械的にその価値を評価するプログラムを組むとしても、その価値の枠組み自体を作るのはやはり人間である。人間行動の望ましさを評価する際には、論理やそれを支える哲学が不可欠である。そのときに求められるのは経済学的な枠組みである。

　機械が自動的に示す膨大な「新しい発見」の中から人間社会に意味があるものを探し出すことは至難の業ではなかろうか。ドゥプケ・ジリボッティ (2020) は社会経済環境によって、望ましい子育ては変化すると論じている。実証分析を行う際には、時代や社会的の実態を念頭におくことが重要である。歴史や文化、制度などから作られる社会的文脈などを踏まえずに、分析結果を解釈することは危険である。これまでとは異質の能力が行動経済学者に求められよう。

6　査読システムによる論文の序列化の意義と問題

　経済学では英語の国際査読ジャーナルに論文を掲載することが重視される。ジャーナルにはインパクトファクター（impact factor：IF）という基準に基づく厳格な順位付けがある。少しでも高い順位のジャーナルに論文を掲載すると、引用回数も増える。とりわけ評価の定まらない、若手研究者は一流誌への掲載を目指す。当然、査読誌の格式が上がるほど、審査基準が厳しくなる。そもそも、査読もされずに門前払いになるケースが多い。大規模調査を実施できる資金力、複数の有能な研究者による分業体制、研究者コミュニティ内での認知度など、様々な条件を満たして初めてスタートラインに立つことができる。日本の研究機関に在籍している研究者は、欧米の研究プロジェクトに加わることがなければ、ほとんどチャンスはない。それを知りながら、日本の実証経済学者は一流誌を目指す。

　査読プロセスがあると、掲載される論文の質が高まる。査読者へのコメントの対応を通して、投稿者は新たな分析手法や未知の研究動向などを学ぶ機会も得られる。その結果、アカデミックな世界全体の質の向上と発展がもたらされる。査読システムがなければ、論文の質を読者が見分けなければならない。自身の研究関心に合致した論文に限定しても、その数は膨大である。時間制約が厳しい現代の研究者が、そのすべてに目を通すことは不可能である。目利きのための機会コストが高すぎる。このコストを小さくするために、査読システムは必要不可欠である。一方で、査読システムの現状にはマイナス面もある。

　2001年にノーベル経済学賞を受賞している重鎮経済学者の George Akerlof は近年の査読制度を次のように批判している。査読のおかげで手法が洗練化されたが、研究対象が狭まり偏りが生じた。求められるのは編集長や査読者の好みに合う論文である。そのため徹底的に厳密で精度が高い分析が好まれる。結果として編集方針に合致することを主眼にした論文が生産される。トップジャーナルではとりわけその傾向が強い。その条件を満たすために、学術上の不正行為を行うインセンティブが高まる（本書第1章）[8]。さらに、このような研究が、社会にとって重要なテーマを扱っているとは限らない。

第 7 章　本　論

結果として、重要な経済問題を扱う研究が減少していく（Akerlof 2020）[9]。
どこか、彼が示した中古車市場の消滅のたとえ話に似ている。

　本来は分野ごとの重要問題をテーマとして取り上げるはずのフィールドジャーナルも一流誌と同様の方向性で審査基準を設定する傾向が見られる。最先端の手法を取り入れた論文が掲載されるが、その内容を理解できる研究者は限られる。そのため、読者が増えず雑誌の評価基準であるインパクトファクターが低くなる。表7-1には経済および他分野の学術雑誌と、その IF をまとめた。著名な *Nature* や *Science* の IF は60を上回る。医学のトップはいずれも150を超える。経済学ではトップ5とされるジャーナルでさえ、*Quarterly Journal of Economics* と *American Economic Review* を除きすべて10を下回る。経済のフィールドトップになると5を下回る。筆者は過去にこの中のいくつかのジャーナルに投稿した経験があるが、すべて不採択である。私が過去に論文を掲載した隣接の中堅ジャーナルの IF は、経済フィールドトップとほぼ同じ IF である。私見では両グループが求める論文水準には大きなギャップがある。掲載基準の厳しさを相撲の番付に例えるなら、経済フィールドトップが大関、隣接分野中堅は前頭である。経済分野では論文を掲載するコスト（労力）に比べてベネフィット（引用回数）が非常に低い。より多くの読者を得るために、経済学者は経済学ジャーナルを避け、隣接分野ジャーナルへの投稿を目指す。

　経済学者が直面する環境変化も見逃せない。現代の実証研究で求められる水準を満たすためには、自前でデータ収集を行う必要がある。そのためには巨額の研究費を確保することが不可欠である。有力大学の研究者は院生を含んだ研究チームを組織化し、科研費等から研究資金を獲得することが重要で

8）ノーベル賞受賞者である Abhijit Banerjee と Esther Duflo が日本で講演を行い、「現代人」へアドバイスをした。そこで、トップジャーナルを読むことの重要性を説いたという（樋口 2021）。草稿段階で本稿は、その具体的な発言を取り上げていた。ワークショップ開催後に、この発言の真意や背景などを巡って、本書の執筆陣から数多くの情報が寄せられ、活発な意見交換がなされた。電子メールで10回を超える意見交換で、浮き彫りになったのは Banerjee と Duflo が日本の研究者に甚大な影響力を持つという現況である。欧米の著名研究者がクシャミをすれば、日本在住の研究者は風邪をひくのだ。

9）現代の実証経済では、ランダム化がなされていることが重要視される。しかし、現実の経済活動の大半はランダムな要素がないので、研究テーマが非常に限定されていく。

表 7 - 1 ：分野別の学術ジャーナルのインパクトファクター

経済学のトップ	
Quarterly Journal of Economics	19.01
American Economic Review	11.49
Journal of Political Economy	9.64
Review of Economic Studies	7.83
Econometrica	6.38
経済フィールドトップ	
Journal of Development Economics	4.28
Journal of Labor Economics	4.18
Journal of Health Economics	3.80
Journal of International Economics	3.71
Journal of Law & Economics	2.00
科学トップ	
Nature	69.5
Science	63.7
医学トップ	
Lancet	202.7
New England Journal of Medicine	176.1
隣接分野の中堅	
Social Science & Medicine	5.38
Regional Studies	4.60
Sustainability	3.89
Social Indicators Research	2.94
Papers in Regional Science	2.19

出所：筆者作成。

注：ここでは、最も信頼性が高いとされる指標である、Clarivate 社から
　　刊行される Journal Citation Reports に示される学術専門ジャーナル
　　の Impact factor を用いた。本書第 9 章の討論者の石瀬寛和より最新の
　　数値（2022年 6 月28日閲覧）を提供された。

ある。高額な科研費を獲得するには、異分野の研究者と共同申請することが
求められる。その結果、多様な研究者の混成チームに参加する経済学者は異
分野の専門誌への投稿を増やす。研究資金の配分システムの変容がもたらす
学術界再編の動向に対応するために、経済学者は異種格闘技に慣れる必要に
迫られる（大竹 2017）。

　新人類世代の経済学者の 1 人は「異種格闘家」としての顔を持つ。私との
雑談の中で、彼は「もう経済学ジャーナルには投稿しません」と告白してい

る[10]。簡潔な言葉に、過去の慣習にとらわれない生き方、つまり新人類の特徴が現れている[11]。

　より広い視野から研究の意味を考えてみよう。短期的な視点から学術界での評価（＝引用回数）を高めることが学問の本質ではない。経済学の頂点に君臨する Banerjee と Duflo は皮肉なことに経済学者の科学界での位置付けを次のように描写する。「物理学者は深く考えを突き詰めるが、エンジニアはいろいろな材料を手あたり次第いじくっては物理学者のアイデアに形を与えようとする。〈中略〉おそらく経済学者はエンジニアより数段下に位置付けられるのではないだろうか。」（バナジー・デュフロ 2020, p.17）。

　数学は、物理学者以上に物事を突き詰め人類の知力の限界に挑む学問であろう。超一流の中にはジャーナル掲載など歯牙にもかけない人もいる。Grigori Perelman がポアンカレ予想を解決した 3 本の論文は、査読のない Pre Print として公表された。その時期は、2002年から2003年にかけてである。重要な研究内容だったので、自然発生的に複数の専門家によって論文が精査され、その内容が正しいと認定された。Perelman のオリジナル論文は査読付きジャーナルには掲載されていない。真に重要な研究の価値は、査読ジャーナルの権威よりはるかに高いのである。

　一流誌に掲載される論文でさえ風雪に耐え、長期的な影響を持つものはごくわずか。瞬間風速的に評価され消えていく。一方、影響力がある研究すべ

10) 彼の燃え上がる闘魂を宿した瞳の奥に、一抹の寂寥感が漂った。アントニオ猪木の訃報を聞いた日の出来事である。
11) 1980年代に登場した理解困難な感覚をもつ「若者」。彼らは年長者から「新人類」と命名された。「現代人」からみても、「新人類」は理解しがたい一面を持つ。「大学院生などの若手にとっては、共同研究はシニアに比べてハードルが高いと思われる。なぜならキャリア初期において、単著論文が持つ本人の能力のシグナル的重要性は大きく、また経済学以外のジャーナルへの掲載はあまり評価されないからである」（第 3 章コメント（山﨑）、第 4 節, p.93）。私が一言でまとめると、「若手経済学者が研究でメシを食うためには、経済学に特化した精度の高い研究成果が必要」。現代人世代の経済学者が、新人類に対して抱く苛立ちが間接的に表現されているように思われる。
　新人類も「現代人」に対する配慮は怠らない。本稿で紹介した新人類「異種格闘家」は、「職を得ていない若手経済学者が主著者である論文の共著者になった場合は、経済学ジャーナルへの投稿に賛同する」という。異種格闘家から経済学者へ早変わりする柔軟性も「新人類」の特性である。

てが一流誌に掲載されたわけではない。Subjective well-being に関する行動経済学的研究の多くは Richard Easterlin が提起したイースタリンのパラドックスに関わる。Google Scholar によると、この論文の引用回数は8450で、経済学のトップジャーナルでも頻繁に引用されている[12]。この研究は、1970年代に書籍の1章として地味な形で発表されている（Easterlin 1974）。Akerlof 自身による「情報の非対称性」に関する最初の論文は、当初は一流誌に幾度も不採択とされている。その後の経済学に大きな影響を与えた論文であるが、当時の編集長や査読者は、その重要性を理解できなったのだ。何が風雪に耐えうる研究になるかは、わからない。しかし、各々の研究者が、広い視野から経済の重要テーマを考えることで、実証経済学は実り豊かになる。研究を深めていく出発点として、自分なりの価値基準で研究テーマを設定することが大切なのだ[13]。

　一流誌に掲載することだけに研究者の関心が集中すると、経済学者としての能力と時間の配分が非効率になる。現在不足しているのは地味だが政策的な含意のある研究。分析の精度は落ちるが、新規性のある研究。日本あるいは小国を対象とした研究。研究者が受験生のように、ジャーナル掲載のための「傾向と対策」を出発点とするのは本末転倒である。まずは自分が関心あるテーマを設定し、それに適したアプローチを採用する。そして、その研究の発表媒体として適切なジャーナルを探す。中位の査読ジャーナルはその趣旨にあった研究を掲載し、独自性を高める方向で存在感を示すべきであろう。

7　おわりに

　本稿では行動経済学を中心に現代の実証経済学の課題を提起した。行動

---

12) https://scholar.google.com/citations?user=pBYzJL8AAAAJ&hl=en （2022年7月13日閲覧）。

13) 第4章本論の執筆者である川口大司は大学院生時代、*Indian Journal of Economics* に掲載された論文に依拠して報告を行った。ジャーナルの格式など無視して、自分が関心あるテーマに最も関連深い論文を取り上げたのである（聴取日：2022年10月2日）。新人類の行動様式の典型例といえよう。

「経済学」の目標はある程度達成されたと言えよう。行動「経済学」は実質的に、行動「科学」に変容した。主流派「経済学」が示した諸概念は「現代人」にとって無用のものとなったのだろうか？　私の答えは「No」。行動「経済学」の活力の源泉は、「新人類」が主流派経済学を血肉化していたことにある。伝統的な経済学への回帰を主張しているように感じる読者がいるかもしれない。私の意図は違う。本稿はさらなる行動経済学、そして実証経済学の発展のための条件を示したのである。本稿は「新人類」である私から、「現代人」に送るメッセージなのである。

■謝辞

恩師の大塚啓二郎、討論者の大竹文雄をはじめ、ワークショップへの参加者、編集者の道中真紀より多くのコメント、提案、激励、要望をいただいた。また、アメリカで在外研究中の石瀬寛和からはインパクトファクターの情報提供を受けた。記して謝意を表したい。なお文章に風合いを与えるために、敬称は省略した、ご容赦いただきたい。

コメント

行動経済学への期待と批判

大竹 文雄

1　はじめに

「『新人類』から『現代人』へのメッセージ」という副題がついた「行動経済学から行動科学へ」という山村の本章本論はとても魅力的なものだ。伝統的経済学のトレーニングを受けて開発経済学の研究をしていた山村は、行動

経済学に専門を変えて数多くの研究成果を上げている。伝統的経済学と行動経済学の両方の立場から経済現象を分析してきた山村は、彼自身の定義で、「新人類」に当てはまる。私自身も伝統的経済学の立場から労働経済学を研究していたが、行動経済学の研究に中心を移したので、「新人類」である。

2　行動経済学はなぜ批判されるのか

山村の論点は、次の5つにまとめられる。

①経済学のエビデンスを社会的に発信する際には、社会的文脈に依存した結果であることを注意すべきである。

②実証研究において効率性に代表される経済学的な評価をすることが重要である。

③内的妥当性（internal validity）を担保して分析の厳密性を求めることも重要だが、経済という人間の行動を対象にした分野である以上、内的妥当性も外的妥当性（external validity）も完全に担保するのは困難であり、新しい探索的な研究とその厳密な検証をする研究の2段階を維持することが重要である。

④歴史や分野、制度などから作られる社会的文脈を踏まえて、分析結果を解釈すべきである。

⑤どのような論文がジャーナルに掲載されやすいかから研究をするのではなく、関心をもった重要なテーマを決めて研究し、それに適切なジャーナルを選ぶべきである。

どれももっともな論点である。特に、②の効率性の評価の重要性は、伝統的経済学者の行動経済学への批判の論点ともつながる。現在では代表的な経済学の教科書にも行動経済学の主な概念は紹介されているので、伝統的経済学と行動経済学の対立は以前ほどではなくなってきた。しかし、それでも行動経済学に対する批判は多い。批判は、伝統的経済学者からだけでなく心理学者からもある。

2.1　行動経済学の定義

　行動経済学が批判される理由は、Laibson and List（2015）による行動経済学の定義を読むと理解できる。彼らは、行動経済学を「伝統的な経済学の前提の変異種（多くは心理学的動機付け）を用いて、行動を説明・予測し、政策の処方箋を提供するもの」と定義している。伝統的経済学者は、合理的推論、選好の安定性、利己的個人、高い自制心などの前提を変更することに拒否感を示す。特に、選好が不安定であったり、選択肢の表現方法で選好が変わったりするのであれば、どの政策がより望ましいかという政策評価に経済学が使えなくなる可能性という問題点がある。

　政策の処方箋を提供するという行動経済学の特性も望ましい政策が何かがはっきりしなければ、あまり意味がなくなる。「現代人」である行動経済学者は、そもそも望ましい政策は何かという点をあまり深く議論しないで、政策への処方箋として行動経済学を用いているのではないか、というのが山村の論点と対応する。行動経済学は、現実的な人間行動を説明できるようになったが、それには伝統的経済学の強みだった効率性による政策の望ましさという判断可能性を失うという犠牲を払っているのだ。しかし、政策評価をしないのであれば、政策の処方箋を提供することの意味が薄れてしまう。経済学の強みを残して、行動経済学のよさを活かした研究や政策提言をすることが行動経済学者としては重要だ。

2.2　心理学者からの批判

　心理学者からも行動経済学は批判される。その理由は、行動経済学者が伝統的経済学の前提の変異種として用いているものの多くは、心理学の成果を用いているからである。心理学者からすれば、特に新しくないものを行動経済学という別の名称を用いて学問とされることはあまり居心地がよくないものである。Laibson and List（2015）の定義で重要なのは、「行動を説明・予測し、政策の処方箋を提供するもの」という部分である。従来の心理学が主に、人間の行動特性や異質性を明らかにすることに力点を置いていたものを、行動経済学はそれを政策の処方箋に用いているという点で大きく異なる。心理学者からは違和感がある。心理学者から見れば行動経済学は社会心理学と認知心理学の応用にすぎない。心理学者が経済学と無関係に心理学の応用と

して政策の処方箋に関わるナッジの研究を行った場合、経済学の専門的知識が全くなくても彼らは「行動経済学者」と呼ばれてしまう。カーネマン(2019) は、政策領域において心理学と経済学の研究者が似たような手法を用いて似たような問題を検討していることが増えたことを指摘している。その上で、「『行動経済学』はいいラベルとはいえない。心理学者は経済学者ではなく、そして市場について考える訓練を受けていないからである。『社会心理学』もやはりふさわしくない。レヴィン派[14]の実践に関わる経済学者、弁護士、そして医師に、上記と同じ問題をもたらすからである。記述的に正確なラベルは、『応用行動科学』である。」と述べている。山村の言う行動経済学の「現代人」である。

2.3　ナッジの有効性に関する批判

　心理学者からも伝統的経済学者からも、「行動経済学は政策の処方箋として有効か？」という批判を受けている。特に、行動経済学の政策手法であるナッジについては懐疑的な立場が存在する。例えば、2022年7月に *PNAS* という学術雑誌に掲載された心理学者のグループによる論文のタイトルは、「出版バイアスを調整するとナッジングのエビデンスはない」というものである（Maier et al. 2022）。つまり、効果があったものだけが学術雑誌に掲載されているという出版バイアスのために効果があったように見えていただけで、ナッジ一般には効果がない、というのである。実は、この論文より前の2022年1月には、同じ *PNAS* 誌にナッジには効果があるというレビュー研究が掲載されていた（Mertens et al. 2022）。このレビュー論文では、出版バイアスでナッジの効果が大きめになっている可能性は指摘されているが、ナッジそのものには効果があるとされていたのだ。同じ学術誌に、相反する結論の論文が相次いで掲載されたのだ。

　では、ナッジには効果がないのだろうか。経済学で一流の *Econometrica* 誌に2022年1月に、学術雑誌に掲載されていない研究も含んでナッジの効果

---

14) レヴィン派とは、社会心理学者の Kurt Lewin が追求した研究方法に従う研究者のグループである。具体的には、集団や組織といった研究対象に働きかけることによって理論の有効性を検証するアクション・リサーチと呼ばれる研究方法を実践する研究者を意味する。

の大きさを検証した研究が掲載された　（DellaVigna and Linos 2022）。この研究は、アメリカの最大の２つのナッジユニット（米国連邦政府の評価科学局、および Behavioural Insights Team の米国オフィス）で行われたすべての介入実験と学術雑誌に掲載された研究を比較している。確かに学術雑誌に掲載された研究では、ナッジによって平均8.7％ポイント参加率を引き上げており効果が大きい。一方、ナッジユニットで実施された研究では、統計的には効果があるが、その大きさは1.4％ポイントの参加率引き上げとなっていて効果は小さい。その差は、デフォルトの変更などの選択肢の提示の仕方についてのナッジは大きな効果を持ち、そのタイプのナッジが学術誌に比較的多く掲載されていることによる。ナッジユニットで実装された研究の多くは、情報の簡単化、損失や利得の表現、社会規範の利用など情報提供の仕方についてのナッジを用いたものであった。

　ナッジの効果を考える際には、文脈依存と人間の異質性を考慮する必要がある。例えば、新型コロナワクチン接種を促すメッセージとして、ワクチン接種が始まった頃には、利他的なメッセージが効果を持つかもしれない。しかし、利他的メッセージを繰り返していると効果は小さくなるだろう。それは、利他的メッセージで行動変容する人がすべてワクチン接種をしてしまったならば、もう利他的メッセージに反応する人は残っていないからだ。自分の健康のためというメッセージやワクチン接種を受けると旅行補助金や食事割引が利用可能だという金銭的インセンティブをつける必要が出てくる。つまり、同じナッジであっても、それを実施するタイミングや対象とする人によって効果がある場合もない場合も生じる。

　情報提供型のナッジの場合、多くの人にとってその情報を知らなかったことが行動変容のボトルネックになっていた場合には効果があるが、行動変容のボトルネックが別の部分にあった場合には、情報提供ナッジの効果がないのは当然である。ナッジを社会実装するには、どこにボトルネックがあるかを検証しながら進めていく必要がある。

3　科学的エビデンスと政策研究の乖離

　山村は、経済学のエビデンスを社会的に発信する際には、社会的文脈に依存した結果であることを注意すべきであるという主張をしている。確かに、研究成果を社会に発信する際には、このような注意が必要である。一方で、行動経済学が政策への処方箋を提供することを目的にしている以上、社会に発信して処方箋として使われることも重要である。その際、学術研究と政策現場で処方箋として必要とされている知見には違いがあることを研究者も政策担当者も理解すべきである。学術研究では、新規性が重要であり、研究は厳密である必要がある。誰もやっていない研究でそれまでの知見を変えるものでないと、学術雑誌には掲載されない。また、統計データを用いた推定には様々なバイアスがあり、正確な効果検証は難しいが、そうしたバイアスの可能性をきちんと検討しているかを徹底的にチェックしていないと学術論文にはならない。こうした手続きをきちんと踏んでいくと、研究成果が得られるまでに、かなりの時間がかかる。

　一方で、政策実務担当者が必要としているのは、政策が必要なタイミングまでに研究結果が間に合うかどうかという迅速性であり、厳密性よりも概数としての政策効果の大きさである。政策研究には新規性ではなく、その政策対象への応用に適しているものかという判断とその政策対象における効果の大きさが重要だ。学術研究が政策への貢献を目指す場合には、それぞれの必要性をお互いに理解して、研究を進めていく必要がある。従来の学術研究と政策研究のどちらが優れているというものではなく、補完的なものと理解すべきである[15]。

　学術研究においても、似たような研究であっても、何を明らかにしようとしているかという目的が異なることを理解しておくことが重要である。大竹他（2012）で行われた利他性に関する議論が参考になる。利他的行動は伝統的経済学、行動経済学、進化心理学、進化生物学で研究されているが、それぞれの学問分野で異なることを明らかにしようとしている。それを、このシ

[15)]　本書第 2 章で関連した議論が展開されている。

ンポジウムの登壇者である山岸俊男は至近因と究極因の違いと表現している。

　伝統的経済学では、利己的個人を前提としても暗黙の保険契約や繰り返しゲームの解として、互恵的行動や利他的行動が発生することを理論的・実証的に示している。つまり利他的行動の究極因を明らかにすることを目指している。一方、行動経済学は人々に利他性や互恵性などの社会的選好があることを前提にしている。利他的行動をする理由は、人々に利他性があるからだ、という至近因を基に説明するのである。

　進化心理学や進化生物学は、伝統的経済学と同様に究極因を分析している。例えば、進化心理学では、評判を高めることで個人の利得が高まるから利他的行動をするという説明をするのは、究極因が評判を通じた個人の利得向上であるという利己的動機に求める。同様に、進化生物学では、互恵的行動・利他的行動をとることで生存率が高まるという究極因で説明する。どちらがよいというものではなく、必要性に応じて使い分けるべきである。ある一定の条件の範囲内で議論する場合は、至近因で議論することは可能である。一方、環境や制度が変わったときに、究極因を理解しておけば、人々の行動が変わることを予測できる。

4　おわりに：政策研究からの学術貢献

　行動経済学が社会に大きく受け入れられたのは、それが政策の処方箋を提供してくれるからである。伝統的経済学では、合理的な個人を想定していたため、経済学者の処方箋は、市場が失敗する場合への対策に限られていた。環境問題のように負の外部性がある場合に、外部性を内部化するような税や補助金を使うことを政府に提言する。独占が発生している場合には、競争を促進するように独占禁止法を制定するように提言するといったことである。企業や家計は合理的に行動しているので、経済学者がアドバイスする余地はない。しかし、行動経済学は、人々の行動には様々なバイアスがあるので、合理的な行動に近づけるように政策介入の余地があると考える。そうして、政策介入の具体的な方法についての研究が行動経済学では急速に進んだ。政策的な必要性からの研究が学問の進展にも大きく影響を与える。労働経済学

では、従来は利己的な個人を前提にしていたが、人事管理、職業紹介、失業保険の実務での課題から参照点依存や贈与交換モデルを用いた研究が進んだ。マクロ経済学でも期待に働きかける政策の必要性から、物価の実態や家計の期待形成の実態についての研究が進んだ。寄附行動については、伝統的な経済学では節税対策としてしか検討されていなかったが、利他的動機の特性を分析するように変わってきた。政策への処方箋を目指す行動経済学は、政策現場の課題を分析対象にすることで、人間社会への理解をより深めて、今後も発展していくはずである。

リプライ

プレイヤーとしての行動経済学者

山村　英司

　本章の拙稿執筆の2週間後に、慶應義塾大学で日本経済学会が開催された。初日の終了後に本章討論者の大竹と会食することになった。向かったのは神保町にある隠れ家的なカレー屋である。席についてしばらくして、隣席の人に声をかけられた。大竹と親交がある新人類世代の計量経済学者A氏だった。

　「現代人」と「新人類」の違いについて、3人で意見交換することとなった。私は隣接分野の査読誌に投稿するときに感じる文化の違いを話題にした。変数間のスケールの違いを調整し、比較可能な推計結果を示すために、経済学者は変数を対数変換し弾力性を計算する。同じ目的のために、隣接分野では標準化係数という数値をコンピュータソフトに計算させる。この違いは隣接分野の研究者にとっては些末な問題かもしれないが、経済学者にとっては見過ごすことはできない。弾力性は計算のための手段であるばかりでなく、経済学の土台をつくる基礎概念でもあるのだ。統計的な手法を研究する分野の

A 氏の見解は興味深かった。「経済学は他の社会科学よりも先行していたはずが、大きな分野に飲み込まれようとしている。それがよいかは疑問である。」

　「適切」と思われる学際雑誌に投稿する際には、そのしきたりに従う必要がある。つまり、一時的に経済学者の常識を捨てなければならない。本書第 8 章では、経済史が経済学に吸収される危惧が表明されている。実は行動経済学も類似の危機に直面している。

　拙稿に対する大竹の応答は、近年の経済学や心理学からのナッジ批判等に触れつつ、行動経済学の未来を担う「現代人」への道筋を示している。大竹の議論は、いずれも説得的であった。ここでは、大竹が言及していない点について、触れてみたい。「新人類」は 2 つに分けることができる。①経済理論から出発し、その理論の検証のために経済実験を行うグループ。彼らは条件の影響を除去した上で普遍的な真理を探ろうとする。②実証研究を進めるうちに、分析のフレームの拡張を目指すようになったグループ。彼らは現実的な条件の違いによって、どの程度結果が変化するかに関心がある。

　私も大竹も、②のタイプに入るだろう。特に大竹はナッジの活用など、現実の政策への応用に強い関心を持ち、日本において主導的な役割を果たしてきた。その志向性は次の言葉に現れている。「一定の条件の範囲内で議論する場合は、至近因で議論することは可能である」（本章コメント第 2 節, p. 205）。同時に場当たり的な研究を続けることによる迷走を避けことにも、次のように注意を払っている。「一方、環境や制度が変わったときに、究極因を理解しておけば、人々の行動が変わることを予測できる」（本章コメント第 2 節, p.205）。究極因を理解することは研究現場における羅針盤となり、「現代人」が「終わりなき夏休みの昆虫採集」（第 1 章本論（澤田）第5.2項, p. 21, 注16）の隘路から抜け出す助けになるのだ。大竹は次のように野望を表明する。「政策的な必要性からの研究が学問の進展にも大きく影響を与える」（本章コメント第 4 節, p.205）。

　第 1 回石川賞受賞者で日本経済学会長なども歴任した大竹は最新の研究動向を把握すると同時に、経済学界を超えたあらゆる場でプレイヤーとして活躍している。大阪大学副学長、新型コロナウイルス感染症対策分科会委員、教養番組「オイコノミア」の講師役などなど。外界の多種多様な人物に触れ

ることにより研究アイデアが広がり、それを社会に還元していく。大竹のフットワークの軽さと情報発信の積極性は「蝶のように舞い、蜂のように刺す」と形容できる。

　行動経済学に対する社会的注目度は高い。行動経済学の研究成果を発表することで、間接的に多少なりともプレイヤーとして社会に関わってしまうのである。行動経済学者はプレイヤーとしての自覚を求められる時代となった。研究はクレバーに進めることが重要となる。冒頭のカレー屋でのエピソードのように、場合によっては他分野に取り込まれたかのように振る舞う必要もある[16]。一方で「限られた資源のもとで、より望ましい結果を目指す」という緩やかな経済学的な枠組みを堅持すれば、行動経済学者の独自性は失われまい。

　大竹の熟練技による簡単明瞭な文章。厳しい文字数制限のもと、意味ある内容を最大限に注入する行動は伝統的な経済学の枠組みの中で理解できる。大竹も私も「新人類」である。ある種のプロレス的予定調和は心地よい。しかし、若干の物足りなさを感じた読者もいただろう。世代交代が進むか否かの「新人類」vs「現代人」のせめぎあい。これがあると、読者はより楽しめたかもしれない。「現代人」がバラ色の未来に到るために、茨の道を歩むこともあるだろう。「新人類」は、彼／彼女らの予想を上回る手強い「現代人」の登場を待ち望んでいる。

●●●●●●●●●●●●●●●●●●● 「現代人」の登場 ●●●●●●●●●●●●●●●●●●●

　ワークショップにて、フロアで待機していた「現代人」山﨑潤一（第3章コメント執筆）から満を持して、以下のコメントが放たれた。

　　ナッジの中でも政府がお願いをするようなタイプの政策に関しては、通常の経済政策を取りうる状況なのかそうでないのかでメッセージの意味が異なるので、とある環境での結果が他の環境で再現できないのは自然ではないか。例えば、政府が通常の補助金政策が取れる状況にもかかわらずメッセージだけを送っていると、有権者は「口だけで手を動かさないということは、まだそんなに状況はひどくないはずだ」と解釈して、お願いを無視

することも考えられる。このように行動経済学的効果を伝統的なミクロ経済学の俎上に載せて整理解釈するような研究があれば、再現性の観点からも重要だろうし、ナッジの効果が実は他の政策の availability に依存するのであれば、政策担当者にとっても重要ではと思うが、該当するような文献はあるだろうか？　本論とは関係は薄めかもしれないが、どのようにお考えか？

山村からの応答は、以下の通りである。

このコメントと本論とは「非常に濃いめ」の関係にある。山﨑は実証経済学の手法を歴史分析に取り入れている。「現代人」世代に属する山﨑だが、標準的な経済学を踏まえたコメントである。したがって、本論で定義した行動経済学の「現代人」とは違って、山﨑は「新人類」の感性も兼ね備えている。

私が強調したいのは、まずは標準的な経済学の枠組みで考えること。場合によっては、この枠組みを拡張して分析した方が望ましい結果を得られることがある。このときに有用なのが、行動経済学的アプローチだ。

例えば、政府が通常の補助金政策が取れる状況で、その費用対効果が十分大きい場合を考える。ナッジメッセージのコストがほぼゼロでも効果がマイナスならば、補助金政策をとるべき。逆に言えば、ナッジメッセージの効果が、補助金効果よりも大きいときにだけナッジを使うことが望ましい。また、最近の税金とナッジの効果を分析したリストらの研究では、タバコ市場ではナッジの効果が大きく、エネルギー市場では税金の効果が大きい。またインフルエンザワクチンについては、2つの効果が同程度であるという（List et al. 2023）。個別の市場の特性を吟味することにより、伝統的経済学と行動経済学の知見を比較していくことを忘れてはならない。行動経済学の「現代人」には、このような重層的な思考が不足している。これが本論の核となる論点なのだ。

山﨑のコメントはさらに深淵な問題と関係する。「ナッジの効果が実は他

16）現代では多様な分野の研究者との共同研究が進んでおり、分業から得られる利益は大きい。隣接分野の査読誌への論文掲載を目指すなら、論文執筆は当該分野の共同研究者が担当するのが望ましい。そのためには、研究チーム内での異分野研究者との相互理解が重要である（本書第2章）。

の政策の availability に依存している」という点は、まさにその通り。先行研究は思い当たらないが、私が本論で「社会的文脈」と表現している中には、「政策の availability」も含まれる。「社会的文脈」を考えるとき問題になるのは、ナッジによってもたらされる「負の外部性」である。

　近年の行動経済学は、人々の異質性を考慮して、ナッジを用いることが重要視されている。例えば、「新人類」の依田高典が主著者である Ida et al.（2022）がある。この研究は節電をした人に対して金銭を与えることで、電力サービスを効率化できることを示している。伝統的経済学に基づく評価基準を用いて、政策効果を評価する。ポイントは、得られる情報に基づき人々を 3 グループに分けることだ。①強制的に金銭インセンティブを与えるグループ、②金銭インセンティブ付与の対象になるかどうかを本人に選択させるグループ、③金銭インセンティブを与えないグループ。金銭付与効果が高いと思われる人ほど、金銭的インセンティブ付与の対象にする。何をやっても効果が無い「ダメ人間」は③に分類されてしまう。論文自体は非常に洗練され完成度は高い。しかし、政策の介入効果が人によって違うという設定を参加者が知らないままに行った分析結果である。現実的に人によって金銭付与の特典の有無が異なることが周知されるとどうなるだろうか？　自分が政府から「ダメ人間」とお墨付きをもらい、何の特典も得られないことを知ったら、その人はどんな気持ちになるだろう？　おそらく、異なるグループの間で軋轢が高まり、思ってもみない惨事につながるであろう。

　無論、扱いの違いによってグループ間の軋轢が高まらない状況もある。学生街のラーメン屋に行けば、全く同じ質・量のラーメンでも学生には低価格で提供されている。映画館に行けば高齢者割引がある。このような状況では、特典を受けない人とそれ以外の人の間の軋轢はあまりないだろう。社会的文脈を考えることが大切なのだ。

　上記の「負の外部性」の発生は、文化や歴史によって形成される社会的文脈に依存する。そのために、政策効果が大きく変化することは以前から知られていた（Aghion et al. 2010；2011）。ただし、ナッジの外部性の有無や大きさは、事前にはわからぬ。行動経済学において、異質性を考慮したナッジを実装するためには、社会的文脈における「外部性」の可能性を検証する必要があるのだ。

引用文献

Aghion, Philippe, Yann Algan, and Pierre Cahuc（2011）"Civil Society and The State: The Interplay Between Cooperation and Minimum Wage Regulation," *Journal of the European Economic Association*, 9(1), pp.3-42.

Aghion, Philippe, Yann Algan, Pierre Cahuc, and Andrei Shleifer（2010）"Regulation and Distrust," *Quarterly Journal of Economics*, 125(3), pp.1015-1049.

Akerlof, George（2020）"Sins of Omission and the Practice of Economics," *Journal of Economic Literature*, 58(2), pp.405-418.

Brodeur, Abel, Nikolai Cook, and Anthony Heyes（2020）"Methods Matter: p-Hacking and Publication Bias in Causal Analysis in Economics," *American Economic Review*, 110(11), pp.3634-3660.

Dell, Melissa, Benjamin F. Jones, and Benjamin A. Olken（2014）"What do We Learn from the Weather? The New Climate-Economy Literature," *Journal of Economic Literature*, 52(3), pp.740-798.

DellaVigna, Stefano, and Elizabeth Linos（2022）"RCTs to Scale: Comprehensive Evidence from Two Nudge Units," *Econometrica*, 90(1), pp.81-116.

Easterlin, Richard A. (1974) "Does Economic Growth Improve the Human Lot? Some Empirical Evidence," *Nations and Households in Economic Growth*, pp.89-125.

Ida, Takanori, Takunori Ishihara, Koichiro Ito, Daido Kido, Toru Kitagawa, Shosei Sakaguchi, and Shusaku Sasaki, (2022) "Choosing Who Chooses: Selection-Driven Targeting in Energy Rebate Programs," NBER Working Papers 30469.

Laibson, David, and John A. List（2015）"Principles of (Behavioral) Economics," *American Economic Review*, 105(5), pp.385-390.

List, John, Matthias Rodemeier, Sutanuka Roy, and Gregory Sun（2023）"Judging Nudging: Toward an Understanding of the Welfare Effects of Nudges Versus Taxes," No.w31152, National Bureau of Economic Research.

Maier, Maximilian, František Bartoš, Tom D. Stanley, David R. Shanks, Adam J. Harris, and Eric-Jan Wagenmakers（2022）"No Evidence for Nudging after Adjusting for Publication Bias," *Proceedings of the National Academy of Sciences*, 119(31), e2200300119.

Mertens, Stephanie, Mario Herberz, Ulf J. Hahnel, amd Tobias Brosch（2022）"The Effectiveness of Nudging: A Meta-Analysis of Choice Architecture Interventions Across Behavioral Domains," *Proceedings of the National Academy of Sciences*, 119(1), e2107346118.

Park, Jisung（2022）"Hot Temperature and High-Stakes Performance," *Journal of Human Resources*, 57(2), pp.400-434.

Wang, Ke, Amit Goldenberg, Charles A. Dorison, Jeremy K. Miller, Andero Uusberg,

Jennifer S. Lerner, James J. Gross, … and Hannah Moshontz（2021）"A Multi-Country Test of Brief Reappraisal Interventions on Emotions during the COVID-19 Pandemic," *Nature Human Behaviour,* 5（8）, pp.1089-1110.

アリエリー、ダン、熊谷淳子訳（2013）『予想どおりに不合理――行動経済学が明かす「あなたがそれを選ぶわけ」』早川書房

大竹文雄（2017）「文系研究者は異種格闘技に慣れよ」『中央公論』131（2）、pp.70-75

大竹文雄（2019）『行動経済学の使い方』岩波書店

大竹文雄・亀坂安紀子・川越敏司・藤田和生・山岸俊男（2012）「行動経済学会第6回大会・第16回実験社会科学カンファレンス・合同大会合同パネルディスカッション『社会性と利他的行動』」『行動経済学』5、pp.103-117.

カーネマン、ダニエル（2014）、村井章子訳『ファスト＆スロー（上）あなたの意思はどのように決まるか?』早川書房

カーネマン、ダニエル（2019）「序文」、エルダー・シャフィール編、白岩祐子・荒川歩監訳『行動政策学ハンドブック』福村出版

神取道宏（2014）『ミクロ経済学の力』日本評論社

ドゥプケ、ティアス・ジリボッティ、フィブリツィオ、鹿田昌美訳（2020）『子育ての経済学――愛情・お金・育児スタイル』慶應義塾大学出版会

中室牧子（2015）『「学力」の経済学』ディスカヴァー・トゥエンティワン

樋口裕城（2021）「書評『絶望を希望に変える経済学――社会の重大問題をどう解決するか』」『行動経済学』14、pp.6-9.

バナジー、アビジット・デュフロ、エステル、村井章子訳（2020）『絶望を希望に変える経済学――社会の重大問題をどう解決するか』日本経済新聞出版

ハマーメッシュ、ダニエル、望月衛訳（2015）『美貌格差――生まれつき不平等の経済学』東洋経済新報社

ヘックマン、ジェームズ、古草秀子訳（2015）『幼児教育の経済学』東洋経済新報社

山口慎太郎（2021）『子育て支援の経済学』日本評論社

第 **8** 章

「飲み込まれる」経済史
経済学における経済史研究の存在意義

橋野　知子

1　はじめに

　今は昔、筆者が大学院生のときの話である。経済史が経済学の中で、どのように認識されているのかをたまたま思い知った出来事があった。修士論文の追いこみの頃の図書館で、あまりなじみのない同期の院生に尋ねられた。「橋野さんの専門は？」と。筆者は、修士論文のテーマや資料、現在進めている作業を彼女に至極丁寧に説明した。「あー、歴史ね。」という、ちょっと見下したニュアンスの反応を感じ取って、正直疑問に思った。また当時は院生の間で自らの専門を言うとき、理論・実証・歴史という括りしかなかったことにも、何となく違和感を持っていた。

　最近、その遠い記憶がにわかに蘇った。海外の Economic History と日本の経済史研究とは異なるものである、という記事を読んだからだ（有本2022, p.24）。日本の経済史研究は歴史学寄りであって「何が起きたのか」の記述に重きを置いており、北米を中心とする海外の Economic History とは異質であるという。経済学寄りの Economic History のゴールは、「なぜそれが起きたのか」の説明であり、因果関係を厳密に追及することが重視されている（同上）。何がなぜ起きたのかの両方を研究することにより「実証」しているつもりだったのは、筆者の長きにわたる思い過ごし、あるいは思い上がりだったのか。

　確かに、昨今の経済史の国際的なジャーナルに掲載されている論文を読む
と、経済学寄りであるのは事実である。例えば経済史の分野では、*Journal
of Economic History*（JEH）、*Explorations in Economic History*（EEH）、そし
て *Economic History Review*（EHR）が三大誌と呼ばれるが、そこには経済
学の一般的ジャーナルにでも掲載可能な論文が並んでいる。*Cliometrica*、
三大誌に迫る勢いの *European Review of Economic History*、ほかに *Austra-
lian Economic History Review*、*Scandinavian Economic History Review* なども
しかりである。

　温度差があるものの、多くの経済史系国際ジャーナルが経済学寄りになっ
てきているが、これはなぜだろう。そこで本稿では、経済史研究の世界的な
潮流を三大誌の傾向や特徴（2000、2010、2020年）を把握することにより検
討し、その問題点を探究する（第2節）。その背景のもとで、Cliometrics（ク
リオメトリクス）や Historical Economics といった分野が、いかに経済史と
「融合（integration）」してきたか、あるいは前者が後者を「飲み込もう
（merge）」としてきたのかを検討し、そのメリットとデメリットを考察する。
さらに、第2節で検討してきた三大誌における傾向ならびに新しい経済史と
日本における経済史研究とはどのようなギャップがあるのか、日本経済史研
究の歴史的潮流、そして国際誌において疑問を感じる論文を例として議論す
る。その打開策を考えるために、ハッピーなコラボレーションによって生み
出された意義ある研究に触れ、異分野とのクリエイティブな協働の重要性を
探る（第3節）。結論では、いくつかの著書を紹介しつつ、経済史研究の普
遍的重要性・存在理由を展望する。

2　経済史研究の世界的な潮流とその特徴：三大誌の近年の傾向の比較から

2.1　経済学と経済史？　経済学の経済史？

　20世紀の初めのアメリカでは、経済史家（economic historians）は、経済
学部と歴史学部との両方に所属していた。そのどちらの場合でも、トピック
や分析方法の面では変わりはなく、1890年代に創刊された *American Eco-
nomic Review*（AER）、*Journal of Political Economy*（JPE）、*Quarterly Jour-

nal of Economics（QJE）には「伝統的な」経済史の論文が掲載されていた。1920年代初頭、経済学における分析において数量的・数学的手法を使うことが中心になり、1933年に *Econometrica* はそのような研究を掲載する場として刊行された。経済学のディシプリンがフォーマルなモデルと数量的な推定手法に依るようになると、経済史は経済学の末席に後退したという（Margo 2018, p.385）。

　一方で、第二次大戦前に経済学部に所属していた経済史家は、経済学における歴史的エビデンスの有用性や歴史分析における経済学的手法の有用性を主張した。とりわけその重要な主張に呼応して、1920年には、NBER（National Bureau of Economic Research）が、変化するアメリカ経済の長期的変化を理解するために、確固たる統計的基礎を発達させる目的で創立されたのである。1941年には、Economic History Association が、American Historical Association と American Economic Association のベンチャーで作られた（同上）。戦後、成長の歴史的エビデンスを探るために、経済史は経済学から特定の知的関心を抱かれるようになった。1つは、Simon Kuznets が率いた NBER であり、国民会計の計測の拡大のためのインフラを発達させようとしていた。2つ目は、冷戦であり、開発途上国がソビエトの衛星国にならないよう、西側諸国に政策のアドバイスをする必要があった。そのために、長期的データに基づく経済史研究は重要であると考えられた。そして3つ目は Robert Solow の成長理論が戦後に普及し、経済史研究を大いに刺激したことにある。しかし、当時のアメリカの博士後期課程における経済史の講義は、きわめて伝統的で、発達しつつある経済理論とのリンクは見られなかったという（同上）。この点は、イギリスの中世を研究対象とする経済史家がひたすら一次史料に依拠し、「史料をして事実を語らしめる伝統的方法に固執し、理論や推論を好まない」、とイギリス経済史家の角山（1965, p.78）が1960年代のイギリス経済史学界の動向を考察したことを想起させる。加えて、「イギリスの伝統的経済史家は、一般に数字や統計の資料的検討はするが、数字の加工つまり数学的（あるいは統計学的：筆者注）処理には本能的嫌悪感を示」したという（角山 1970, p.83）。ここで、「数字や統計の資料的検討」という、数量的な分析の方法が伝統的に見られたことに注意しておきたい。

　実際のところ、1960年代のイギリス経済史研究では、①産業革命およびそ

の後の経済発展に関する関心の増大、②数量的・統計的方法による経済成長論への注目、③経営史研究が独自の分野を占めて台頭する[1]、といった傾向が見られた（角山 1965, pp.75-76）。現在でも産業革命とその後の経済発展という研究テーマに一定の関心が寄せられ、1980年代には統計的方法によって、それまでの研究に大きな変更を迫ることになるのは、周知のことであろう。なお、経済史分野における「統計的方法」による研究分野は、本来の経済史家ではない研究者——統計学者や経済学者——によって展開されるようになった（同上, p.78）。近代経済史を計量的に分析するという試みは、ここですでに芽生えていたのである。

2.2　三大誌の比較から その①：分析手法・地域・時期

　経済史の役割という問題意識から、Margo（2018）に依拠しつつ経済史研究の変化を論じた山本（2018）によると、経済史のトップジャーナルであるJEH に掲載された論文に計量経済学的手法が使われるようになったのは、1990年代に入ってからのことでありそれが半数以上に達した。一方、EEHでは1970年代に「急激に計量化」し、現在では AER や *Journal of Human Resources*（JHR）以上に計量経済学的なジャーナルになっているという（山本 2018, p.72）。それでは、より近年における経済史研究はどのような傾向にあるだろうか。そこで、近年 3 か年（2000年、2010年、2020年）についてJER、EER、そして EHR に掲載された論文を対象として、分析手法、分析された地域、ならびに分析時期の変化や傾向を検討する。

　表 8 - 1 は、三大誌における分析手法のあり方の30年間の変化を整理したものである。比較のために、論文数以外はすべて割合で示されている。ここ

1）ビジネス・ヒストリーをどのように位置付けるかは、各研究者の問題意識によって評価が異なる。Margo（2018, p.399；2021, p.14）は、歴史学部の経済史家の多くは、数量化革命（cliometric revolution）によって排除・軽蔑されたと感じ、Business History Congress などに自らの居場所を見つけていった、とやや冷淡に述べている。他方で、Haupert（2016, pp.14-15）は、クリオメトリクスの歴史を長期的に概観する中で、第一次大戦後に開花したビジネス・ヒストリーに一定の評価を与えている。なぜなら、企業活動やアントルプルヌールシップといった、経済発展に不可欠ながらも、他の分野がフォーカスしない重要なファクターをビジネス・ヒストリーは解明しようとしているからである。

表8‑1：三大誌における分析手法の内容と変化

(％)

	論文数	記述分析		回帰分析	回帰分析の詳細	
		図表なし	図表あり		個票利用	自然実験
EEH 2000	16	6.3	12.5	81.3	0.0	0.0
JEH 2000	33	6.1	36.4	57.6	6.1	0.0
EHR 2000	23	47.8	47.8	4.3	0.0	0.0
EEH 2010	32	3.1	46.9	50.0	6.3	0.0
JEH 2010	31	3.2	12.9	83.9	25.8	6.4
EHR 2010	36	11.1	75.0	13.9	0.0	0.0
EEH 2020	24	4.2	16.7	79.1	41.7	12.5
JEH 2020	31	0.0	16.1	83.9	51.6	9.7
EHR 2020	40	7.5	42.5	50.0	5.0	5.0

出所：筆者作成。

注：1）EEH：*Explorations in Economic History*、JEH：*Journal of Economic History*、EHR：*Economic History Review*。
　　2）EEH、JEH、EHR に2000年、2010年、2020年に掲載された論文を対象としている。
　　3）論文数以外は各ジャーナルの論文数に対する割合を示している。

から、興味深い傾向を見出すことができる。第一点は、一般に記述的分析が減少する傾向にあり、その代わりに回帰分析による研究が増えていることである。特に2000年の段階では、図表なしの記述分析が EHR の論文の47.8％を占めており、EEH と JEH でもわずかながらそのような分析の研究が存在した。また同年、図表のある記述分析は EHR の47.8％、JEH でも36.4％となっており、計量化が進んだとはいえども、回帰分析に依らない「伝統的」手法による実証研究も重要な位置を占めていた。その点で計量化の傾向が最も強かったのは EEH であり、回帰分析による実証研究が、すでに2000年の段階で81.3％と飛び抜けている。その傾向が大きく変わったことは、2020年の各誌の数字から確認できよう。JEH では記述分析の割合が大きく下がっており、一方で回帰分析に依拠した論文が83.9％となっている。EHR は、記述分析と回帰分析とが拮抗するようになっており、ゆっくりした変化かもしれないが、計量化の波が押し寄せていることは確かである。

　第二点として、回帰分析のあり方の変化が挙げられる。EEH と JEH では、ここ20年間で、個票の利用による分析の割合が4割〜5割と大きくなった。新たなデータの発掘によるデータの入手やビッグデータを扱うためのコンピ

ュータ技術の向上などが、その背後にあると考えられる。確かに、EEH や JEH の論文のアブストラクトを読んでいると、'original data'、'new data'、そして 'my own data' といった言葉によく出くわし、その論文のアドバンテージが強調されているが、その約半分くらいは個票データを意味している。2020年に回帰分析による研究が増えた EHR でも、'new and existing dataset'、'new series'、'new micro-dataset'、'a unique dataset'、そして 'new monthly data' といったアピールが、論文のアブストラクトで明らかに増加した。

　また、2020年には増えてはいるものの自然実験（natural experiment）はあまりないことが指摘できる。これは、データの入手可能性が限られていることによるものと思われるが、信頼性革命（credibility revolution）に影響を受けて、自然実験によって因果関係を突き止めようとする研究はほとんどないことを意味している[2]。いずれにせよ、計量的な分析によって経済的現象を説明することを目的とする研究の割合が増加していることは事実である。しかし、図表を駆使して問題を発見し説明するといった従来の実証方法も、重要な役割を担っていることがわかる[3]。

　次に、表8-2で分析対象国・地域の変化を見てみよう。例えば、EHR ではイギリスや他のヨーロッパの研究の割合が圧倒的に大きい点など、イギリスで出版されているというジャーナルの個性が現れているが、ここでも顕著な変化が見出だせる。第一点は、イギリスに関する研究が一定の割合を占めているものの、減少傾向にあることである。EHR ですら、20年間で7割から3割へと大きく割合を減らしている[4]。第二点は、アメリカに関する研究の割合もやや減少気味である一方で、イギリス以外の他のヨーロッパ諸地域

2）例えば Bernhofen and Brown（2004）は、日本の鎖国に着目することによって、開港の前後における比較優位の原理をテストしている。だが自然実験は徐々に増えており、JEH の最新号では、第二次大戦という外生的なショックを自然実験と捉え、軍需品需要の増大により生産にどのような影響があったのかを分析している（Lafond et al. 2022）。

3）よって、先述の有本（2022）による二分法は、強すぎると思われる。日本経済史の実証研究のあり方を重視している本人の意図とは関係なく、この二分法が独り歩きしないことを切に願う。

4）山本千映氏より、ここ10年ほどで英国史に関する論文が減少し、一方でイベリア、北欧、南欧、トルコ、インド、中国に関する論文が増えているというご教示を得た。

表8-2：三大誌における分析対象国・地域の変化

(%)

	論文数	イギリス	他の ヨーロッパ	アメリカ	アジア
EEH 2000	16	12.5	18.8	43.8	0.0
JEH 2000	33	12.1	24.2	45.5	6.1
EHR 2000	23	70.0	21.7	0.0	4.3
EEH 2010	32	15.6	40.6	9.4	18.8
JEH 2010	31	6.5	19.4	45.2	9.7
EHR 2010	36	41.7	38.9	8.3	0.0
EEH 2020	24	4.2	37.5	29.2	8.3
JEH 2020	31	6.5	32.3	41.9	9.7
EHR 2020	40	32.5	32.5	10.0	10.0

注：1）EEH：*Explorations in Economic History*、JEH：*Journal of Economic History*、EHR：*Economic History Review*。
　　2）EEH、JEH、EHR に2000年、2010年、2020年に掲載された論文を対象としている。
　　3）他の地域があるので和は100％にならない。

に関する研究の割合が増えていることである。これは、Kenneth Pomerantz による西洋と東洋を分かつた「大分岐」の提起以降、これまで周辺とみなされてきた地域への注目（「小分岐」の発見）や新たなデータの発掘や加工など、いくつかの理由が考えられる。第三点は、アジアに関する研究の割合が小さい点である。ただし、その割合は若干ではあるが増加傾向にあり、今後伸びていくものと思われる。その理由として、上述の「大分岐」論争やユーロ・セントリックな史観を排した「グローバル・エコノミック・ヒストリー」の構築など、アジアへの関心が高まっていることが挙げられよう（杉原 2020）。実際に2000年以降、EER、EEH、そして *Australian Economic History Review* などでアジア研究に関する特集号が刊行され、日本を含むアジア経済史研究の「深化」が見られる（橋野 2013, p.72）[5]。

　さらに、分析の対象とする時期にも大きな変化があるようだ。表8-3は、分析の対象とする時期を20世紀、18〜19世紀、それ以前の3つに分類し、その割合の変化を示している。ただし、時期がオーバーラップする場合は、両

5）なかでも Hashino and Saito（2004）は、日本経済史研究のうち特に産業史・産地研究に焦点を当て、その動向を海外に紹介している。

表8-3：三大誌における分析時期の分布

	論文数	20世紀	18〜19世紀	それ以前
EEH 2000	16	50.0	43.8	6.3
JEH 2000	33	42.4	72.7	12.1
EHR 2000	23	13.0	56.5	34.8
EEH 2010	32	71.9	62.5	15.6
JEH 2010	31	51.6	77.4	12.9
EHR 2010	36	27.8	33.3	38.9
EEH 2020	24	62.5	29.2	16.7
JEH 2020	31	71.0	51.6	9.7
EHR 2020	40	42.5	47.5	20.0

注：1）EEH：*Explorations in Economic History*、JEH：*Journal of Economic History*、EHR：*Economic History Review*。
　　2）EEH、JEH、EHR に2000年、2010年、2020年に掲載された論文を対象としている。
　　3）時期がオーバーラップしている場合は2つの時期に含めているので、和が100％超える場合がある。

方に含めていることに注意されたい。観察される変化の大きな点は、20世紀に関する研究の割合の増加傾向である。この点は、18〜19世紀やそれ以前の時期も一定割合を占めている EHR においても、はっきりと確認される。20世紀に関する研究の割合の増加は、回帰分析の手法の増加とは、無関係ではあるまい。同時に、個票の利用と回帰分析に耐えうるデータを利用しているという理由から、「現代」のしかも比較的短期の第二次大戦後の「歴史」研究になっている傾向がある。「それ以前」を対象とする論文の割合が減っているのは、この点と裏返しの関係になっているものと思われる。Angus Maddison に起源を持ち継承されている超長期 GDP 推計の国際比較等が着実に進展している一方で、計量分析が主流になった結果、長期のあるいは産業革命以前の歴史がないがしろにされることが望ましいかは疑問のあるところである。

2.3　三大誌の比較から その②：何を誰と？

　前項での大まかな把握をふまえ、次に、どのような分野が分析される傾向にあるかを見てみたい。表8-4は、*Journal of Economic Literature*（JEL）の classification（分類）に依拠して論文を分類したものである[6]。サンプル

表8 - 4：三大誌における論文の分野別（JEL による分類）の分布の変化

(%)

	論文数	Financial Markets and Institutions	Labor and Consumers, Demography, Education, Health, Welfare, Income, Wealth, Religion, and Philanthropy	Government, War, Law, International Relations, and Regulation	その他
EEH 2000	16	12.5	25.0	25.0	37.5
JEH 2000	33	30.3	33.3	15.2	21.2
EHR 2000	23	8.7	43.5	4.3	43.5
EEH 2010	32	12.5	31.3	12.5	43.8
JEH 2010	31	19.4	32.3	12.9	35.5
EHR 2010	36	13.9	25.0	11.1	50.0
EEH 2020	24	8.3	41.7	25.0	25.0
JEH 2020	31	19.4	38.7	19.4	22.6
EHR 2020	40	19.4	32.3	12.9	35.5

注：1）EEH：*Explorations in Economic History*、JEH：*Journal of Economic History*、EHR：*Economic History Review*。
　　2）EEH、JEH、EHR に2000年、2010年、2020年に掲載された論文を対象としている。
　　3）分類は *Journal of Economic Literature*（JEL）の大分類にしたがった。

規模の問題もあるが、明確な傾向の変化というよりも、様々な分野における研究が蓄積されている、という印象が正直なところである。金融はやや割合が少ないが、特に増加傾向にあるのが、Labor and Consumers（労働と消費者）で始まるカテゴリーである。ここには労働・消費・人口・教育などが含まれ、相対的に計量的に分析しやすい分野であるだけでなく、移民や人的資本などポピュラーで根強いテーマが含まれている。また、Government, War, Law（政府、戦争、法律）のカテゴリーも政策の効果や戦争による規制などの研究が、一定の割合を占めている。これらに含まれていない「その他」のカテゴリーの研究の割合が多いというのも、最近の特徴と言えよう。

　このように従来、経済史家が関心を持ち研究対象としてきた成長や発展だけでなく、様々なテーマが選択されるようになってきている。実はこの傾向

6）表8-4の3つの分類は、JEL の N2（Financial Market and Institutions）、N3（Labor and Consumers, Demography, Education, Health, Welfare, Income, Wealth, Religion, and Philanthropy）、そして N4（Government, War, Law, International Relations, and Regulation）に対応している。

表 8 - 5 ：三大誌における論文の著者数の変化

	論文数	単著	2 名	3 名以上
EEH 2000	16	62.5	37.5	0.0
JEH 2000	33	57.6	42.4	0.0
EHR 2000	23	82.6	17.4	0.0
EEH 2010	32	50.0	37.5	12.5
JEH 2010	31	51.6	35.5	12.9
EHR 2010	36	69.4	25.0	5.6
EEH 2020	24	45.8	25.0	29.2
JEH 2020	31	22.6	54.8	22.6
EHR 2020	40	47.5	45.0	7.5

注： 1 ）EEH：*Explorations in Economic History*、JEH：*Journal of Economic History*、EHR：*Economic History Review*。
　　 2 ）EEH、JEH、EHR に2000年、2010年、2020年に掲載された論文を対象としている。論文数以外の数字は％である。

は、すでに20世紀の最後の四半世紀に始まっていた。1960年から2000年まで10年ごとに JEH に占める25分野の論文のページ数の割合を調べた Whaples (2002) によると、'Economic growth（経済成長）' は、1961-70年に13.6％と25分野のトップであったが、1971-80年には7.1％と低下し、それ以降は 5 ％未満となっている。一方で、'Labor and migration（労働と移民）' が20世紀の終わりには、15.4％と、1960年代の4.9％から割合を大きく伸ばしている（Whaples 2002, p.524）[7]。

　次に表 8 - 5 は、論文の著者数の変化を表している。いずれのジャーナルにおいても、2000年においては単著の割合が圧倒的に大きかった。それが2020年においては、いずれのジャーナルも単著の割合が著しく減っている。その一方で、共著者と論文を書くスタイルが増えてきている。2000年には、著者 2 名というのは EEH と JEH では約 4 割だったが、 3 人以上の著者の論文は 3 つのジャーナルで皆無であった。しかし、2020年には、 2 名あるいは 3 名以上で論文を書くというスタイルは、 3 つのジャーナルでも半分を越えており、明らかに傾向が変わってきている。その理由として、得意分野の異

---

7 ）JEL のサブカテゴリーに従って、1941-1990年までの JEH の論文のページ数の割合を計算した Whaples （1991）でも、同じような結果が得られている。

なる研究者がお互いのアドバンテージを活かしてのコラボレーションが増え
ているからではないかと推測される。これは、第 3 章本論（大塚・樋口・鈴
木）第 2 節が、経済史以外の分野に指摘していることと符合する。換言すれ
ば、2 人以上の研究者が共同研究することによって、かつての経済史と異な
る分析対象・分析時期・分析手法という近年の研究動向の変化が反映されて
いるものと思われる。そこで、ジャーナルに掲載された論文を通じてここま
で観察してきた変化が、経済史研究の流れとどのような関係にあるのか、節
を改めて考えてみよう。

3　経済学に飲み込まれる経済史？

3.1　Economic History は Historical Economics に 'merge' されるか

　2015年、Economic History Association 創立ならびに JEL 刊行75周年を記
念したセッションにおいて設けられた、JEL ならびに EEH のエディターた
ち（歴代のエディターから就任予定者を含む 4 名）によるパネル「経済史の
未来（The Future of Economic History）」が開催された。Ran Abramitzky
(2015, p.1249) は、次のように述べている。「経済史は繁栄し続けるだろう。
それが、経済学の中で小さなフィールドであり続けたとしても。データ収集
がますます簡単になり、デジタル化も進み、一般の経済学者は過去について
経済学を使って学ぶための自然実験として使うことが多くなるだろう。経済
史は、経済学に統合され続ける（staying integrated with economics）ことで、
たくさん得るものがあり、それほど失うものはないだろう。たとえ、私たち
がそうであるように、これからの経済学者が過去それ自体に興味がないとし
ても（筆者訳）」と。JEH や EEH への投稿者に経済学者が多いことは感じ
ていたが、このように高らかに「過去それ自体に興味がない」けれど、経済
史を研究対象とするというのは、経済史家にとっては受け入れるのがなかな
か難しい言葉である。

　彼はこの文章のあとに、経済史家の Joel Mokyr の言葉を引用している。
すなわち、「経済史は通りの多い交差点（busy intersection）にあって、社会
科学者、経済学者、政治経済学者、社会学者、人類学者、人口学者、そして

経済史家が行き交う場所なのだ」という言葉だ（同上，筆者訳）。これはい
みじくも、John Hicks の『経済史の理論』における「経済史の一つの大き
な役割は、経済学者、政治学者、法律学者、社会学者および歴史家———一般
史家、思想史家、技術史家———が一堂に会して互いに話し合える公開討論の
場を作り上げること」という理念を想起させる（ヒックス 1995, p.12）。先
の Abramitzky の考え方とは、真逆ではないだろうか。

　従来の経済史における実証研究のあり方を大きく変えたのは、数量化革命
（cliometric revolution）である。クリオメトリクス（cliometrics）の特徴は、
経済史研究に経済学の理論と数量的・計量的な手法とを適用することにある
（Haupert 2016, p.5）。それは従来のナラティブな歴史から、数学的なフォー
マットへの転換だった。すでに前項の①で述べたように、この傾向は特に第
二次大戦後のアメリカで顕著に進んだ。そして今は、ヒストリカル・エコノ
ミクス（historical economics）という研究分野が登場している。Bisin and
Federico（2021）によれば、クリオメトリクスは「歴史によって経済学を捕
捉すること（acquisition of economics by history）」だったが、ヒストリカル・
エコノミクスは「歴史を捕捉すること（acquiring history）」であり、前者が
知識獲得のために過去の経済を研究したのに対し、後者は現在の経済状況に
ついての諸問題に応えるために過去を探るものだとしている。ヒストリカ
ル・エコノミクスは、第 1 章本論（澤田）で議論している回帰不連続デザイ
ン（regression discontinuity design：RDD）、操作変数法（instrumental vari-
ables estimation：IV）、歴史的自然実験の導入を通じ、方法論的にも見事に
革新的なフィールドであるという（Bisin and Federico 2021, pp.15-27）。ヒ
ストリカル・エコノミクスは、経済史とはリサーチクエスチョン、統計的方
法とりわけ因果推論とモデルの構築の面で大きく異なるが、経済史家とヒス
トリカル・エコノミクスとの共同研究は、学問上極めて重要であるとしてい
る。そしてヒストリカル・エコノミクスが勝つための明白な戦略は、経済学
者、政治経済学者、経済史家と一緒に学問の merger を図ることにあるとい
う（同上）。はたして、この学問的な動きは今後どのように展開・波及して
いくのだろうか。そこで次項では、このような学問的な動きと日本における
経済史研究の潮流との関係を検討してみたい。

3.2　日本における経済史研究と世界的な潮流

　上記のような世界的な潮流の中で、日本における経済史研究はどのように進展してきたのだろうか。日本の経済史・社会経済史研究の成立と進展については、Saito（2016；2017）、山本（2018）、中村他（2021）が詳しい。経済学説史としても興味深いものの網羅的な歴史をここで紹介することはできないが、日本の経済史学は、歴史学と経済学の境界領域に位置しており、それぞれの経済史家は現実にはそのどちらかに軸足を定めて、もう一方を「勉強」しながら研究を進めている（中村他 2021, p.27）。依拠してきた経済理論は、ドイツ歴史学派、マルクス経済学、新古典派経済学であった。1989年のベルリンの壁崩壊以降に、マルクス経済学の影響が急速に色あせる中で、日本の経済史研究の経済理論離れ・歴史学的色彩の強化が進むようになった一方、比較制度分析や組織の経済学の導入が進み、経済学と経済史学との相互作用が復活し始めた（同上、p.34）。

　日本の経済史学界における「数量化」（本稿では「計量化」と呼んできた）の度合いを、EHRと日本の代表的な経済史のジャーナルの1つである『社会経済史学』の掲載論文の比較[8]によって検討した山本（2018）によると、JERやEEHよりはるかに「数量化」の度合いが低いEHRよりも、『社会経済史学』のそれは「衝撃的」なほど低いものだった（山本2018, pp.72-73）。すなわち、2013～17年において計量分析を用いた論文の割合がEHRは46.9％だったのに対して、2013～18年の『社会経済史学』の場合は4.4％にすぎなかったという（同上）。より昨今の『社会経済史学』を見ると分析手法の多様化がやや進んできた印象を受けるが、それでも本稿の表8-1で検討したような欧米の傾向と比較すると、計量化の影響はほとんど届いていないように見える。

　しかしながら、Saito（2016）が第二次大戦後の日本の経済史学界に起こった変化の1つとして挙げているように、1960年代の後半、経済史・社会史の分野で「数量化の静かな革命（a quiet revolution in quantification）」が進んだ。速水融による徳川期の宗門人別帳を使った人口学研究がその1つであり、家

8）山本（2018, p.72）の表2を参照。山本は、EHR（2013-2017年）の213本、『社会経済史学』（2013-2018年）の113本を対象に、計量分析を用いた論文の割合を計算している。

族復元法や他の洗練された手法を初めて日本に紹介し、彼の徳川期日本についての数量的情報は研究者たちにとって新鮮なものだった（Saito 2016, p. 202）。速水と彼に関係する経済史家・経済学者たちは、大学横断的な研究組織として QEH グループ（Quantitative Economic History Group：数量経済史研究会）を立ち上げた。そこには、一橋大学経済研究所で、明治以降の「長期経済統計」を整備していた経済学者たちも参加していった。彼らは、経済発展が長期的な経済現象であるという歴史的認識に基づき、「長期経済統計」で整備したデータを利用した数量的な経済史研究を展開し、それが一橋大学経済研究所における 1 つの伝統となっていった。内外を問わず、日本経済史研究者の多くが、『長期経済統計』全14巻（大川他編 1965〜1988）の恩恵を受けている。

　QEH グループの活動は、1990年代には『日本経済史』（第 8 巻）（梅村他 1988〜1990）として、その成果が結実した（Saito, 同上）。近年刊行された深尾京司・中村尚史・中林真幸編『岩波講座日本経済の歴史』（全 6 巻）はその新シリーズであるが、そこでは『日本経済史』以降の計量経済学におけるアップデートが取り入れられ、制度の経済学に基づく歴史解釈や計量経済学の手法への傾倒など、計量経済史の特色が強い（中村他 2021, pp.40-41）。編者たちの意図は、計量分析に耐えうるデータ、あるいは加工統計によってデータの推計が可能であるならば、社会科学の他分野のためにも計量分析の手法を積極的に用いるべきであるという点にある（同上, p.41）。実際に、『岩波講座 日本経済の歴史』には、歴史家、経済史家だけでなく経済学者も含まれており、史料・資料に基づく丁寧な実証の伝統を大切にしつつ、経済史が経済学と対話する試みと受け止めることができよう。

3.3　海外における日本経済史の研究から学ぶこと

　日本は途上国の時代から、史料・データの整備が進んでおり、特に官公庁による数量データの多くは、現在ではウェブ上でアクセス可能なものも多い。つまり、「参入障壁が低い」（公文 2020）のである[9]。よって、海外の研究

9）『経済セミナー』でのインタビュー記事、「この人を訪ねて Vol.18」による。本章参考文献、あるいは、https://www.web-nippyo.jp/17199/ を参照（2023年 4 月15日閲覧）。

者が日本経済史に関する論文を英文のジャーナルに投稿し、掲載されるケースも増えている。そこでの1つの問題点は、日本において蓄積されてきた日本経済史研究を彼（女）らが十分に吸収していないこと、すなわち彼（女）らとの学問的交流が十分に展開されていないということにある。これには、日本経済史研究者の海外発信の不足という問題もあろう。筆者が疑問を持った論文のすべてを紹介することは不可能であるため、典型的と思われるものを挙げて問題提起としたい。

John Tang は、日本経済史に関するジャーナル論文を積極的に書いている研究者である。「鉄道の延長と工業化：明治日本からのエビデンス（Railroad expansion and industrialization: Evidence from Meiji Japan）」と題した彼の論文は、2014年に JEH に掲載されている（Tang 2014）。彼がこの論文で明らかにしたいことは、鉄道の敷設あるいは延長による工業化への影響である。彼によると、日本では鉄道が経済発展に与えた影響について、アネクドータルな記述がたくさんあるが、日本の鉄道史家たちは、鉄道が経済に与えた影響について統計的あるいは経済学的な推計をするのを「意図的に避けてきた（eschewed）」という（Tang 2014, p.869）。そこで彼は、差の差分析（difference-in-differences：DID）の手法を使って、鉄道へのアクセスが企業の資本に正のインパクトを与えたこと、そしてこの資本は生産規模と将来の生産性に相関しているから、この結果は輸送の改善が拡大する市場を目指して生産を拡大したことや企業規模に関する他の研究における知見とも一致すると結論付けている。

なぜ日本の鉄道史家が多くの研究蓄積があるにもかかわらず、上記の影響を統計的に推計しないのか。その最大の理由は、輸送と工業化が明確な一方向の関係で示されるものではないと考えたことによる。Tang（2014）では、双方向の関係が計算上でないように制御されてはいるものの[10]、彼の想定の逆の因果関係も多々あった。その一例を挙げよう。栃木県の足利、佐野、群馬県の桐生（これらは両毛地域と呼ばれる）は、明治以前から有数の織物産地だった。従来、舟運や陸路に頼ってきたが、幕末開港後は生糸や絹織物な

---

10) 山﨑潤一氏より、分析上のご教示を受けた。なお、山﨑氏は Tang（2014）における鉄道敷設のルートチョイスの問題をより厳密に設定し分析している。
https://papers.ssrn.com/sol3/papers.cfm?abstract_id =2961609（2023年4月15日閲覧）。

どの輸出品の需要が大きくなった。1886（明治18）年に日本鉄道第二区線（大宮－宇都宮間）が開通すると、小山と第一区線（上野－高崎間）の前橋との間に鉄道を敷設し、両毛地域と東京・横浜との鉄道網を確立しようという動きが、地元の有志たちによって現れた（鈴木他 1998, pp.445-446）。しかし、両毛の機業家の財力だけでは困難を極め、同年、浅野総一郎、安田善次郎、田口卯吉をはじめ足利の織物買継商らや足利銀行の創始者・荻野佐太郎ら17名が発起人となり、両毛鉄道会社の創立への動きが見られ、1889（明治22）年には小山－前橋間が全通し、東京・横浜へとつながった（同上, p.447）。この両毛線は、鉄道敷設において政府の力を借りずに、民間の事業として線路の敷設を遂げた嚆矢だという（荒川 1902, p.232）。このエピソードは、すでに発展している地域がさらなる発展を目指し、またその発展に着目する投資家が存在したことを示すものである。Tang（2014）はバイアスを除いた推計には成功しているが、日本の実証経済史学が大切にしてきたのは、双方向の作用が多分に見られたという歴史的事実だった[11]。

　Ayuso-Díaz and Tena-Junguito（2020）は、戦間期の日本の輸出の成長に着目した研究である。戦間期、規模の経済性の実現や一単位当たりのコストを下げようとする重工業の利益のために、より広いマーケットの獲得が重要だったとする先行研究に対し、数量的なエビデンスが示されていないと主張する。帝国ブロック（imperial bloc）の方が、従来の貿易コストの削減や生産性の改善よりも、日本の輸出拡大の推進力となったという仮説を立て、それを計量的に証明しようとする意欲的な論文とも言える。しかし計量分析の前に図表が示されていく過程で、日本の重要輸出品であった生糸が一次産品に分類され、工業製品から除外されている。その理由の大きなものは、生糸が機械生産によらない（hand-made）であることによるという（Ayuso-Díaz and Tena-Junguito 2020, p.821, footnote 21）。これは、戦前日本の製糸

11）この点については、中村尚史氏のご教示を得た。なお彼によれば、明治期の鉄道の発展において重要な要素として、旅客収入があった。主な旅客は商人であったから、鉄道が商業活動を活発化させた可能性はあるという。一方で、鉄道敷設と経済発展との関係において、$X \to Y$ ならびに $X \leftarrow Y$ の関係を明確に分ける分析方法があるので、それを積極的に活用すべきというのが、ヒストリカル・エコノミクスの立場である（山﨑潤一氏による）。

業の機械化や技術発展の歴史を辿ると、首をかしげざるを得ない（内田 1960）。加えて、輸出された工業製品を低度な熟練、中程度の熟練、高度な熟練（low-skilled, medium-skilled, high-skilled）によるものに分類し、低度の熟練を必要とする製品が後退する一方で高度な熟練による製品の割合が増えていくと述べられている。ウェブサイトで公開されている Supporting information の Appendix S3の表 7 "Skill intensity ranking" によると、「撚糸（silk thrown）」は 4 番目に高いスキルとなっている。比較的高いスキルでかつ生産の機械化が進んだ製品を一次産品として分析の対象から外すことは、生糸が1930年代初めまで日本の輸出額の約 3 割を占めたことを軽視している。計量的に高度な分析に入る前に、戦間期の輸出の成長や工業化のベースにある経済構造を正確に把握し、そのことを十分に配慮しなければならないはずである。

　筆者が上記の例を通して問題だと考えることは、日本における経済史研究の蓄積から得られた知見と国際ジャーナルに掲載される論文が描く日本経済史像との乖離である。この状況が続くと、英語の世界における新たな架空の日本経済史が形成されていくことになる。ちなみに Ayuso-Díaz and Tena-Junguito（2020）では、日本語で書かれた日本経済史研究の文献が 1 つも引用されていない。このことが、彼らの歴史認識あるいは本書第 3 章で議論された「実態認識」の甘さとつながっているのではないだろうか。筆者の懸念は、我々から見ると間違っている内容を含む論文がジャーナルに掲載され、それが引用されることを繰り返しているうちに、いつのまにか海の向こうで新たな「史実」が作られていってしまうことにある。筆者は日本経済史研究者として、この点は耐えがたい。さらに、研究史において重要か否かではなく、計量的に分析できてジャーナルに掲載されやすいテーマが選ばれる結果、データが存在する、あるいは 'my original data' を作ることができる分野のみが研究される可能性もある。そうすると、これまでの経済史研究の文脈とは無関係に、いわば虫食い状態で研究が進められることになってしまう。第 4 章本論（川口）第 5 節では、実証論文の質の向上のための 1 つの方法として、「自身の研究成果を先行研究の文脈に置くこと」（p.115）が指摘されているが、その逆である。経済史という分野のアドバンテージは、長期的なスパンでの変化を捉え、1 つ 1 つの史実を相対化し、歴史像を形成し、他の経

済学の分野にその成果を提供できるところにあるのだ。

　ここまでの議論を通じて筆者が読者に伝えたいのは、日本の経済史研究者が世界的に高い実証水準の研究をしてきたことを実際に世界に示すことが重要だという一言に尽きる。日本は歴史的データの蓄積が豊富であり、資料を十分に吟味した上で我々は分析にとりかかる。また日本は、グローバル・エコノミック・ヒストリーの興隆もあって大変注目されている。よって実は今、我々には追い風が吹いている。この風に乗らなければ、経済史は Historical Economics に飲み込まれ、そのことすら知らないままで、ドメスティックな研究のみを続ける道しか残されていない。

　やや悲観的な議論が続いてしまったが、現在のような逆境の中で、明るい兆しもある。明治・大正期の日本における綿紡績産業のデータを利用した国際共同研究は、インター・ディシプリナリーなコラボレーションの成功の事例である（Braguinsky et al. 2021）。彼らは、これまで既存研究で検討されてこなかった製品の違いに着目し、製品のポートフォリオと企業の成長に関して丹念な研究を進めた。ここで利用した主なデータは、大日本紡績連合会が毎月発行していた『大日本紡績聯合會月報』であり、それには各紡績会社の番手ごとの生産量が毎月記録として残されているという、世界にも稀にみる資料である。

　しかし重要な点は、この資料を単に計量分析するのではなく、新しいすなわち当時のテクノロジー・フロンティアの外にある製品の生産を検討するに際して、企業の異質性に注目し人材と紡績機の情報も収集していることである。すなわち前者については、技術者や取締役の属性を追い、後者については、既存の紡績機の種類や錘数を調べるだけでなく、イギリスのプレストンのアーカイブにある、紡績機の注文票の情報も利用している。そのことによって、各時点における各紡績企業の紡績機の保有状態がわかるという。結論として、成長する紡績企業は、高度な製品を手掛けることによってテクノロジー・フロンティアを拡大し、そのことにより生産に関するノウハウや人的資本が蓄積された一方、その蓄積がテクノロジー・フロンティア内の製品を生産するときに企業としての優位性となり、企業成長を促したとしている。共著者の一人である大山（2022）によると、計量分析をした際、現実に即した結果になっているか、別の資料と突き合わせて結果をチェックするなどと

いった、様々な工夫がなされている点が述べられ興味深い（大山 2022, p.45）。
4 人の共著者のアドバンテージを活かして、重要な産業を対象として研究テーマを掘り下げ、新しい知見を見出す。このような日本の職人芸を活かしたような共同研究が、もっと増えてほしいと筆者は考える。

4　おわりに：これからの展望

　これまで見たように、三大誌を中心に計量的分析による経済史研究が進んでいるが、比較的そうでないジャーナルもある。個人的な経験でいうと、三大誌でも「すでに仮説は証明されているから、この回帰分析を取った方がいい」という査読コメントをもらったこともある（Hashino and Otsuka 2013）。また、資料的な制約により計量的な分析が無理であるため、相関や変数間の関係が解明できる資料で実証を試みた Hashino and Otsuka（2020）は、査読とリバイズを重ねるごとに、新たな資料が集まり、真実に近づきつつある手ごたえがあった。はるか昔、大学院のゼミで、「数量データがないから分析できない」という院生のため息に対して、「言葉でも実証できる」と一蹴された尾高煌之助先生の言葉が蘇る。回帰分析に耐えうるデータがなくても、多様な資料を集め、事実の確定や記述分析を進め、経済理論に基づいて丁寧な実証をこつこつと積み上げるのが、日本の経済史学の強みであった。この方法は、筆者は今でも国際的にも通用すると思っている。

　業績評価にジャーナル論文が重視される経済学ではあるが、それは世界的な公共財を作る大切な営みである。しかし経済史にはジャーナル論文と同時に、ほかにも重要な役割がある。1 本の論文で言えることはきわめて限られているから、それを蓄積して歴史像を形成して本を出版し後世に残すことも大切である。その点で尊敬すべきは、Janet Hunter（2003）*Women and the Labour Market in Japan's Industrialising Economy: The Textile Industry before the Pacific War* である。女工・工女が農村出身であるという共通点に着目し、日本の繊維産業史をジェンダーや技術の点から明らかにした労作である。製糸業・紡績業・織物業を同時に分析対象とする研究者が少ない中で、本人曰く「日本人研究者とは違う視点で勝負した」研究である。翻訳出版の話が持

ち上がったとき、声をかけてもらえて大変光栄だった。また、技術史研究の中岡哲郎や綿業史研究の阿部武司が、イギリスの Douglas Farnie、David Jeremy、John Wilson たちと進めた大阪とランカシャーとの比較経済史の国際的研究 *Region and Strategy in Britain and Japan: Business in Lancashire and Kansai 1890-1990*（Abe et al. 1999）は、様々な角度から両国の紡績業とそれを取り巻く環境を比較した、双方の「専門家」集団による重厚な知の結集であり、大きな国際貢献である。

　上で挙げた著作は、長期の経済史を描いている。経済史は、50年や100年、いやそれ以上の長いスパンで何がどのように起こったのかを考えることができる分野であり、そのことが普遍的課題でもあり存在意義なのだ。また、第4章リプライ（川口）で述べられていたように、信頼性革命により、因果関係の識別のために制度や歴史への知識の重要性が増し、そのことが実証経済学を数理科学から社会科学へ戻すきっかけになったという。これは、経済史研究の重要性を裏付ける言葉でもある。

　経済史を飲み込もうという「黒船」に対して、どのように対応するかは1人1人の研究者のスタンスに依存している。ジャーナル投稿のノウハウといったいわゆる小手先の問題や経験談の披露を学会で繰り返すのではなく、海外の経済史の潮流に対してより根源的にどのように考えるか、本章が日本経済史研究の変革のきっかけになることを強く願う。

■謝辞

『次世代の実証経済学』ワークショップでは、編者をはじめ参加者から貴重なコメントをいただいた。記して感謝したい。また、山本千映氏、中村尚史氏、中林真幸氏からは、分析・草稿の段階でありがたいアドバイスを頂戴した。山﨑潤一氏のおかげで、本稿で対象とした論文の分析方法に関する理解が深まった。本章のリバイズの段階で、「経済史研究会」（於・東京大学、2022年11月8日）で報告の機会を得、経済史家の方々からファンダメンタルなコメントをたくさんいただいたことにも感謝する。なお、本稿は科研費（挑戦的萌芽、21K18432）の成果の一部である。

コメント

経済史と実証経済学
近くて遠い隣人から自立した友人関係へ

斎藤 修

1　はじめに

　日本の大学において経済史の研究と教育は、戦前以来ずっと経済学部の中で行われてきた。これは世界でもかなり珍しいと言ってよい。イギリスや大陸ヨーロッパではいまでも歴史学部の一部であり、アメリカにおいても経済史教育がもっぱら経済学部でなされるようになったのは戦後しばらくしてからだったからである。しかし、経済史の研究教育をめぐる日本の仕組みが経済学との関係を良好かつ緊密にしたわけではなく、永いこと近くて遠い隣人にすぎなかったのもまた事実である。確かに1970年代以降、大学横断的な数量経済史研究会が発足してから流れが変わり[12]、近年では、日本を対象とした研究論文を海外の経済史ジャーナルへ投稿する人が徐々に増えつつあるけれども、経済学との相互交流、分析の計量化の水準では、橋野報告が明らかにしたように、今でも欧米諸国と比べて見劣りするのが実状である。

　橋野知子による本章本論は、経済史系の国際ジャーナルがはっきりと経済学寄りとなり、かつ計量化が顕著になってきている現実を踏まえ、日本における研究の現状を念頭に論点を整理し、経済史研究の存在理由を問うものである。私もこの姿勢に共感し、同氏の考えを基本的に支持する。したがって以下に述べる若干のコメントは、言い足りないと思われるところを補い、かつ主張の趣意をより鮮明とするための論評にすぎない。

---

12) 本章本論で言及されている QEH グループである（p.226）。私も1970年代末にメンバーに加わった。

2　経済学化と計量化

　経済学の理論やモデルを援用するという意味での経済学化と、計量的手法による資料の分析とは同じことではないが、このコメントでは両者が明示的に区別されて論じられているわけでは必ずしもない。

　欧米における経済史を見ると、伝統的に産業レベルの研究が多かった中で、戦後の早い時期になされた Kuznets の仕事、それに呼応して行われた英国国民所得推計、さらにはそれへの批判と新たな産業革命解釈が、近代経済史研究におけるマクロ経済学の存在感を高めた[13]。それに続き、紀元元年以降における世界の１人当たり GDP を推計し、二千年における経済成長の軌跡を描きだそうという Angus Maddison（マディソン 2004）の壮大な試みは、産業革命以前における経済史研究にも同様のインパクトを与えた。この一連の動きによって、マクロ経済学的な概念と発想法は欧米における経済史家の言語の中に居場所をしっかり確保したと言えよう。

　ただ、注意しなければならないのは、それが計量経済学的な手法、とりわけ回帰分析を駆使したデータ分析の盛行に直結したわけではなかった点である。国民所得論は基本的に恒等式の体系である。そこから生産要素や技術革新の成長への寄与を分析するところの、成長会計による分析も、寄与率の推計自体は基本的に算術的な計算ですむ話だからである。

　これとは異なり、計量化の導入には回帰分析の適用が可能なデータベースが利用可能となる必要がある。政府統計に依存する割合が相対的に少ない経済史研究では、家計や企業のデータに接する機会はないわけではないが、理論仮説に対応する説明変数と被説明変数をそろえたり、多変量解析が要請するところのサンプルサイズを確保したりするのは、最近までは必ずしも容易ではなかった。自分の研究対象である歴史現象について、ミクロ経済理論に立脚した、あるいは産業経済学的ないしは比較制度分析的な作業仮説を持っていたとしても、それを計量経済学的な検定にかけるためのデータが存在し

---

13)　18世紀後半にイングランドで起きた産業革命の解釈がどう変わってきたかについては、斎藤（2022）を参照。

ない場合が少なくなかった。しかも1980年頃までは、説明したい事項がゼロか1のような値を取る質的な変数（バイナリ変数）の場合、適当な計量的方法が実証経済学者の道具箱にはなかったのである[14]。

　しかし、80年代からの40年間における計量分析手法の進展は目覚ましく、バイナリな被説明変数の回帰分析も普及し、それがやがて経済史分野まで影響力を発揮するようになった。それが欧米において特に顕著であったのは、1つには、それら諸国で政府文書および統計個票の保存と公開に関する制度整備が進んだことを忘れることができないであろう。

　こう見てくると、日本の経済史が経済学部に籍を置きながら、計量分析を駆使した経済学的な分析が「遅れている」理由の一端は、一方では現代の経済理論では説明できない時代の研究こそが経済史の存在理由という、ドイツ歴史学派以来の誤った観念の払拭が遅れたからであろうが、それと同時に、省庁および地方政府のデータ開示努力が不十分で、さらには個票データが恣意的に廃棄され、そうでなくてもアクセスが制限されたままという、日本独特の事情も影響しているように思われる[15]。

14) 個人的なことで恐縮であるが、評者が初めて海外の経済史ジャーナル（*Explorations in Economic History*）に論文を発表したのは45年ほど前のことである。徳川後期の畿内における農業実質賃金の水準と職種間賃金格差の関連を問うたペーパーであった（Saito 1978）。念頭にあった作業仮説はミクロ経済学的で、農家の経営帳簿と同時代の物価統計から実質賃金の職種別時系列を作成することはできたが、ミクロデータから直接に回帰分析という発想はなかった。実際、それが当時の実証経済学の実情であった。査読者から、プロビットないしはロジスティック回帰の手法を使って回帰分析にかけるようにという類のコメントもこなかったのである。

15) 重要な例外はある。例えば、飯田市の歴史研究所はミクロデータを含む地域の歴史資料の公開を積極的に行ってきており、他方、一橋大学の経済研究所附属社会科学統計情報研究センターでは戦前期農家経済調査の個票をデータベース化し、研究者へ提供する事業を行っている。前者については岡崎他（2022）における小島庸平の発言を（p.13）、後者についてはウェブサイト（https://rcisss.ier.hit-u.ac.jp/Japanese/database/farmer.html）（2023年4月15日閲覧）を参照。

3　海外における日本経済史研究

　橋野は本論の最後で、近年、海外の研究者による日本経済史の論文が——少しずつではあるが——増えていることを指摘している。多くの場合、それらは日本語資料を読む能力はないが、統計データが得られる分野について、昨今の欧米経済史において行われているタイプの分析を行った結果のようである。したがって、一見したところ十分に洗練された成果のように見え、ある意味で日本経済史の研究に意味のある刺激を与えるのではないかと期待できそうなトレンドである。しかし橋野は、そこには危惧すべき問題点があるという。それは、「日本における経済史研究の蓄積から得られた知見と国際ジャーナルに掲載される論文が描く日本経済史像との乖離である。この状況が続くと、英語の世界における新たな架空の日本経済史が形成されていくことになる」のではないか、と（本論第3.3項、p.229）。

　この懸念には十分な根拠があると、評者も思う。ただそう考える理由は、「経済史という分野のアドバンテージ」が活かされていない、「長期的なスパンでの変化を捉え、1つ1つの史実を相対化」できていない、つまりそれら著者の歴史認識が甘いからだけではないのではないか。彼らのペーパーが問題なのは、本書第3章において使われた用語を援用すれば、「実態認識」がなっていないからではないか。「実態認識」とは、研究の対象としている事象が置かれている文脈（コンテクスト）一般のことだと考えれば、歴史認識の甘さはその1つにすぎない。

　コンテクストに含まれるのは、他にも日本の歴史データの癖や代表性、研究対象としている時代における国際関係、とくに東アジア諸国との関係がある。また、海外の研究者の中には、分析に入る前から農業を「近代化していない」部門とみなしてしまったり、農家を伝統的価値観に縛られた、市場のインセンティブには鈍感な存在と思いこんでしまったりする傾向もなくはない。これらはいずれも、コンテクストへの配慮を重要と思う姿勢があれば既往研究の幅広い渉猟によって避けることのできる、ある意味で初歩的な瑕疵ということができよう。

　もっとも、ここから、日本経済史はやはり日本の経済史家の研究領分だと

考えるのは誤りである。橋野が「尊敬すべき」業績として言及している Janet Hunter の仕事のような例があり（本論第4節, p.231）[16]、他方では、方法論的洗練だけを追い求める姿勢が強すぎれば、日本人の大学院生の間でも同じ問題が生じうるであろう。他山の石としなければならない。

4　歴史研究の最終目標は？

　現在の状況に対して何ができるか、何をすべきか、それが社会科学諸領域の研究者に強い動機付けを与えている。経済学者にとっては、よい政策提言、あるいはそれに絡む研究が優れた業績とみなされているように思う。しかし、歴史学者にはそのような政策提言型の仕事が求められることはまずない。現代的な課題と無縁ではないにせよ、またそのような課題を意識する場合でも、それは間接的な関連にとどまる。この事実は、歴史研究においてどのような分析手法が採用されるかにも影響するに違いない。

　この点から見たとき、歴史学の仕事のすべてが因果関係の推定を目的としているわけではないということに気づく。事実の確定で終わっている論文が意外に多いのである。これを個性叙述の一環とみなし、歴史学が他の社会科学と本質的に異なる点だと考える歴史学者が少なからずいたし、現在でもまだ存在するかもしれない一方で、多くの人は伝統的歴史学における方法論的後進性の現れと考える傾向がある。しかし私には、その傾向は単に歴史学が過去の事象を扱う学問だという事実の反映、したがって歴史家に対して因果関係の確定が社会的に要請されているわけではないということの反映なのだと思われる。もっとも、歴史的「事実」とは出来事の集合だけではなく、そこには統計的に推定された事実——数量的に表現された水準、格差、趨勢など——をも含めて考えなければならない。どちらにしても現代に至る過程を明らかにすることが目的なのであって、現代の事象の解明に絡むこと、さらにはそこから未来をどう構築するかに直接関わることはできないのである。

---

16) 私の世代のものには、Thomas C. Smith も日本社会経済史の分野で同じように「尊敬すべき」業績をあげた海外の研究者であった。

　言うまでもなく、その歴史学でも最新の計量技法を援用して、過去における因果の関係を推定しようというスマートな論文が増えている。ただ、その大部分はその当時において採用された政策の是非を論ずるためではなく、あくまでもその時点から現在に至るプロセスを解明するための手段にすぎない。現代に至る過程が明らかとなるということは、現在における喫緊の政策課題に直面している人にとって、それまで十分に意識されてこなかったかもしれない問題の文脈が鮮明になるということである。その意味で、経済史家の仕事が現代に対して持つ影響は間接的である。エビデンスに基づいた政策形成（Evidence-Based Policy Making：EBPM）といわれる場合のエビデンスの1つとなるのではなく、政策策定に絡む立場にある人——そこには経済学者も含まれる——のパースペクティヴに影響を与えるにすぎないのである。

　とはいえ、「パースペクティヴ」がきちんとすることは十分に意味のあることである。計量分析に含まれた変数の中には、現実の事象との対応が一義的でない代理変数が含まれることがあり、その場合には誤った解釈をしないことにつながるかもしれない。また、採用された変数だけで近未来を予測するのは当然リスクがあるので、その際のコンテクストに関わる正しい判断のためにも重要となろう。

5　おわりに

　橋野は結論において、経済史家が、国際化しつつある実証経済学者との間柄を自立した友人関係へと変えてゆくために必要なのは「ジャーナル投稿のノウハウといったいわゆる小手先の問題や経験談の披露」でないという（本論第4節, p.232）。まったく同感である。同時に、経済史は「長いスパンで何がどのように起こったのかを考えることができる分野であり、そのことが普遍的課題でもあり存在意義なのだ」とも述べている（本論第4節, p.232）。この後者の言明を評者なりに噛み砕くならば、私が本コメントで述べてきたような解釈になるのではないか、言い換えれば、必ずしも「長いスパン」だけを強調しなくてもよいのではないかと思うのである。

リプライ

親しき仲に必要なのは?
「自立した友人関係」に必要なこと

橋野 知子

　討論者である斎藤は、自身の経験を踏まえながら、共感を持って筆者の粗い議論を細かく嚙み砕き豊かな解釈を加えているので、読者の本章本論への理解は格段に深まったはずだ。さらに、筆者が本論で触れなかった経済史家の所属学部や資料開示における国際的な違いについて触れ、経済史研究の分析方法に違いを生じさせる要因に関する補足も重要である。斎藤からのコメントに対し、筆者は概ね賛成である。コメントのタイトルからも、筆者の意図するところへの理解や我々が目指すべき方向性へのヒントがうかがわれる。

　しかし、経済史と実証経済学とが、「自立した友人関係」を築くためにはどうしたらいいだろうか。そこで、斎藤やワークショップのときのフロアからのコメント、ならびにその後に第8章本論を報告した「経済史研究会」(於・東京大学、2022年11月7日)で、経済史家から得たコメントに対して筆者が考えたことをリプライとしたい。

　斎藤が述べる「歴史学の仕事のすべてが因果関係の推定を目的としているわけではない」(本章コメント第4節, p237)という点に、筆者は全く賛成である。筆者なりに整理すると、我々の仕事は、①資料を繙き事実を「発見」すること、②その事実を数量的に整理すること(記述的統計分析)、そして③計量分析に耐えうるデータであれば計量分析から得られる因果関係を明らかにすることにあろう。①においては、集めた資料を批判的に検討し、客観的な研究のために利用可能かどうかチェックすることも必要となる。経済史家の仕事は、①〜③のすべてを網羅せずとも、①と②、あるいは①だけということもありうる。一次資料によるファクト・ファインディングも大切な営みであり、評価されるべき仕事だと思う。そして、図表で経済学的な関係性を丁寧に見出す作業も、重要である。「自立的な友人関係」の構築には、このようなプロセスに対する、敬意が必要だ。親しき仲にも礼儀あり、である。

　ただ、①と②のプロセスにおいて、経済学的な論理が活かされないと、親しき仲にはなれない。分野的に難しい場合もあるかもしれないが、例えば市場の失敗や共有地の悲劇など、きわめてユニバーサルなテーマを扱っているのにもかかわらず、経済学あるいは英語論文が１本も引用されていない経済史の論文の場合、経済史と経済学の「対話」は生まれにくい。

　また、③の方法は、「国際的な共通語」としても機能する[17]。国や地域が異なっていても、計量的な分析による結果を示すことで、わかり合える部分もある。経済学者と経済史家との対話も深まる。ワークショップでの本章本論の報告に対して、フロアの高野久紀（第５章本論執筆）から受けた「回帰分析によって何が明らかになったのか」という質問は示唆に富む。そこで、本論表８-１（p.217）のサンプルとなった論文のうち回帰分析によるものを再度検討したところ、①18世紀から第二次大戦後も含む20世紀の比較的短期間の分析が多く、②個票など新たに発見したデータ（new data, original data, etc.）を利用したものが含まれることがわかった。これらの分析結果による「新発見」を、研究史の文脈に乗せていくことが課題となろう。

　筆者は、強引とも映る計量分析には反対だが、共通語として利用されることが相互理解につながるという認識が、経済史家にもっと広まるとよいと思う。その際、日本の経済史家にできることはたくさんある。本論で指摘したような英語の世界における「架空の日本経済史」の構築は、我々が培った歴史的センスを活かし共同で仕事をすることによって防ぐことができる。本論で批判した英文の日本経済史研究では、『日本帝国経済年鑑』や『農商務統計表』など、府県を単位とした資料が使われることが多い。府県という単位は、当時の経済活動の範囲や何かのショックが地域に与える影響を考えるとき、必ずしも実態と合っていないという問題がある[18]。例えば、産地や産業集積といった経済活動が繰り広げられる空間は、郡レベルである。この点は、本書第３章における「実態認識」のずれに通じるものがある。おこがましいかもしれないが、我々が「礼儀」を教えてあげることも必要なのではないか。

17）「経済史研究会」（於・東京大学、2022年11月７日）における、筆者による報告に対する岡崎哲二氏のコメント。
18）同上、中村尚史氏によるコメント。
19）同上、サマースクール開催については、杉浦美樹氏のアイデアによる。

我々が英語圏の研究者と積極的に議論することは、予想以上に重要でかつ相互理解のために効果のある方法だと思われる。例えば、海外の若い日本研究者向けの日本版サマースクールを開催し、「実態認識」を共有する場を提供することも 1 つの方法だろう[19]。

　最後に、筆者が「長いスパン」の歴史にこだわったのは――この点は、斎藤と見解が異なる――、たとえ間接的であったとしても経済史研究の成果を途上国の現代的課題に活かしたいという問題意識が強いからかもしれない。また、産業・地域の発展局面だけでなく、進化・成熟・衰退そして再生の過程を描きたい。そのことによって、「政策策定に絡む立場にある人――そこには経済学者も含まれる――のパースペクティヴ」（本章コメント第 4 節, p. 238）に、影響を与えることも、歴史家の重要な仕事の一部だと思う。

　伝統的な経済史と経済学よりの経済史との対話は、ようやく始まったばかりである。今回始まった一連の議論が、「自立した友人関係」を超え「礼儀ある親しき仲」に発展するきっかけになれば幸いである。

引用文献

Abe, Takeshi, Douglas A. Farnie, David J. Jeremy, Tetsuro Nakaoka, and John F. Wilson eds. (1999) *Region and Strategy in Britain and Japan: Business in Lancashire and Kansai 1890-1990*, Routeledge.

Abramitzky, Ran (2015) "Economics and the Modern Economic Historian," *Journal of Economic History*, 75 (4), pp.1240-1251.

Ayuso-Díaz, Alejandro, and Antonio Tena-Junguito (2020) "Trade in the Shadow of Power: Japanese Industrial Exports in the Interwar Years," *Economic History Review*, 73 (3), pp.815-843.

Bernhofen, Daniel M., and John C. Brown (2004) "A Direct Test of the Theory of Comparative Advantage: The Case of Japan," *Journal of Political Economy*, 112 (1), pp.48-67.

Bisin, Alberto, and Giovanni Federico (2021) "Merger or Acquisition? An Introduction to The Handbook of Historical Economics," in Albert Bisin and Giovanni Federico eds., *The Handbook of Historical Economics*, Elsevier, pp.15-38.

Braguinsky, Serguey, Atsushi Ohyama, Tetsuji Okazaki, and Chad Syverson (2021) "Product Innovation, Product Diversification, and Firm Growth: Evidence from

Japan's Early Industrialization," *American Economic Review*, 111 (12), pp.3795-3826.

Hashino, Tomoko, and Keijiro Otsuka (2013) "Hand Looms, Power Looms, and Changing Production Organizations: The Case of the Kiryū Weaving District in Early Twentieth-Century Japan," *Economic History Review*, 66 (3), pp.785-804.

Hashino, Tomoko, and Keijiro Otsuka (2020) "The Rise and Fall of Industlialisation: The Case of a Silk Weaving District in Modern Japan," *Australian Economic History Review*, 60 (1), pp.46-72.

Hashino, Tomoko, and Osamu Saito (2004) "Tradition and Interaction: Research Trends in Modern Japanese Industrial History," *Australian Economic History Review*, 44 (3), pp.241-258.

Haupert, Michael (2016) "History of Cliometrics," in Claude Diebolt and Michael Haupert eds., *Handbook of Cliometrics*, Springer Verlag, pp.3-32.

Hunter, Janet E. (2003) *Women and the Labour Market in Japan's Industrialising Economy: The Textile Industry before the Pacific War*, Routledge Curzon.（ハンター、ジャネット著、阿部武司・谷本雅之・中林真幸・橋野知子・榎一江訳 (2006)『日本の工業化と女性労働──戦前期の繊維産業』有斐閣）

Lafond, François, Diana Greenwald, and J. Doyne Farmer (2022) "Can Stimulating Demand Drive Costs Down? : World War II as a Natural Experiment," *Journal of Economic History*, 82 (3), pp.727-764.

Margo, Robert A. (2018) "The Integration of Economic History into Economics," *Cliometrica* 12, p.377-406.

Margo, Robert A. (2021) "The Economic History of Economic History: The Revolution of a Field in Economics," in Albert Bisin and Giovanni Federico eds., *The Handbook of Historical Economics*, Elsevier, pp.3-16.

Saito, Osamu (1978) "The Labor Market in Tokugawa Japan: Wage Differentials and the Real Wage Level, 1727-1830," *Explorations in Economic History*, 15 (1), pp.84-100.

Saito, Osamu (2016) "A Very Brief History of Japan's Economic and Social History Research," *Jahrbuch für Europäische Überseegeschichte*, 15, pp.193-204.

Saito, Osamu (2017) "Quantitative Economic History: Reflections on the Modern Japanese Historiography," Matao Miyamoto and Minoru Sawai eds., *Toward a Reinterpretation of Japanese Economic History: Quantitative and Comparative Approaches*（国際高等研究報告書1103）.

Tang, John P. (2014) "Railroad Expansion and Industrialization: Evidence from Meiji Japan," *Journal of Economic History*, 74 (3), pp.863-886.

Whaples, Robert (1991) "A Quantitative History of the Journal of Economic History and the Cliometric Revolution," *Journal of Economic History*, 51 (2), pp.289-301.

Whaples, Robert（2002）"The Supply and Demand of Economic History: Recent Trends in the Journal of Economic History," *Journal of Economic History*, 62（2）, pp. 524-532.

荒川宗四郎（1902）『足利織物沿革史』両毛実業新報社

有本寛（2022）「『経済史』と"Economic History"」『経済セミナー』2022年2・3月号、pp.23-38.

内田星美（1960）『日本紡織技術の歴史』知人書館

大山睦（2022）「プロダクトイノベーションと企業の成長──明治・大正期日本の綿糸」、『経済セミナー』2022年2・3月号、pp.41-45.

岡崎哲二・小島庸平・山﨑潤一（2022）「【鼎談】経済史のすすめ」『経済セミナー』2022年2・3月号、pp.6-22.

公文讓（2020）「この人を訪ねて Vol.18」『経済セミナー』2020年2・3月号、pp.5-6。

斎藤修（2022）「英国産業革命論の現在」『日本學士院紀要』76（2）、pp.203-234.

杉原薫（2020）『世界史のなかの東アジアの奇跡』名古屋大学出版会

鈴木盛明・福島二朗・為国孝敏・中川三朗（1998）「鉄道開業による舟運の衰退過程に関する一考察」『土木史研究』18、pp.445-452.

角山栄（1965）「イギリス経済史学界の動向」『社会経済史学』30（2）、pp.71-82.

角山栄（1970）「1970年度イギリス経済史学会大会に出席して」『社会経済史学』36（3）、pp.79-88.

中村尚史・高島正憲・中林真幸（2021）「実証経済史研究の現在」『社会科学研究』72（2）、pp.27-53.

橋野知子（2013）「経済史を考えよう」『経済学・経営学学習のために　平成25年度後期号』、神戸大学経済経営学会、pp.69-78.

ヒックス、ジョン・J 著、新保博・渡辺文夫訳（1995）『経済史の理論』講談社学術文庫

マディソン、アンガス著、金森久雄監訳（2004）『経済統計で見る世界経済2000年史』柏書房

山本千映（2018）「経済史の役割」『日本の教育史学』61、pp.69-75.

マクロ経済学における実証の難しさ
特に経済成長に関する政策評価

植田　健一

1　はじめに

　本稿ではマクロ経済学の実証を扱うが、とりわけ経済成長論の実証のうち開発途上国を主に対象とする分野にフォーカスを当てる。また、ミクロ開発経済学でよく見られる実証との違いに注意して説明する。これは本書が全体として、実証分析、主に開発経済学とその関連分野を主に俯瞰していることに対応している。なお、とりわけ私の研究が多少なりとも関わってきて、その中で試行錯誤してきたこと、特に政策の評価を中心に据える。したがって、マクロ経済学の実証分析の全体像を掴むというものではないことをご容赦願いたい。

　マクロ経済学には、3つの大まかな分野がある。1つには、3年程度の周期で通常上下する景気を分析するものであり、景気循環論と呼ばれる。景気の上下と言っても、構造的な経済成長経路（図9‐1の点線）からの一時的な乖離である。この経済学で使われる「景気」とは、かつての日本の高度成長期や、過去20年ほどの中国経済に関して、「景気が良い」とよく一般で言われるときの状況を示すものではない。そのような高度成長は先進国に追いつく途中の構造的に高い経済成長率が根底にある。そのような状況にある国に対しては、経済学的な「景気」とは、そうした構造的に高い経済成長率をベースとして、そこからの一時的な上下の乖離である。この分野は、改めて

図9-1：3つの動学（アメリカの例）

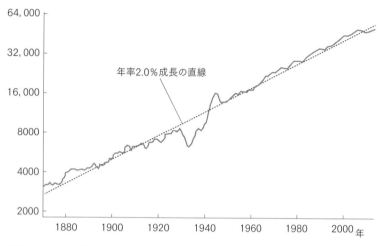

1人当たりGDPの対数表記。
2009年の米ドル価格で実質化

出所：Jones（2016）のFig.1を筆者訳。

述べるが本稿ではあまり触れない。

　もっとも、高度成長の期間中には多少の景気の上下を気にしないので、景気循環論は主に（すでに高度成長を終えた）先進国の分析を中心として発展してきた。例えば、景気循環理論モデルを基にしたシミュレーション分析や、またマクロデータ分析に特化し精緻化されてきているマクロ時系列分析、また株価や為替などの資産価格の実証分析など、それぞれがマクロ経済学の中のサブフィールドとして成り立っているが、これらはすべて本稿では扱わない。

　マクロ経済学の2つ目の分野は、構造的な経済成長率（図9-1の点線）の研究であり、それは経済成長論と呼ばれる。特に開発途上国に目を向けて、先進国との対比を考えつつ研究する分野は（ある程度私的な分類だが）、マクロ開発経済論と呼ばれる。上述の通り、中国はここ20年ほど景気が良いというのは、実は経済学で言うところの景気循環論的な意味での景気でなく、構造的な経済成長のことを示していると解釈できる。この分野が本稿の主な対象となる。

　3つ目のマクロ経済学の分野としては、突然に起こる大きなマイナスの経済成長（図9-1では1929年）があり、それらの原因や回復過程などを研究する経済危機論である。経済危機は、銀行危機（狭義の金融危機）のほか、為替市場での通貨危機、国債市場での国家債務危機などの金融市場に端を発するものが多く、これらの広義の金融危機と密接に関連している。金融危機は経済の内部で起きるので経済危機の内的要因と言えるが、一方で、オイルショック、パンデミック、内戦などは、大きな外的要因として、経済危機をもたらすことも多く、それもまたこの分野の研究対象である。なお、経済危機論は、本稿の対象そのものではないが、よく新興市場国で起きることもあり、経済成長論の関連分野として以下では多少触れるにとどめる。

　方法論的な視点では、最近のマクロ経済学は確率的一般均衡動学（dynamic stochastic general equilibrium：DSGE）とよく言われる。以下では、「一般均衡」、「動学」、「確率的」にそれぞれに分けて、ミクロ経済実証（部分均衡分析）とどのように実証の中味が異なり、どのような難しさが理論的に考えられるかを考察したい。

2　マクロレベルで経済発展を考察することの意味

　開発経済学は、かなりミクロ経済学的な研究の側面が多い。経済発展のための様々な創意工夫があり、それを政府が試してみたり、NPOが試してみたり、多くの人々が努力している。そしてもちろん、日々の暮らしのため、数多くの家計や企業家が、一生懸命に生きている。こうした中で研究者にできることとしては、まず様々な試みを小規模で実験的に行い、その有効性を計量経済学に基づく実証分析を行い確かめることである。ある試みが人々の日々の生活にとって、そしてそれは取りも直さず経済発展にとって、有用であるとわかれば、広範囲にその試みが適用でき、多くの人々の暮らしを楽にできる。しかしながら、ここで、そのようなミクロの実験の結果とマクロの結果は同じだろうかという疑問が生じる。

2.1　外部性を考える

　ミクロとマクロの結果が乖離するのは、1つには単純な外部性の問題である。これは、コロナ（のような感染症）のワクチンを考えれば、容易に理解できるだろう。1人1人へのワクチンの効果がミクロの結果である一方、多くの人がワクチンを打つことによって、社会全体としては感染が抑えられるという、正の外部性がある。これは、貧しい国における公衆衛生一般の問題である。同様に、例えば、社会全体の最低限の教育水準が工場でのものづくりの生産性や小売業などのサービスの生産性に影響を与えることを考慮すれば、義務教育にも正の外部性があると言える。

　もちろん負の外部性もある。ある漁法が素晴らしく一気に多くの魚を取れる場合、その漁法を知らない国の漁師たちにそれを教えることで、それぞれの漁師の収入は上がるだろう。少なくとも一時的にはその漁法を教えることは高い評価を受けるべきと思われる。しかし、それがためにその漁場から魚が数年で激減することとなれば、その漁法の評価は逆になるだろう。

　一般的に外部性のある状況では、何らかの政策や制度設計によって、その解決ができることは、経済学の基本としてわかっている。したがって、ワクチンを打つことによる効果が、健康な人間の1人1人ではそれほど高くなく、人々があまりワクチンを打つことに価値を見出さないとき、例えば補助金政策によって、その個人的な価値と社会的な価値のギャップを埋めることが期待される。このような政策の必要性は、ワクチンの個人的な効果を測定しているだけではわからない。

2.2　一般均衡で考える

　少々わかりにくいかもしれないが、外部性がなくてもミクロの結果はマクロの結果と必ずしも一致しないことがある。それは、ミクロの分析が部分均衡分析というものであり、市場を通じての人々による様々な価格や数量の調整を考慮していないからである。逆にそうした市場による調整の結果までを考慮するのが一般均衡分析ということになる。一般均衡分析は以前はミクロ経済学の一分野であったが、今では（ほぼ）マクロ経済学そのものと言ってもよいだろう。そういった分類には確たるコンセンサスまではいまだにないかもしれないが、一般均衡分析が経済全体の影響を考察することという意味

で、マクロレベルの研究であることは断言できる。

　ある政策による一般均衡分析では、それが市場を通じてどのように対象の価値を変えるかを理論的に考察し、それをそのまま実証したり、また部分均衡の実証結果に一般均衡的な解釈を与えることとなる。逆に、市場を通じない価値としては、あるワクチンのある病気に関する効果という医学的な探究がある。例えば、少人数のグループでランダム化比較試験（randomized controlled trial：RCT）を行い、あるワクチンによって病気に罹りにくくなるかどうかを調べ、その効果があることが示されれば、社会全体でそのワクチンを打っても（特殊な健康状況でない人であれば）同じ効果が得られるだろう。同様に、新しい英語の学習法による中学生の英語の習熟度なども、市場を通じた価値ではない。

　しかし、経済学でよく問題となるような、ある政策などの経済効果は往々にして市場を通じた価値が基準となる。例えば、小規模の RCT で、箱根の宿泊施設の半分に 1 か月だけ宿泊客 1 人当たりにつきいくらかの補助金を与え、残り半分に与えなかったとき、補助金をもらった宿泊施設がもらっていない施設に比べ、宿泊客が増加し利益も増加したという結果が出たとしよう。しかし、この RCT の結果は、社会全体でその政策をとった場合の結果とは異なることが容易に想像がつくだろう。つまり、補助金の分だけ、多少宿泊料金を安くできることで、補助金のないところから客を奪い、利益も出していた可能性が高いからである。したがって、箱根の宿泊施設全部にこの補助金を出しても、一施設あたりの宿泊客の増加は RCT の結果ほどにはとてもならないだろう。

　もちろん、そうした補助金を箱根の宿泊施設だけに出していれば他の観光地から観光客を奪うことができるから箱根全体での補助金でもある程度売り上げは伸びるかもしれない。しかし、これも箱根の一部の宿泊施設への実験の効果と同じ構造であり、日本全国の宿泊施設に補助金を出せば（そして外国人旅行客がいないとすれば）、日本国内の観光地での補助金の差による観光客の奪い合いはなくなり、結局補助金がない場合と同じような観光客の分布が得られることになるだろう。

　もっとも、観光ということに対する全般的な補助金によって、観光の相対価格が安くなり、それと競合する高級レストランでの食事などが減少するこ

ともありうる。この場合、本来の価格水準での最適な家計の消費の選択を歪めており、その分は社会的に損失（死荷重）が発生している。価格水準による歪みだけでなく、補助金は税金で賄われるため、観光と競合する産業だけでなく、他のすべての産業について需要が減少し、悪影響を及ぼすことになる。

2.3　一般均衡理論による政策の正当化の必要性

　他の産業よりも観光産業が補助金で特に儲かることが社会的に損失であるという結論は、厚生経済学の基本定理によっても理解できる。すなわち、外部性などがなく、市場がよく機能しているとき、市場における均衡は、その価格のもとで家計の消費選択が十分に反映され、同様に企業による生産の選択にも十分に反映されている。そのため、いかなる政策介入も無駄ということになる。

　厚生経済学の基本定理を基準にすれば、ある種の政府やNPOなどの介入の必要性は、その仮定のどこが満たされていないかを確認しないといけないということになる。これがわかっている限り、補助金の効果は、外部性のように市場がうまく機能していない部分があってそれを補っているかどうかを確認すべきであり、そうでないときは、たとえ効果があるように見えても、本来の状況を歪めていて、無駄なことであると結論できることになる。

　逆に外部性があるように見える場合でも、市場がうまくつくられれば外部性はなくなることが知られている（Coase 1960）。例えば、炭素排出権取引が昨今話題になっているように、必ずしも補助金や税金だけが解決策でない。外部性とはその財（炭素排出権など）の市場がまだない状況にすぎず、その財を確定し市場を作るという制度設計をして、そしてその市場がうまく機能すれば、それ以上の補助金や税金という政府介入は不要となる。その意味では、仮にある国で炭素排出権取引がなされているとき、炭素税の導入をすべきかどうかを、炭素税により二酸化炭素の排出が減少するという実証結果をいくら示しても、炭素税の政策としての必要性を証明できず、炭素排出権取引の市場がうまくいっていないことも示さなくてはならないということになる。

　感染症や共通漁場資源の社会的な管理の必要性、また大気汚染や二酸化炭

素による温暖化など、外部性はある程度調べればわかるものである。一方、単なる一般均衡の状況で、市場が機能していないかどうかはわかりづらい。特に、貧しい人や小さな企業がお金を借りにくく、市場がうまくいっていないように見えるだけで、政府系機関が貸し出したり、また補助金などをつけて、民間貸付を後押ししたりということがなされることが多い。

　さらに問題なのは、補助金等の政策により市場を壊してしまうこともある。例えば、将来の天候リスクなどに対応するには、リスクヘッジをするための穀物価格の先物市場や天候保険などの市場があり、うまく機能していればよい。日本では世界に先駆けて大阪（堂島）の米市場で先物市場が江戸時代に開かれ、シカゴの先物市場を作るときに参考にされたと聞くが、その伝統的な市場も1939年には、戦時統制（米配給制）によりなくなった[1]。近年もその再興を画策していたが、政府の意向もあり2021年にはその努力も終わっている[2]。

　逆に言えば、先物市場がまだない国で、穀物価格への補助金や価格統制などを導入すれば、実際に農家収入は安定するという実証結果が得られる可能性が高い。しかし、これも市場を育てないでそのような政策をしているわけであり、政策介入の正当性ということから考えれば、やはり支持できない。極端なものがソビエト主義であり、市場を通さずに政府が計画して価格も数量も決めれば大丈夫ということから始まったが、市場を通じた個々人のインセンティブなしに最適な価格や数量を決めることは無理であり、失敗に終わったことは改めて指摘するまでもない。

　それでも金融業に対しては、政府の介入がよく見られる。しかしその必要性はあくまで金融システムの脆弱性を抑えるための預金保険の提供などであり、そのような公的な保険によってもたらされる銀行行動の歪み（モラルハザード）を防ぐための資本規制などに限られている（植田 2022）[3]。したが

1）ただし、江戸時代の堂島米市場は明治維新で一旦途切れた（日本取引所グループウェブサイト参照：https://www.jpx.co.jp/dojima/ja/index.html）（2023年2月27日閲覧）。また、江戸時代の堂島米市場はよく機能していたとみられる一方、一部で投機的でもあり常にうまく機能していたか定かでないとの指摘もある（髙槻 2018）。

2）日本経済新聞2021年8月6日記事（https://www.nikkei.com/article/DGXZQOUF05AKP0V00C21A8000000/）（2023年2月27日閲覧）。

って、民間の金融機関などが精査した上で貸付をしていない家計や企業に、補助金でその決定を歪めたり、政府が直接貸し出すようなことは、観光業への補助金と同様、社会的に損失を与えることが理論的に示される（Gao and Ueda 2022）。この場合、政府の補助金によって、貸出が増えたという実証結果をいくら得ても、その政策の必要性は証明できない。

　金融の場合、何らかの金融に関する摩擦があり、それがために市場がうまく機能しておらず、新しい仕組みはその摩擦を緩和することで、有効なこともありえる。しかしそうした場合でも民間による新しいサービスの提供があればよく、また、市場のルールを規定する以上に政府の恣意的な介入は不必要なことが多い。なお、かつては情報の不完全性などによるモラルハザードや逆選択には、政府の介入が必要という理論があったが、今では市場によって一般均衡で社会的に最適となる、つまり厚生経済学の基本定理がそのような状況でも成立することが、理論的に明らかになってきている（植田 2022）。

　開発の分野で金融といえば、民間と公的なものと両方あるが、いわゆるマイクロファイナンスがよく知られている。その評価の理論的バックグラウンドには熟慮が必要だ。まず、民間の業務としての評価だが、貧しい人々の間の情報共有（井戸端会議など）を利用して、そうしたグループの連帯責任で貸し出すことで、それ以外では貸し手が借り手の情報を取れないという制約を緩和できていると理論的に考えられる（Ghatak and Guinnane 1999）。そのような理論的メカニズムで、マイクロファイナンスという金融サービスは実際に人々の厚生を高めていると言える。

　この場合、それまでの銀行が入り込めていなかった市場に入りつつも、それまでの銀行と同じ程度には、マイクロファイナンス機関も利益を得ているはずだということになる。当然だが、マイクロファイナンス機関がその事業により、伝統的な銀行より多少多くの貸出先の倒産があったとしても、それをもってその事業が失敗だとは言えない。あくまで、通常の銀行の貸出先より高い倒産リスクを見込んだ上で、ビジネスができていればよい。そして倒

3）拙著、植田（2022）は金融についての教科書であり、詳細な議論とオリジナル論文を参照されたい（なお、オリジナル論文は Diamond and Dybvig (1983) だが、これにより2022年のノーベル経済学賞を受賞）。また、以下、拙著を参照にしていただきたいところに示す。

産リスクが高い分、貸出金利も、伝統的な銀行の伝統的な貸出先より高くなる可能性もあるが、それをもって、高利貸しだとか失敗だとかいうこともできない。

　一方、そうした事業が良いものであれば、公的にすべきという意識も高まり、実際、そうした公的なマイクロファイナンス機関も世界に多く見られる。しかし、民間のイノベーションで対応するのではなく、単に民間金融機関への補助金や公的な信用保証などで対応する場合は、社会全体の資金配分のことを考えると、パレート最適ではなくなる可能性が高い。端的に言えば、本来の（倒産リスクも含めた）市場金利は返せそうもない（利益率の低い）貸出先に、低利で貸出がなされることになる。これにより、本来の資金配分を歪め、社会全体として損失を被ることは容易に想像がつく。

3　動学を考える

　現代のマクロ経済学は、確率的一般均衡動学と呼ばれるとすでに述べたが、ここまでは、一般均衡で考察した際の、ミクロの実証結果を直接マクロレベルの政策の評価につなげることの問題点をいくつか指摘した。ここからは、動学について考察する。つまり、短期間の結果（静学的結果）を長期間の結果（動学的結果）に結びつけることの問題点をいくつか指摘したい。ここでもまた理論の助けを借りることになる。

3.1　景気循環と経済成長

　マクロ経済学が動学となる前、静学的な IS-LM 分析などが華やかなりし頃は、数学的精緻さが理論にあまりなかったため、ともすれば仮定や論理展開においてイデオロギーが入り込み、近代経済学においてもケインズ学派対シカゴ学派の対立などが、教科書に書かれていたりしたこともあった。今では、あくまで数学的に精緻な理論をたてるため、論理展開ではイデオロギーが入り込む余地がない。仮定においてまだ多少は考え方に違いがあるが、学派間の対立はほとんどないと言ってよい。

　景気循環論では、少なくとも2000年代に入ってからは、いわゆるニューケ

インジアン確率的動学一般均衡モデルが中心となっている。それによれば、マクロ経済政策は、景気循環の波を上下とも抑えてなだらかにし、人々の厚生を向上させていることがわかっている。ただし、金融政策は比較的その有効性が支持されているのに対し、財政政策はその有効性に金融政策ほどは頑健な実証結果がない（Ramey 2019）。

　いずれにせよ、そのような景気循環をならすための金融政策や財政政策はケインズ的需要喚起策とも呼ばれるが、あくまで短期の景気循環の波を抑えるものであり、長期の構造的な経済成長には影響がないことは、景気循環におけるニューケインジアンモデルでも、また時系列分析でも、理論と実証双方で確認されている。

　逆に言えば、よくマスコミなどで言われる、30年にわたる日本経済の不景気への対応としてもっと財政政策をとか、もっとインフレをとか、の議論は大きな間違いである。改めて述べるが、30年にわたる（平均の）経済成長は構造的なものであって、景気循環論の対象となる短期の変動である「景気」ではない。したがって、ケインズ的な金融政策や財政政策は、長年にわたる日本経済の構造的な経済成長率を上昇させる政策としては、全く無効である。

　マスコミなどでよく聞かれる議論は、多くの人が短期の効果を長期の効果と間違えてしまうことを示しているとも考えられる。こうした間違いがありうることは、経済学の研究者としても肝に銘じておかなければいけない。例えば、パネル企業分析やパネル家計分析は、サンプルは多いものの時系列があまり長くないものがある。また、政策の介入効果など、その前後でだけしか見ないこと（差の差分析（difference-in-differences：DID）や回帰不連続デザイン（regression discontinuity design：RDD）など）も多い。実際、私もそのような論文をいくつか書いているが、その効果は長期的なのかということを常に疑問に持ちつつ、将来、時系列方向にもデータがそろったときの実証を考えておくべきだと思っている。

　そのような考え方もあって、いわゆる経済成長に関するクロスカントリーパネル分析では、例えば1960年をそれぞれの国の特徴や経済制度の初期値と捉えて、それから20年後や30年後の状況を分析したり、または10年ごとそれぞれ1960年、1970年、1980年、等々を初期値として捉えて、次の10年の成長を見るなどしてきた。しかしながら、このやり方では時系列方向のサンプル

数が少なくなる。そのため、クロスカントリー方向の、つまり各国間の変数の値の違いに目をつけた実証研究がなされてきた。近年は、マクロデータだけでなく、ミクロの企業データや家計データまで使用して、マクロの経済成長・開発経済学に関する実証研究も増えてきており（Claessens et al. (2014b) など）、この場合、依然として時系列方向のサンプルが少なくとも、クロスセクション方向ではかなり多くのサンプルを確保できる。

　ちなみに、景気循環論では、月次データや四半期データを利用するため、一国だけでたとえ10年間でも多くのサンプルを得ることができる。そのため、一国だけを対象に、その時系列における変数の値の変動にフォーカスして、実証研究がなされること（時系列分析）が多い。このように、景気循環か経済成長かのように対象とする事象が異なれば、その実証分析の方法が大きく異なってくる。

3.2　経済危機と経済成長

　金融危機、経済危機は、先進国であれば30年に一度と言われるような大きなGDPの落ち込み（特に定義はないがマイナス10％超が私的な印象）である。広義の金融危機は、銀行危機だけでなく、国債市場、為替市場なども含むので、国家債務危機、通貨危機、経常収支危機などを含む。それはたいていの場合、経済危機を引き起こす。

　新興市場国、とりわけ、アルゼンチンやトルコなどでは、金融危機は10年に一度は起きているので、景気循環の一部と捉えて、景気循環論を拡張した研究もある（後述）。しかし、金融危機には金融危機の理論モデルが以前からあり、その実証もなされてきている（レビューとして Claessens et al. (2014a) を参照）。私もそのように、経済危機・金融危機の理論・実証研究は、構造的経済成長の周りでの上下である景気循環の研究とは別物だと捉えている。そうした考え方は政策評価にも現れる。すなわち、経済危機のときしかとられず、また平時であれば正当化もできそうにない政策がある。また、そもそも金融危機は、それまでの政策の歪みが噴出した結果、内生的に起きたというように考えられる。このような理論の立て方は、景気循環の主要な理論における景気の上下の根源が外生的なショックであることとは、大きく異なる。

　例えば国家債務危機は、国家債務が積み上がり、金利の返済も困難になりそうなときに、市場がここまでとみて、その国の国債を売り浴びせるところで顕現する。しかし、経済成長は過重な債務返済により低下すること（デット・オーバーハング）があるので、その直前の債務のサステイナブルでない積み上がりの段階で、すでに国家債務危機と呼ぶべきものである。

　その良い解決策の1つは、債権者である投資家との間で、債務返済の割引現在価値における減額に同意することである。これは、元本が減免されなくても、金利が減免されたり、または同じ金利で返済期間が伸びたりすることで対応されることも多い。もし債権者が同意しない場合、一方的な債務不履行宣言もありうる。いずれにせよ、債務が減額することは、どちらの形態でも倒産と呼ばれる状況なのだが、そのことは実は債務問題の解決策なのである。しかし、どちらの形態でも、倒産が近いということを認識した時点で、投資家は売りを浴びせることになる。そして、実際に債務減免か不履行か、いずれにせよ、債務の減額がやむなしとなる。

　当然だが、国家債務危機を引き起こす根本的要因は、大量の国債発行である。これは、景気循環論に基づくケインズ政策として、不況対策の財政政策に付属してなされやすい。したがって、国家債務危機を引き起こす確率も含めて、かなり長期のデータを基に、財政政策の有効性を実証分析する必要がある。当然だが、様々な要因が長期には影響するため、クロスカントリーパネル分析はそもそも識別（identification）に弱い手法だが、このような稀にしか起きない経済危機への萌芽があるような場合は、その識別は輪をかけて難しい。

　どの変数を実証研究で使うかだけでも、その選択は容易でない。財政だけとっても、変数の選択としては、国債残高か、毎年のフローか、毎年のフローとしても基礎的財政収支か（国債費も含めたすべての）財政収支か、そしてそれらの GDP 比か、それらの成長率か、などいくつもある。以前からなされてきたこととしては、様々な文献を読み、よく使われてきているもの、また理論的に正しいものを採用するという古典的な手法がある。それに対し、考えうる限り様々な変数を使った回帰分析をしてみて、その平均を取ってみようというベイジアンモデル平均法（Bayesian Model Averaging）という手法もある（経済成長一般に関して Sala-i-Martin（1997）がその端緒である）。

また、最近では、考えられる多くの変数の中で何が最も結果に影響を強く与えているかを機械学習の手法を使って導き出すということもなされている（Hellwig 2021）。そして、いくつかの実証研究を網羅したメタ分析もある。

　なお、財政赤字（国債発行）に関するメタ分析（de Rugy and Salmon 2020）では、長期的に見て、ある閾値以上は、国家債務危機を起こす可能性も入れれば金利の急上昇を招き、経済成長を低下させることが示されている。その閾値は国債残高 GDP 比で90％程度が多い。なお、2022年末でその比が260％程度となっている日本はこの点では例外であり、特に日本国内での国家債務問題の議論をややこしくさせている。

　また、貨幣の問題、インフレの問題は理論的にさらに厄介だ。そもそもの貨幣の意義を考慮したマクロ経済理論では、貨幣の存在それ自体が金融摩擦によるもの、つまり何らかの不完備な市場を貨幣を用いることで解消している、と理解されている（植田（2022）を参照）。そうした理論では、人々は、金利付き債券や配当のある株を保有せずに（何のリターンもない）貨幣を保有せざるをえないという仮定をよく置く。そこで、インフレは貨幣の価値の下落であるため、構造的には、できるだけ低インフレがよいという理論的帰結が得られている（フリードマン・ルール）。

　景気循環論では、不況期にインフレを起こすことで、需要を喚起するというケインジアン的政策の意義があるとしても、それほど大きいインフレは必要なく、またケインジアン的な政策は上述の通り、短期的にしか影響がない。つまり、構造的、中長期的には、おそらく高いインフレは経済にとって悪影響を及ぼすだろうことが、理論的にわかる。これもまたクロスカントリーパネル分析となり、識別は弱いのだが、やはりある閾値を超えると経済成長を低下される結果が出ている。例えば、Fischer（1993）、Motley（1998）によればインフレ率の閾値は10％程度となっている。

　さらにややこしいことに、国家債務危機の解消の仕方は、単純な債務減免や債務不履行だけでない。多くの開発途上国の場合（そしてかなりの先進国もだが）、債権者は主に外国人の投資家であり、また往々にして米ドルを中心とした外貨建て債券だ。この場合、自国通貨インフレとそれに伴う為替安は、自国通貨建ての税収では外貨建ての債務を払えないこととなり（通貨のミスマッチ）、インフレが国家債務危機を呼び、経済危機につながる。もち

　ろん、国債がサステイナブルでないことを投資家がある時点で認識して、為替や国債を売り浴びせるところから危機が始まることも多い。

　その一方、自国通貨建ての国債が主な場合、国家債務残高が膨れ上がると、高インフレによって、自国通貨建て債務の実質価値を減らすということが、しばしばなされてきた。この場合も往々にして、投資家がこのような政府と中央銀行の思惑を認識した時点で、為替と国債を売り浴びせることになる。この場合、必ずしも国家債務の減免や不履行がないので、国家債務危機であることはわかりにくいが、ハイパーインフレは国家債務危機と分類すべきものである（Reinhart and Rogoff 2014）。

　インフレと経済成長のクロスカントリーパネルデータには、そうしたサンプルも入っている。それも含めて分析する場合もあるが、通常、経済危機ダミーを入れて、危機の影響を除くというのが、経済成長に関する実証研究ではなされる。もちろん、経済危機の実証研究に関しては逆に、経済危機のときだけのデータをそろえて、インフレ、国家債務残高、（危機時の）経済成長率などの分析をすることになる。

　実証研究の際の問題は危機かどうかの定義が、理論的に明快ではないことだ。つまり、危機の状態とそうでない状態、またはある危機の状態と別の危機の状態との間はグレーゾーンが多い。それでも、これまでの主要な論文で使われている危機の判断の閾値を、通常はやはり使わざるをえない。

　注意したいことは、金融危機が経済危機につながらないこともある点だ。例えば、通貨危機はある通貨が1年で15%以上（米ドルに対し）通貨価値を下げることが定義として用いられる（Reinhart and Rogoff 2009）ことが多いが、日本はこの30年で何度もそうした状況になっている。直近では2022年の7月から10月にかけてもそうである。しかしそれが、GDPの10%ほどの低下まで結び付いたことはない。

　もっとも、通貨危機に関する日本のケースは例外であり、多くの国ではこのような通貨危機は経済危機をもたらす。国家債務危機も同じであり、日本はかなりの例外だ。そして、そうした例外的な国に住んでいる国民にはそれが日常なため、クロスカントリーパネル分析の実証結果を説明し、理論的説明も加え、それらをもって政策を論議するという、通常の経済学者のアプローチが受け入れられにくい。コロナに例えれば、どんなに密集したところに

行っても今までコロナにかかっていないから、ワクチンはいらない、ワクチンの有効性の実験結果など信じない、と言っている人たちと同じだ。もちろん、日米欧の通貨は国際通貨（国家間の取引で使用され、外貨準備にもなりうる）であるという特殊性があり、ある政策の効果が他の多くの国とは異なりうるが（コロナで言えば、あるかないかわからないがアジア人のファクターXとも呼ばれるものだろうか）、言うまでもなく経済学自体は（医学と同様）国や人種によって異なることはない。

　経済危機の際の政策は思い切ったことがなされることが多い。その評価は、そうした政策がなかったら経済危機はもっとひどくなっていたということを示すべきだが、なかなかそうした実際には起きなかったことと比べる実証分析は難しい。多くの場合、政策は国全体でとられていて、国ごとに状況が異なり、また経済危機ごとに特徴が異なるため、様々な経済危機のデータを集めての分析をするしかない。この点、医学では、手術の際の痛みを止めるためにモルヒネを打つことの効果など、かなりしっかりとしたデータで有効性が示せることとは大きな違いである。

　その一方、本来一時的であったはずの政策が、ある程度残ることも多い。例えば、日本では中小企業向け銀行ローンにはかなりの程度、公的な団体である信用保証協会から、債務支払いを保証する信用保証が付いているが、その保証が100％という世界でも稀に見る極端なレベルになったのは、世界金融危機に対応するための2009年のことだ。しかし、それがずっと残っている。2019年には一時なくなるもののすぐにコロナ禍でパワーアップして（金利も国が支払うという、いわゆるゼロゼロ融資）復活した。

　当然のこととして銀行による企業の選別の放棄など様々なモラルハザードが生まれる。これは、コロナ禍の対応であるゼロゼロ融資に関する実証でも確かめられている（Hoshi et al. 2022）。したがって、このような政策は本来不要、または危機の状況で、一時的にせいぜい1年程度は緊急的にあってよいかもしれない政策である。いずれにせよ平時には不要であるし、ましてや第二次安倍政権のもと、戦後2番目に長い好況だったようなときには全く無用のものである。むしろ、モラルハザードの副作用を考えれば、それは有害な政策だ。例えば、あたかも手術後もモルヒネにはまってしまい、常用する中毒患者のようになっている。もちろん医学ではそうした中毒症状もしっ

かりとしたエビデンスがある。一時的な手術時の痛みの緩和に関する有効性とともに、そうした中毒症状も解明するという、医学の姿勢を経済学も見習う必要がある。

　モルヒネのような経済政策が政治的にある程度残ってしまうような状況も考慮すれば、マクロの金融政策でなく、ミクロの個々の企業ローンに直接介入して市場を歪めるような政策は、少なくとも中長期的には経済に悪影響を与えると考えられる。Ueda and Uzui（2021）では、先進国と主要新興市場国における世界金融危機（2008〜2009年）の際にとられたそうした企業レベルの貸出への介入政策の評価を、マクロの金融政策と財政政策と同時に、世界金融危機からの7年後の回復度に関して、クロスカントリーデータを使って実証分析をした。その結果は、企業レベルの貸出への介入は危機からの回復に悪影響を及ぼしていることがある程度頑健に示された。その一方、7年という中長期では、マクロの金融政策や財政政策の影響はほぼゼロだった。

　この研究は、マクロではRCTがしづらい中、それでも政策が国ごとや（一国の）地方ごとで異なることがあり、それらを自然実験（natural experiment）とみなして行った実証研究だ。決して識別の程度が高いものではない手法であることは重々承知だが、ある程度のエビデンスにはなり、何もしないで議論するよりはよい。もちろん、危機の1年だけをとってみれば、そうしたすべての政策の影響が十分に正だった可能性はある。この意味でも、どの期間で考察するのか、危機時と平時の影響の違いをどう考察するのか、理論的には比較的わかりやすいことかもしれないが、実証分析でどのようにその違いをしっかりと出すか、とりわけサンプル数が少なく、クロスカントリーパネル分析となるような、経済成長や経済危機に関する政策評価を、どのように精緻化するか、まだまだ課題はある。

　なお、長期のデータが十分にあるような時系列分析では、統計的に、そもそも何が長期で何が短期の動きかを見極めようとする流れもある。これは、データ上にあるいくつかの波を、フーリエ解析をして短期の波と長期の波に分けるという、いわゆるフィルターの議論である。多くの景気循環のシミュレーションなどは、HPフィルター（Hodrick and Prescott 1997）を使っていることが多い。しかし、最近ではより正確に分類ができるフィルター（例えばMüller and Watson（2018））が提唱されている。その論文では、そのよう

なフィルターをかけた後のデータでは、（例えば財政赤字と経済成長率の間で）単に相関係数を見るだけで実証分析は十分であるという主張もなされている。これは、資産価格の分析にも応用でき、例えば短期では非常に大きいボラティリティがある円相場でも、短期の波をならせば、中長期ではある程度安定的（例えばアルゼンチンの通貨と比べて）というような判断もできる（ビットコインなども含めての論文として、Kikuchi et al.（2021）を参照）。もちろん、その長期の関係と短期の関係を明示的に分けて推計する Engle and Granger（1987）以来の誤差修正モデルの進展もある。なお、時系列分析だけで1つの大きいサブフィールドであり、エンダース（2019）などの教科書を参考されたい。

3.3　異なる経済成長理論モデルがもたらす実証研究の課題

　政策評価はどうしても理論的な考察を伴う。そして、経済成長論には大きく分けて2つの潮流があり、さらにその中でも2つの動学がある。以下、簡単に説明するが、より詳細な議論と多くの文献に関しては、『経済セミナー』（日本評論社）にて筆者が連載をしている「マクロ開発経済学」（2022年2・3月号～連載中）を参考にされたい。

　まずは、1950～60年代に興隆した Robert Solow と Trevor Swan から始まる新古典派経済成長論である。長期的には、経済成長は外生的な技術革新と人口増加によって決まる。そのような長期の低成長の定常状態に入るまでは、貧しい段階からの資本蓄積を通じた高度成長という移行過程がある。この理論によれば、例えば日本やドイツなどの戦後の急成長は、戦争で灰となった資本を（再び）蓄積するという移行過程に伴って、当然のこととして起こる高成長であり、その後、1970年以降、若干成長率が鈍り、さらに日本が世界でトップレベルの1人当たり GDP を達成した1990年前後から低成長に移行していったことも、理論的帰結としてある意味で当然のことと解釈される。

　なお、いずれの場合も、その時々の構造的な経済成長率を除いて景気循環を計測するため、平均的には高度成長期やバブル期より低い成長だった第二次安倍政権下でも、戦後2番目に最長な好景気というものがあったわけである。また、改めて言うが、「高度成長期に景気が良かった」というのは、景気循環そのもののことではなく、構造的な経済成長率のことであり、またそ

れはまさに「戦後」の資本蓄積が急なときだったからということになる。このような見方をとると、例えば戦後日本の産業政策や銀行の護送船団と呼ばれた多くの規制なども、それらがあったために高度成長があったのか、それらがあっても高度成長ができたのか、つまりそれらがなかったらどうなっていたのだろうか、という大きな疑問がある。

　日本のそうした国家による大きい介入は1940年体制とも呼ばれるが、戦前にできたとされ、それが戦後も引きずられてきた（岡崎・奥野 1993）。欧米でも、国家社会主義を標榜したナチスドイツはもちろんのこと、アメリカの1930年代のニューディール政策もまた産業や労働を国家がかなり管理した体制として知られている。

　伝統的には、1930年代に徐々にアメリカは大恐慌から回復したことをもって、その政策は良かったものとされてきた。しかし、アメリカは19世紀後半から何度か金融危機を経験しており、それらのデータと比べると、むしろ1930年代の回復は異様に緩慢なものであることがわかっている。そして理論的には（比較的簡単に）、政府による市場への過度の介入による歪みがそうした異様に緩慢な回復を招くことがわかり、またそれを裏付けるシミュレーション研究（Cole and Ohanian 2004）もある。さらにいくつかの国でそういったシミュレーションに基づく事例研究がなされ、概ねこうした議論が合っているというエビデンスが積み上がっている（Kehoe and Prescott（2002）が序を書きまとめた *Review of Economic Dynamics* の special issue など）。

　実際、第二次大戦後のラテンアメリカ諸国など、多くの国で産業政策は失敗している。世界各国で、大戦期から1970年代ごろまで政府による資金配分への介入（つまり産業政策）が多かったのだが、それらをなくしていった1980-90年代の金融自由化・国際化により、資金配分が国から民間に移ったことで、世界的には経済成長や生産性の増加、社会厚生の増加などがもたらされていることがわかっている（植田 2022）。

　概念的には、こうした分析では、実際の政策がなかった場合（または別の政策がとられた場合）を反実仮想（counterfactual）として、過去のデータに基づいて設定した理論モデルのパラメータを基にシミュレーションをする。つまり、政策があった場合とない場合を比べて、政策の効果を測定するわけだ。もちろん、実際の政策があった場合のシミュレーションは、実際のデー

タと乖離がありうるが、そうした乖離があればより理論を精緻化し（シミュレーション技術も発展させ）、シミュレーション結果を再び実際のデータと比べるということを繰り返して、現実をより正確に説明できる理論モデルに進化させていくことが求められている。

　さて、もう1つの経済成長理論は、内生的経済成長論である。これは、様々な理由で資本の蓄積が定常状態として止まることがない。それに対し、上述の新古典派経済成長理論では、1人当たりのGDPをyとし、1人当たりの資本をkとすれば、資本の限界生産物が逓減する（資本の増加とともに減少する）という主要産業におけるミクロの実証結果と整合的な仮定を基に、$y = Ak^{\alpha}$というマクロレベルでの代表的企業の生産関数をもつ（$\alpha < 1$）。そのため、段々と低成長となり、最後は外生的な技術革新（Aの成長）と、人口増加によってのみ成長が起こる。

　内生的経済成長論では、様々な仮定を置き、ミクロで個々の企業が直面する生産関数では資本の限界生産物が逓減する場合も多いが、マクロで集計した場合の生産関数においては逓減せず、生産関数は$y = Ak$という、kに関して線形の関数となる。この場合、資本蓄積に伴う高成長もないが、低成長にもならず、Aに比例した固定の成長率で常に成長し続ける。逆に言えば、戦後の日本やドイツ、その後の東アジア諸国のような高成長によるアメリカ経済へのキャッチアップは、内生的には出てこない理論である。

　一方、20世紀初頭には世界でも有数な富める国だったブラジルやアルゼンチンなどは、ずっと低成長が続き、決してアメリカ経済へキャッチアップすることなしにきている（むしろ1人当たりGDPレベルの差は広がってきている）。このようなことを説明するには、何らかの理由でAが個々の国によって異なり、そのもとで、どの国も同じような原理に基づいて成長していると考えるとうまく説明がつく（Romer 1986）。

　理論もまたデータを見て構築されているわけだが、問題は、現実社会では大きな2つのグループの国々があることだ（図9-2参照）。戦後の西欧や東アジアのように高成長を経て、開発途上国から先進国になってきた、近づいてきた国々と、ラテンアメリカ諸国やアフリカ諸国のように、開発途上国段階であるのに、高度成長が続かず、先進国に近づいているようには思われない国々である。

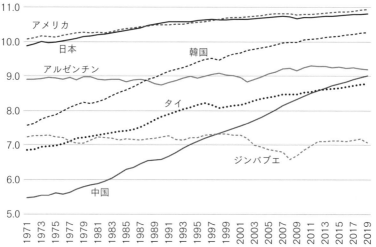

図9-2：2種類の経済発展経路

1人当たりGDPの対数表記。
2010年の米ドル価格で実質化

出所：世界銀行「World Development Indicators（WDI）」のデータに基づき筆者作成。

　もっとも、内生的経済成長理論でも、高度成長があり先進国に近づくケースもある。それは、A（生産性）は技術や知識だけでなく、制度にも依存すると考え、例えば悪い政策によって生産性が阻害されていると考えるわけである。そして、制度が改正される（構造的改革がなされる）と A が改善されて、先進国の成長率に近づくと考えるわけである。

　こうした2つの考え方から多くの実証分析がなされ、生産性の差による恒常的な1人当たり GDP の差や、資本の蓄積か生産性の向上によるキャッチアップのあり方の差などが研究されてきている。結局のところ、資本の蓄積の違いもあるが、多くの国で今なお1人当たり GDP の差があるのは、A の違いであるということがコンセンサスとなっている（Klenow and Rodríguez-Clare 1998）。

　その A というのも、例えばトヨタの車を作るノウハウは、タイに工場を作れば国境を簡単に越えられるように、生産技術そのものではあまりないという見方が、こうした研究の結果強くなってきた。そして、生産性（A）の違いは、むしろ、自由な市場による最適な配分を阻害するような制度や政策

によるものということがわかった。つまり、多くの国における政策は、成長にアクセルを踏んでいるのではなく、むしろブレーキをかけているということが多い（Parente and Prescott 2002）。とりわけ、すでに資本の蓄積や生産技術については最先端にある日本が、構造的な低成長になっている主因は、消去法的には、そのような政策によるブレーキだろうと考えざるをえない。

3.4　制度と成長

　経済成長に関する制度要因として挙げられるのは、法の支配、私的所有権の確立、といった経済社会にとって基礎的なものもあれば、金融的なもの、つまり金融自由化、コーポレートガバナンス、倒産法制の整備などがある。また、文化的なもの（言語、宗教など）の影響もまた研究されてきている。

　もちろん、すでにプロテスタンティズムは Weber（1905）以来、その経済発展への影響が語られてきているが、こうしたものを指数化し、クロスカントリーパネル分析などによって、統計的に制度要因の影響を測定するわけだ。近年はさらに、そうした制度の影響を細かくミクロの企業データで検証し、その分布も含めマクロ的な影響度も測る方向にある。Hsieh and Klenow（2009）や Abiad et al.（2008）などが先鞭をつけたが、最近の拙論でも、インドで州ごとの大規模な制度改正（ビジネスに関する行政手続きのオンライン化や単一ホームページなど行政のデジタル化改革）に関しての差の差分析をしている（Sharma and Ueda 2022）。

　しかしながら、各国の比較では、その制度要因の指数をどのように作るべきか、正しく作れるか、という問題がある。いくつかの著名な指数については、その作り方の改定も多い。また、著名な指数が経済の先進度合いそのものを示すようにみなされるようになると、様々な国から指数作りにまで政治的な介入が入りかねない。特に、Doing Business というプラットフォームでいくつもの指数を作成し発表していた世界銀行は、近年その指数の作り方について、中国から政治介入があったのではないかとされ問題になった。それでも、こういった制度要因の指数を様々な団体が発表し合い、良いものを作っていくことで、世界各国の制度や政策の比較ができるという利点があり、こうした努力は続けていくべきだ。

　なお、上述の Sharma and Ueda（2022）もそうだが、マクロレベルの自然

実験の機会が時々現れる。ミクロの研究ほどではないが、そうした機会を貪欲に捉えて研究につなげることがなされてきている。例えば、タイの公的な全国レベルのマイクロファイナンスの政策介入に関して、地方自治体ごとの1人当たり予算の違いを利用したKaboski and Townsend（2011）の研究がある。また、パキスタンの銀行の流動性と企業貸出に関して、突然の核実験に関する経済制裁によるドル流動性危機に対する銀行のエクスポージャーの違いを利用したKhwaja and Mian（2008）の研究がある。

3.5　GDPと社会厚生の乖離

　マクロ経済学では、様々な政策の影響として、1人当たりGDPを指標として評価してまず問題ない。しかしときには、GDPやその成長率が必ずしも社会厚生とうまく対応していないことがある。例えば新古典派経済成長モデルで、無理やり社会保障基金とそれによる保険料徴収などを通じて国民の貯蓄率を上げれば、資本の蓄積が早まり経済成長率が移行過程で高くなり、GDPもまたより早く先進国の水準に近づくことがわかっている。しかし、それは決して最適なものとは呼べない。もしそういった政府の介入がなければ、家計が各々現時点と将来時点での効用を比べて、最適な貯蓄をしているはずである。それよりも多く貯蓄させることは、経済成長率が上昇したとしても、現時点での効用を大きく減らし、異時点間全体では効用水準を低下させている。したがって、そういった政策でGDP成長率が上昇したという実証結果が出ても、その政策は良いものとは言えない。

　逆に、先物市場や保険市場などリスクヘッジの市場が整備されていけば（往々にして金融自由化により発達するものだが）、人々はいざというときのために銀行預金をする必要がなくなる。これにより、一国全体では貯蓄率の低下につながり、そのことは新古典派経済成長モデルの移行過程において、経済成長率が低下することを意味する。しかし、自由にリスクヘッジができる市場が整備され、そのもとで選んでいる貯蓄率は、そうでないときの（いざというときを考えるという予備的動機による）高めの貯蓄率よりも、異時点間全体では効用を高めていることになる（Devereux and Smith 1994）。

　さらに、そうしたリスクヘッジの市場が整備されれば、人々はよりハイリスク・ハイリターンな事業に投資するようになるとも考えられる。これは、

個々人の所得のボラティリティを高め、また場合によってはマクロレベルでも GDP のボラティリティを高める可能性がある。それをもって、例えば金融自由化を失敗と判断するべきでない。つまり、市場がより良く整備された結果として選ばれているリスク・リターンの関係は、それ自体が社会的に最適なものであり、そのように選ばれているリスクを無理やり抑える必要はない（Obstfeld 1994）。

　以上から例えば、金融自由化・国際化の評価をするときには、経済成長率が必ずしも上昇しなくても社会厚生が高まっている可能性があること、そして経済成長率のボラティリティが増加していても、同様の可能性があることが、理論的に導かれる。すると、いくらクロスカントリーパネル分析などをして、経済成長率の増加やボラティリティの低下をもって、金融自由化・国際化を評価しようと思っても、的外れということになる（Townsend and Ueda 2006；2010）。ただし、金融サービスがより利用されているということが示されれば、（そのサービスへの需要がより充たされていることから）社会厚生が増加していると判断できる[4]。

4　確率的ということ

　確率的動学一般均衡分析のうち「確率的」という部分の意味は、様々なショック（撹乱）が経済全体に、そして個々の家計や企業に起こり、それを所与として経済社会をモデルで表すということである。コロナ禍や大地震、国際商品価格の急上昇など、マクロレベルでそうしたショックが起きることは、疑いの余地がない。また個々人でも、あるときに急に病気になることもあれば、冠婚葬祭が立て込んで支出がかさむということもある。

4）Obstfeld（1994）では、保険などのリスクヘッジ手段の拡充は、平均的にハイリターンのプロジェクトが選ばれるため、経済成長率が上昇することになる。先述のDevereux and Smith（1994）では、予備的動機の貯蓄を減少させ、経済成長率を低下させるので、2つの理論による、金融の拡充の経済成長への影響は正反対となる。そのため、実証分析をして、金融の発展の経済成長への影響の正負が実証的にわかっても、理論的には社会厚生の変化については不明だ。

　景気循環論ではそうしたショックは、景気循環そのものに影響するために精緻な研究がなされている。一方、経済成長論では、基本的には構造的な経済成長経路を考えるため、一時的なショックを除いて考えることが多い。また、経済危機論でも、経済危機自体は、多くの国では30年に１度程度ある、１回限りの大きなショックとして捉えることが多い。また、その後の回復経路も、特殊なものとして研究することが多い。そのような考え方による金融危機の研究では、そもそも内生的に危機の起きるメカニズムを考えることが多く、その場合、それを外生的なショックだという見方はしない。こうした意味で、経済成長や経済危機において、景気循環論のようにはあまり外生的ショックを考えることは少ない。

　経済成長論においては、確率的経済成長理論というものはそれでも存在する。その場合、一般に、定常状態は１点にとどまらず、平均とその周りの確率分布（確率的定常状態）となる。通常の新古典派経済成長論でも内生的経済成長論でも、この分布は通常は１つの塊である（Stokey and Lucas with Prescott 1989）。

　特殊な例として興味深いのは、「貧困の罠」のケースだ。これは確率的でない経済成長論においてモデルとして成立しやすい。確率的でない定常状態では、貧しくてそこから抜け出せない点と、普通に成長していく点の、２点を定常状態として持つ理論がある。これを確率的な経済成長モデルに拡張したらどうなるだろうか。当然、非確率的な２点の周りで２つの塊の確率分布が定常状態を表すこととなることが予想される。しかしながら、確率ショックが大きい分散を持つ場合、またはある程度大きいショックが、たまにでもよいのでその経済に襲ってくるときには、２つの確率分布の塊がそれぞれ大きくなり交わることになり、１つの大きい塊となってしまう。つまり、貧困の罠は確率的経済成長理論を考えると、起きにくくなる。

　１つの例としては、中世欧州でのペストの流行が労働者数を激減させ、農業の生産性を上げるとともに、労働賃金も上昇し、産業革命につながったという説がある（Temin（2014）を参照）。また、中国の一人っ子政策も同じような効果を挙げたと考えられる（Becker et al. 1990）が、中国の政治家の選ばれ方自体が、中国経済にとっての確率的ショックだと考えられなくもない。

　個々の家計のレベルでは、開発途上国の貧困層に多く ROSCA（Rotating Savings and Credit Associations：グループのメンバーがお金を持ち寄りくじ引きで使う人を選ぶ仕組み）が浸透していたり、また（先進国でも）その日暮らしの人たちが、宝くじやカジノ、ギャンブルなどに手を出すことも多い[5]。それをもって、精神医学的なカジノ中毒と捉え、カジノなどの禁止や場所の制約という政策がとられることも多い。しかし、確率的な貧困の罠のモデルであれば、むしろそうした人たちこそ、一か八か罠から抜けるということを考えざるをえず、カジノの禁止や制約などはむしろとるべきでない政策となる。

　カジノに制約をすれば人々がカジノをすることは少なくなる。しかし、その政策が良いかどうかの判断は、精神医学的な理論か、確率的貧困の罠の理論か、どちらの理論モデルが現実と合っているかによる。貧困の罠の理論が正しければ、ROSCA や宝くじ、カジノなどを通じて、貧困から確率的に抜け出す手段を多く許すべきである。しかし、そのような罠の存在がなければ（特に金持ちによるカジノであれば）、頻繁に賭け事をするということは確かに病的なカジノ中毒ということかもしれない。もちろん、中毒でない程度の利用の場合は、単なるレジャー支出とも考えられる。いずれにせよ、データを見つつしっかりと判断しなければ、本来、経済にとって良いものとは正反対の政策がとられかねないことに注意しなければならない。

　経済危機論でも、確率的なショックが考えられることがある。特に、アルゼンチンなどのように危機が10年に一度起き、それ自体が景気循環論の拡張のように捉えられている場合である。こうした理論では、人々は危機などを大きな制度の変化という外生的なショックとして捉えているとも考えられる。つまり、代表的企業の生産関数における A は確率的に動くが、それが一時的に上下に動くだけでなく、かなり恒久的に上下する、すなわちトレンド自体が動くと人々は考え、大きく生産や消費計画が変更されると捉える（例えば Aguiar and Gopinath（2007）や Mendoza（2010）など）。

　伝統的なマクロ経済学では、所得が一時的に上下するほどには消費は上下

5）ROSCA は、通常、固定メンバーが何度も集まり、メンバー全員がお金をもらうまで積み立てを続ける。そのため、くじはお金をもらう順を決めていることになる。より詳細な説明は植田（2022）などを参照。

しない、つまり毎年の消費は所得の長期平均に依存している（恒常所得仮説）とされてきた。それを可能にするために、一時的な所得の上下に対し、家計は貯蓄や借入、または様々な保険を利用して、消費があまり上下しないようにしていると考えられてきた。逆に言えば、毎年の消費の毎年の所得への感応度が高ければ（ミクロデータでもマクロデータでも）、何らかの要因で金融システムがうまく機能していない（金融摩擦がある）とされてきた。

　しかし、トレンド自体が動くのであれば、急に所得の期待長期平均（恒常所得）が上下することになるので、それに基づき消費も大きく上下することになる。場合によっては、その年の（一時的な要因を含む）所得の変化よりも、期待される恒常所得の変化の方が大きく、すなわちその年の所得より消費の方がより大きく動くこともありうる。このような場合でも、金融システムがうまく機能しているもとでの恒常所得仮説が支持されていることになる。

　したがって、消費がGDPよりも大きく動くという、同じような事象を捉えても、それが通常の景気循環論であれば、何らかの金融市場の問題（金融摩擦）があるので、政府の介入余地がありうるが、そうでなくトレンドショックによるものであれば、市場の失敗はなく、政府の介入余地もない。つまり、同じ事象を見ても、その背後にどのようなメカニズムが働いているかによって、政府の介入余地があるかどうかがわかる。ここでは、何がトレンドの動きで、何が一時的なショックなのかを区別するという作業が、大変に重要となる。

　さらに、そうしたトレンドの変化には政策自体も関係していると考えられる。とりわけ開発途上国の経済危機時における政策対応は、資金がないために、むしろ緊縮的になることとも関係する。危機の際、先進国であれば、財政政策や金融政策が出動して、ショックを和らげるように政策がとられることが多いが、開発途上国は、特に国家債務危機に面する可能性が高いのでまず財政再建を図る必要があり、また高インフレや通貨危機に面する可能性も高いので、外国人投資家を引きつけるためにも、金融政策も引き締め金利を上げる方向になることが多い（Kaminsky et al. 2005）。つまり、開発途上国の財政政策や金融政策は、先進国のものとは逆の方向で発動される可能性が高い。それでも、ある特定の国が置かれている状況を考えれば、それらの政策が正反対だとしても、危機時の対応としてどちらも理論的に間違っている

第
9
章

本

論

とまでは言えず、政策評価を大変に困難にしている。

　さらに、そもそも危機を引き起こすのは、極端な政策の変更だとも言われている。例えばラテンアメリカでは、政権が大きく右派と左派に揺れ動くことで、その度に極端な政策がとられ、それまでの政策と整合的な資産価格が成り立たなくなり、危機が起きるとも考えられる（Buera et al. 2011）。そのような政治の左右の揺れは、その時々で既存の経済政策に関する不満をベースとした民主的な投票でもたらされることも多く、そうした政治と経済の連関までを考えると、さらに政策評価の困難さが増す。

5　おわりに

　コロナ禍の前に Duflo が全米経済学会で講演したとき、筆者はその会場（2017年1月6日、シカゴ）にいたが、彼女が「我々は社会的な plumber（配管工）になるべきだ」と主張していたことを思い出す（Duflo 2017）。周りにいたマクロの研究者たちとは、なかなか理解できないことを言っているなと話していた。おそらくそこにマクロ的な思考との違いがあるのではないかと思われる。マクロのことを研究すると、RCT もできず、自然実験の機会もそれほどは多くなく、その意味で現実世界にどっぷりとは入っていけない状況である[6]。

　そのためマクロを研究していると、plumber というよりは、monk（僧侶）になる感じではないかと思う。俗世（ミクロのフィールド）から離れて、全体を俯瞰し自然の（市場均衡の）行き着く先を眺め、それらを統括的に説明する理論的メカニズムを描く。そしてそれが現実のデータに合うかどうかを実証し、合わない部分を直し、また現実のデータと向き合い、理論メカニズ

6）もちろん、すでに述べたように、貪欲に自然実験の機会を探し、利用できる機会は利用している。そして歴史に学ぶことも多い。実際、数量経済史と、経済成長論の実証分析の違いは、それほどないとも言える。例えば、Dittmar（2011）は15世紀のグーテンベルクの活版印刷の発明とその特殊な伝播経路を用いた自然実験による実証研究で、それは数量経済史の文献だが、技術革新の経済成長への影響に関する第一級の実証研究ともなっている。さらに、政策担当者や市場関係者などと、マクロ経済情勢や政策などについて、積極的に意見交換をしている研究者も多い。

ムを直し、というように、果てしなく曼荼羅を改訂しているような思いである。その上で、現実の政策が、現時点で最も良いと思われる理論的予測と比較して現実の政策が効果を発揮しているかを判断していると思われる。ただ、少なくとも経済発展に関しては、究極的に知りたいことはミクロもマクロも同じであり、何が人々の生活向上に役立つのかということである。

コメント

課題と手法の限界の狭間で

石瀬　寛和

1　はじめに：本論の要点とコメントの方針

　本章本論の要旨は以下のようになろう。他分野と異なり、マクロという分野は集計量に分析の焦点がある。環境や政策の変化による個々の経済主体の行動変化だけでなく、個々の経済主体間の（価格を介した一般均衡効果と介さない外部性という）相互作用の結果の総体に興味がある。このため、個々の行動変化を識別できたとしてもその結果をそのまま適用できない。また、そもそも集計量全体に影響を及ぼすような実験を行うことは難しい。したがって実証分析の手法も他章と大きく異なる。使える自然実験は利用するものの、ランダム化比較試験はほぼ使われず、構造モデルを多用する。

　この現状認識に関しては、私も1点を除いて完全に同意である。その1点とは、本論の説明よりも自然実験の利用はかなり多いということである。その点も含め本コメントは、主に金融に焦点を絞った形で進んだ本論に対し、景気循環の実証について概説と、自然実験を利用した経済成長の実証の紹介をすることで本論を補足する。

2　景気循環の実証研究

　本論ではほぼ捨象されたが、景気循環の実証研究の歴史と現状を概観することも実証マクロ経済学の立ち位置を見る上で有力な方法であろう。

　1950-70年代のマクロ経済学の実証研究は、集計生産量や消費量、利子率などの時系列データを多数用意し、時系列間の過去の相関関係を特定し、それを基に将来の予測をする大規模マクロ計量モデルのことだった。回帰分析を使うが、現代の視点からするとそれはあくまで相関関係の特定であって因果関係の特定とはほど遠い。その一例に、失業率と物価上昇率の負の相関が挙げられる。物価上昇は好景気（＝低失業率）のときに見られ、不況期には物価上昇の程度が緩む。また、不況期には政府が公共支出を増やすことで物価上昇は起こしつつも失業を減らせるとされていた。ところが1970年代、アメリカを中心に先進諸国で物価上昇と不況が同時に起こるスタグフレーションとなり、公共支出は物価上昇を加速させるばかりで失業率の低下につながらず、大規模マクロ計量モデルの分析とそれに基づく政策提言は破綻してしまった。

　この頃、大規模マクロ計量モデルを批判したのが、Lucas（1976）やSargent and Wallace（1976）である。彼らの主張は以下のように要約される。そもそも個々の経済主体は環境や政策の変化に応じて行動を変える。それのみならず、将来の環境や政策の変化について予想を立て、それに応じて現在の行動を変える。したがって、ある時点で安定的に見られた相関関係も、状況が変化すると同じように見られるわけではない。

　この批判を受け、将来を予想する個々の経済主体の行動を考え、経済主体の相互作用（一般均衡）を考えた構造モデルを用いて集計量を分析するようになった。当初は家計部門と企業部門にそれぞれ代表的な経済主体を考えるのみだったが、多くの要素を取り込み確率的動学一般均衡モデルと総称されている[7]。2008年からの世界金融危機を受けて金融部門を入れた分析が盛んに行われたり、近年の先進諸国の国内での不平等の高まりを受けて家計間で

　7）ここまでの流れについてはやや古い教科書であるが、加藤（2007）がわかりやすい。

の所得や資産の違いを取り入れたりと柔軟に拡張されてきた[8]。新型コロナウイルスが広まると感染症の影響もモデルに取り込み経済状況と感染拡大抑制の関係に関する分析も多く行われた[9]。このように、マクロの分析は現実に起こった問題を後追いするように進んできた。この背後には、中央銀行など政策当局に所属する研究者が実務上の問題に誘発されて学術研究も進めるという流れが存在することも大きい。

　このような構造モデルを中心とした景気循環の典型的な実証研究にはどのようなものが含まれるのか。まずは、モデルの設定そのものに関する研究が挙げられる。例えば、急に補助金をもらったときに家計はその何割を消費に使い、何割を貯蓄するのか。その割合は家計の属性の違いでどの程度異なるのか。ここで大きな地位を占めるのが行政データや企業の内部データを含むミクロデータの利用と、政策や環境の違いによって生じた差異を用いて識別を行う自然実験の手法である。ときに RCT が利用されることも含め、この部分は他章で紹介されるミクロ実証と手法的に違いはない[10]。この推定結果を基に構造モデルのパラメータを設定する。

　しかし、モデルのすべての要素や外生的な変動を表すパラメータについてミクロ実証に基づいた値を使えるわけではない。残りは、観察される集計データを目標にして構造モデルを動かし、データをうまく説明できるようにパラメータの値を選ぶ。モデルの設定自体がおかしければ、どう値を選んでもデータを説明できないことも起こりえる。したがってこの段階でモデルの内的妥当性を実証的に検証しているとも言える。最後に、構築したモデルを用いて反実仮想実験を行う。これは、モデルの要素のうち 1 つの要素を変えたり、ある特定の変動のみを除いたりしたケースを元のケースと比較することで、その要素や変動が集計量全体の変化にどの程度貢献したかを特定するものである（加藤 2007）。こうすることで、例えば補助金が経済全体の貯蓄率に与えた影響を特定するのである。

8）不平等の問題については Moll（2020）のインタビューがわかりやすい概観である。

9）日本については Fujii and Nakata（2021）、Kubota（2021）などが挙げられる。

10）景気循環の実証研究については Nakamura and Steinsson（2018）の入門的概説も参照。同論文はミクロ実証で使われる因果推論の手法を用いて、マクロ的に重要なパラメータや変動の系列を推定する一連の研究について、具体例を紹介しながら解説している。

　このような実証分析には問題点も多くある。まず、家計の消費や貯蓄、労働供給などに関わるモデルのパラメータは、ミクロレベルで推計される値と、集計レベルで変動量をうまく説明できる値とでしばしば異なる。この問題の一部は、本来多様な存在である家計を集約して代表的な家計としていることに起因する（Keane and Rogerson 2015）。しかし、性別、勤務年数、資産など様々な面で多様性を入れていくと計算時間が爆発的に増える[11]。逆に言うと景気循環の実証の今後は、計算機の進歩に応じて様々な多様性を取り込んでいくことにあると考えられる。

　また、構造モデルの中で政策や環境の変化の効果を識別するため、そのモデルで考えていない要素との交絡がある場合には特定された効果が別の要素の貢献を含んだものとなる。1つのモデルは1つの仮説を検証する目的で作られるため、主要と思われる要素以外は捨象される。結果、別々の研究で得られた効果を単純に足すと実際よりも多くの効果を説明できる、というおかしなことが起こる。一例として株式の平均収益の問題を見よう。理論的には家計の投資行動と株式の平均的な収益は関連する。しかし、データで観測される株式の収益は、基本モデルの家計行動から予測される収益よりも何倍も大きい。この差を説明するために、いくつもの拡張モデルが提唱され、要素 x が基本モデルとデータの差の b% を説明した、と個々の研究は主張する。ところが、個々の研究から出てきた b を足し合わせるとモデルとデータの差の100%どころか200%、300%になってしまう（Breeden et al. 2015）。もちろん、それぞれの要素 x は交絡しており単純に足し合わせることはできないのだが、別々に提案された要素をすべて統合したモデルを構築することは技術的、計算量的に難しく、結局どの x がどの程度貢献しているのか不明、ということが起こる。ミクロ実証の言葉で解釈すれば、回帰式に欠落変数があって識別ができていない、と言えよう。結局、実験ができない環境下で因果を識別することの困難さがついて回っている。

11）年金など社会保障の分析では年齢や資産の違いを明示的に区別したモデルが使われる。しかし、短期の変動など景気循環に関わる部分は通常、捨象する。この点を含め、様々な多様性を取り入れたモデル分析の最新の動向に関しては北尾・向山（2021）他、同号の特集が詳しい。

3　経済成長の実証分析

　経済成長の実証分析でも構造モデルは利用されるが、自然実験に代表される誘導型実証も多い。過去の複数の景気変動を別の観測値として利用できる景気変動の研究に対して、経済成長は甘く見積もっても一国について数個、長期の成長に興味がある場合は一国に1個しか観測値がない。このため構造モデルを作ってもその内的妥当性の確認が難しい。

　また、人為的な実験が不可能な問題設定が多い。植民地化が地域の経済成長に与えた影響の測定という問題に対して、今から各国を無作為に割り当てて植民地とする RCT が実施できるはずもない。このような状況では自然実験を用いるのが自然な発想であろう。

　とりわけ大きな影響があったのは Acemoglu et al.（2001）の論文である。彼らは統治機構の質が旧植民地の現在の1人当たり GDP に与えた影響を分析している。旧植民地でもオーストラリアやシンガポールのように GDP が高い地域もあれば、中米諸国のように低い国も多い。彼らはこの違いが、統治機構の質に拠っていると考えた。統治機構の質が政府の腐敗度合いの指標で表されるとすると、実際に腐敗度合いは現在の GDP と強く負の相関を示している。しかし、腐敗度合いそのものが経済発展の状況に影響されるとしたら因果関係が双方向になる。統治機構の質が経済発展に与えた効果のみを識別するために彼らが用いたのが、植民活動が行われた時期の欧州人の現地での死亡率である。死亡率が低い、つまり欧州人が住みやすい地域には多くの移住があり統治機構が整えられた一方、死亡率が高かった地域からは一次産品を収奪するだけで、統治機構の整備が進まなかった。これが、現在の統治機構の質に影響するという論理である。また、死亡率の違いは現地の風土病に起因するが、現地の人は耐性があるため当時の死亡率自体が直接現在の経済発展を妨げるわけではない。したがって、植民地時代の欧州人の死亡率の違いは現在の GDP に対して統治機構の質を通じてのみ影響を及ぼす操作変数と言える。このような自然実験ないし操作変数を用いた推計が以後、多く行われるようになった。

　表9-1では経済成長論分野の有力フィールド誌 *Journal of Economic*

表9-1：*Journal of Economic Growth* 掲載論文の特徴

		2000	2010	2020
理論	（データなし）	6	3	1
構造モデル	（データあり）	1	6	1
誘導型実証		7	3	10
誘導型実証特記事項	分解、指数作成	2	1	0
	最小二乗法	3	0	1
	自然実験・操作変数	0	2	5
	RCT	0	0	0
	1950年以前のデータ	0	1	1
	地理データ	0	0	4
平均著者数		1.43	2.08	2.25

出所：筆者作成。
注：実証特記事項の各行は重複あり。

Growth 掲載の論文について、他章と同様の方針で特徴を分類した。データの参照を伴わない理論研究が過去20年で激減、データを取り入れた構造モデルは2010年には多かったものの2020年には数を減らし、代わりに主流となったのが歴史データや地理データを利用し自然実験で因果を識別する実証研究であることがわかる。ただし、やはりRCTを使った論文は1本もない。近年の論文の一例として、Wigton-Jones（2020）はブラジル国内の地域間の差異に注目し、20世紀前期の時点で不平等度が大きかった地域ほど現在の経済発展の度合いが低いことを示している。かつての不平等度と現在の経済発展は両者にともに影響を与えるような要素が多数あるため、その地域の気候条件が小規模農業作物に比してプランテーション作物に適する度合いを操作変数として用いている。プランテーションは不平等と直結する一方、現在の様々な観察可能な条件を制御することで操作変数の除外条件を満たすという実証戦略である。

4 おわりに

本章本論の繰り返しになるが、実験もままならない中、質は劣るのかもし

れないが使えるものは何でも使って次から次へと起こる目の前の課題に対処していく、というのがマクロの実証研究の現状と言えよう。

リプライ

マクロ経済学の研究と実社会の問題

植田　健一

　『次世代の実証経済学』という本の中で、「マクロ経済学の実証」に関するものをワークショップで発表し1つの章としてまとめられないか、というお話を大塚教授からいただいたときは、かなり大きい問題だと思いつつも、主にマクロ開発経済学と多少（開発途上国を時々脅かす）経済危機を中心に、まとめさせていただこうと思った。もちろん、第二次大戦後アメリカで興隆してきたマクロ経済学は主に景気循環論であったことも知りつつ、私自身の分野でもないので、そこはあまり触れずにおこうというような逃げの姿勢でもあったことは否めない。

　石瀬准教授のコメントはまさに私が逃げていた景気循環論にも切り込んだ議論であり、また、貿易と経済成長、最近のコロナ禍の感染症の動きを取り入れた動学、社会保障の世代重複モデルなど、マクロ経済学のより大きい全体像をバランスよく簡潔に示したものである。その意味で、私の章へのコメントというよりも、石瀬コメントと私の記述と合わせて1つの章として完成に近いものになるのではないかと思われる。この点、大変に感謝している。

　私の章は、石瀬コメントに加え、神戸大学のワークショップで寄せられたコメントをいくらか織り込んで改訂をしたものである。例えば、澤田教授からの自然実験の論文がもう少しあるのではとの指摘、また黒崎教授からの堂島米市場の記述はもう少し丁寧にすべきではとの指摘、そして大塚教授からの「マクロ経済学の実証」という漠然としたタイトルよりも中身がしっかり

とわかるタイトルのもとでそれに沿った議論をしっかり展開すべきとの指摘など、様々なご指摘をいただいた。

　もう1つあるとすれば、マクロ経済学者は（そして私自身は）いろいろとそもそも政策に絡んできていることが多いと思うが、それについてはどう思うかというコメントも、ワークショップでいただいた。1つには、章の中にも多少書いたが、ミクロ開発経済学の研究者の方々が、フィールドに出てサーベイなどをしている中で、マクロ経済、特に政策を考えている研究者としては、その代わりになるかわからないものの、できる限り政策担当者やビジネスパーソンなど実務家の方々と積極的に交わるべきと個人的には思っており、できるだけ実践しようとしている。また、そのような研究者も多いと思われ、そもそも中央銀行やIMF（国際通貨基金）、世界銀行などでは、実務と研究が一体化している部署もある。しかし実務との関わりは、決して研究のためのサンプル集めではない。むしろ、現実社会で人々が直面している問題とその背後にある複雑な構造に気づくことが多く、さらに時々は今直面している問題にどう対処すればよいのかという切実な声も聞くことがある。

　その意味では、マクロ経済学は往々にして、新しい問題に対して現実の後追いをしていることも多いと思われる。それでも、過去の理論と実証の研究の蓄積によって、現実社会の新たな問題に対してもすぐに対応できるようになってきていることも確かである。例えば、コロナ禍での感染症の広がりを取り入れた動学は、IMFの同僚だったChakraborty et al.（2010）が、マラリアやエイズと経済成長の関連としてすでに公刊しており、私自身も2000年代はじめにはIMFの同僚だったChris Papageorgiouからその最初の発表を聞いていた。また、暗号資産や中央銀行デジタル通貨、それらの基となる分散型台帳を、経済学的にどのように分析し、その影響を予測し、政策提言につなげるかについては、関連する貨幣論や金融論の応用と発展によって、対応できる。特に経済発展と金融を考えてきた私の恩師でもあるTownsend（2020）は早くも教科書を書いている。

　今後の経済学の動向をあまり書いていないのではないかとの指摘が、ワークショップで大塚教授からあったが、マクロ経済学に関しては、ある意味で目の前の問題を追っていくだけでも、学問が自動的に発展していく、いや発展せざるをえないと思っている。例えば、金融の自由化と国際化をめぐる議

論や、金融機関の「大きくて潰せない」問題の議論の時代的背景については、拙著（植田 2022）を参考にしていただければ幸いである。

　そしてその流れは続くだろう。つまり、時代とともに、我々研究者は引き続き研究の成果を社会に問い続け、より良い政策に結び付けていかなければいけないと思われる。現時点の例として、マクロ経済政策の分野で、個人的に難問と思っているものを、いくつか挙げたい。

①日本のように財政赤字が主に社会保障支出の増大によってコントロールができなくなっている状況で、なおかつ社会保障制度が導入されたときと違い、今では金融システムが十分に発展し、貯蓄、投資、保険など民間の金融サービスで十分に対応できる、つまり恒常所得仮説のもとでの消費の平準化が（ライフサイクル的な調整はしつつ）可能なときに、国が面倒を見る必要がどれだけあるのだろうか。ちなみに、死後の親族のための生命保険の購入や遺産相続が頻繁にある日本では、子孫への利他主義が十分にあると考えられ、Barro and Becker（1989）の理論によれば、金融が機能していれば、政府による年金などの提供の必要はない（もちろん、生まれながらの障害者の方々などに関しては金融が機能するとは思えないが）。

②1944年のブレトンウッズ会議で、Keynes は、アメリカ代表の White らとともに、戦後の世界的な経済体制の礎を構築した。すなわち、1930年代の近隣窮乏化政策の反省に立ち、世界的に自由な貿易と金融取引を推進していくというものだ。このことは、経済発展だけでなく、経済相互依存の発展による（戦争を開始するコストの増加を通じて）平和を希求したものでもあった。こうした平和のための自由な国際経済取引の確保と、米トランプ政権以降の米中の強い軋轢やロシアのウクライナ侵攻を契機とした世界のブロック経済化的な動き（IMF（2022）など参照）をどのように考えるべきだろうか。

③国際金融取引が、デジタル化に伴い、政府当局によって誰から誰に渡っているかがわかるようになってきた。このことから、例えば中央銀行がデジタル通貨を導入したときに、プライバシーの問題をどのように考えるべきだろうか。また、そのテクノロジーによって、ある国に

対してかなり完全な金融・経済制裁ができるようになった。これは、金融・貿易の武器化とも言える。通常の武器では、一般市民を巻き込んではいけないという戦争時の国際条約（ジュネーブ条約）があるが、金融・経済制裁についてはどうすべきだろうか。少なくとも食糧、エネルギー、医療については、制裁から外すような国際条約が必要ではないか。

　以上のように、神戸大学のワークショップでは、様々な分野の方々が集まり、実証に限らず、経済学の未来について語り合えたことは、個人的には大変に有意義なことであった。このような機会を作っていただけた大塚教授をはじめとするオーガナイザーの方々に深謝したい。

引用文献

Abiad, Abdul, Nienke Oomes, and Kenichi Ueda（2008）"The Quality Effect: Does Financial Liberalization Improve the Allocation of Capital?" *Journal of Development Economics,* 87(2), pp.270-282.

Acemoglu, Daron, Simon Johnson, and James A. Robinson（2001）"The Colonial Origins of Comparative Development: An Empirical Investigation," *American Economic Review,* 91(5), pp.1369-1401.

Aguiar, Mark, and Gita Gopinath（2007）"Emerging Market Business Cycles: The Cycle is the Trend," *Journal of Political Economy,* 115(1): 69-102.

Barro, Robert J., and Gary S. Becker（1989）"Fertility Choice in a Model of Economic Growth," *Econometrica,* 57(2), pp.481-501.

Becker, Gary S., Kevin M. Murphy, and Robert Tamura（1990）"Human Capital, Fertility, and Economic Growth," *Journal of Political Economy,* 98(5), pp.S12-S37.

Breeden, Douglas T., Robert H. Litzenberger, and Tingyan Jia（2015）"Consumption-Based Asset Pricing, Part 2: Habit Formation, Conditional Risks, Long-Run Risks, and Rare Disasters," *Annual Review of Financial Economics,* 7, pp.85-131.

Buera, Francisco J., Alexander M.-Naranjo, Giorgio E. Primiceri（2011）"Learning the Wealth of Nations," *Econometrica,* 79(1), pp.1-45

Chakraborty, Shankha, Chris Papageorgiou, and Fidel P. Sebastián（2010）"Diseases, Infection Dynamics, and Development," *Journal of Monetary Economics,* 57(7), pp. 859-872.

Claessens, Stijn, Ayhan Kose, Luc Laeven, and Fabian Valencia eds., (2014a) *Financial Crises: Causes, Consequences, and Policy Responses*, International Monetary Fund.

Claessens, Stijn, Kenichi Ueda, and Yishay Yafeh (2014b) "Institutions and Financial Frictions: Estimation with Structural Restrictions on Firm Value and Investment," *Journal of Development Economics*, 110, pp.107-122.

Coase, Ronald H. (1960) "The Problem of Social Cost," *Journal of Law and Economics*, 3(1), pp.1-44.

Cole, Harold L., and Lee E. Ohanian (2004) "New Deal Policies and the Persistence of the Great Depression: A General Equilibrium Analysis," *Journal of Political Economy*, 112(4), pp.779-816.

de Rugy, Veronique, and Jack Salmon (2020) "Debt and Growth: A Decade of Studies," Policy Brief, April 15, 2020, Mercatus Center, George Mason University.

Devereux, Michael B. and Gregor W. Smith (1994) "International Risk Sharing and Economic Growth," *International Economic Review*, 35(3), pp.535-550.

Diamond, Douglas W., and Philip H. Dybvig (1983) "Bank Runs, Deposit Insurance, and Liquidity," *Journal of Political Economy*, 91(3), pp.401-419.

Dittmar, Jeremiah E. (2011) "Information Technology and Economic Change: The Impact of The Printing Press," *Quarterly Journal of Economics*, 126(3), pp.1133-1172.

Duflo, Esther (2017) "The Economist as Plumber," *American Economic Review*, 107(5), pp.1-26.

Engle, Robert F., and Clive W. J. Granger (1987) "Co-Integration and Error Correction: Representation, Estimation and Testing," *Econometrica*, 55(2), pp.251-276.

Fischer, Stanley (1993) "The Role of Macroeconomic Factors in Growth," *Journal of Monetary Economics*, 32(3), pp.485-512.

Fujii, Daisuke, and Taisuke Nakata (2021) "COVID-19 and Output in Japan," *Japanese Economic Review*, 72(4), pp.609-650.

Gao, Yun, and Kenichi Ueda (2022) "Costly Loan Screening," mimeo, The University of Tokyo.

Ghatak, Maitreesh, and Timothy W. Guinnane (1999) "The Economics of Lending with Joint Liability: Theory and Practice," *Journal of Development Economics*, 60(1), pp.195-228.

Hellwig, Klaus-P. (2021) "Predicting Fiscal Crises: A Machine Learning Approach," IMF Working Paper WP/21/150.

Hodrick, Robert J., and Edward C. Prescott (1997) "Postwar U.S. Business Cycles: An Empirical Investigation," *Journal of Money, Credit, and Banking*, 29(1), pp.1-

16.

Hoshi, Takeo, Daiji Kawaguchi, and Kenichi Ueda（2022）"Zombies, Again? The COVID-19 Business Support Programs in Japan," *Journal of Banking and Finance*, forthcoming.

Hsieh, Chang-Tai, and Peter J. Klenow（2009）"Misallocation and Manufacturing TFP in China and India," *Quarterly Journal of Economics*, 124（4）, pp.1403-1448.

International Monetary Fund（2022）*External Sector Report.*

Jones, Charles（2016）"The Facts of Economic Growth," in John B. Taylor and Harald Uhlig eds. *Handbook of Macroeconomics*, 2, Ch.1, pp.3-69.

Kaboski, Joseph P., and Robert M. Townsend（2011）"A Structural Evaluation of a Large-Scale Quasi-Experimental Microfinance Initiative," *Econometrica*, 79（5）, pp. 1357-1406.

Kaminsky, Graciela L., Carmen M. Reinhart, and Carlos A. Végh（2005）"When It Rains, It Pours: Procyclical Capitial Flows and Macroeconomic Policies," Mark Gertler and Kenneth Rogoff eds., *NBER Macroeconomics Annual 2004*, 19, pp.11-53.

Keane, Michael, and Richard Rogerson（2015）"Reconciling Micro and Macro Labor Supply Elasticities: A Structural Perspective," *Annual Review of Economics*, 7（1）, pp.89-117.

Kehoe, Timothy J., and Edward C. Prescott（2002）"Great Depressions of the 20th Century," *Review of Economic Dynamics*, 5（1）, pp.1-18.

Khwaja, Asim Ijaz, and Atif Mian（2008）"Tracing the Impact of Bank Liquidity Shocks: Evidence from an Emerging Market," *American Economic Review*, 98（4）, pp.1413-1442.

Kikuchi, Tatsuru, Toranosuke Onishi, and Kenichi Ueda（2021）"Price Stability of Cryptocurrencies as a Medium of Exchange," JPS Conference Proceedings 36, 011001, Proceedings of Blockchain in Kyoto 2021.

Klenow, Peter J., and Andrés Rodríguez-Clare.（1997）"The Neoclassical Revival in Growth Economics: Has It Gone Too Far?" *NBER Macroeconomics Annual*, 12, pp. 73-103.

Kubota, So（2021）"The Macroeconomics of COVID-19 Exit Strategy: The Case of Japan," *Japanese Economic Review*, 72（4）, pp.651-682.

Lucas, Robert E., Jr.（1976）"Econometric Policy Evaluation: A Critique," *Carnegie-Rochester Conference Series on Public Policy*, 1, pp.19-46.

Mendoza, Enrique G.（2010）"Sudden Stops, Financial Crises, and Leverage," *American Economic Review*, 100（5）, pp.1941-1966.

Moll, Benjamin（2020）"The Research Agenda: Ben Moll on the Rich Interactions between Inequality and the Macroeconomy," *EconomicDynamics Newsletter*,

Review of Economic Dynamics,, 21 (2).

Motley, Brian, (1998) "Growth and Inflation: A Cross-country Study," *Federal Reserve Bank of San Francisco Economic Review,* 1, pp.15-28.

Müller, Ulrich K., and Mark W. Watson (2018) "Long-Run Covariability," *Econometrica,* 86 (3), pp.775-804.

Nakamura, Emi, and Jón Steinsson (2018) "Identification in Macroeconomics," *Journal of Economic Perspectives,* 32 (3), pp.59-86.

Obstfeld, Maurice (1994) "Risk-Taking, Global Diversification, and Growth," *American Economic Review,* 84 (5), pp.1310-1329.

Parente, Stephen L., and Edward C. Prescott (2002) *Barriers to Riches,* MIT Press.

Ramey, Valerie A. (2019) "Ten Years after the Financial Crisis: What Have We Learned from the Renaissance in Fiscal Research?" *Journal of Economic Perspectives,* 33 (2), pp.89-114.

Reinhart, Carmen M., and Kenneth S. Rogoff (2009) *This Time is Different: Eight Centuries of Financial Folly,* Princeton University Press.

Reinhart, Carmen M., and Kenneth S. Rogoff (2014) "Financial and Sovereign Debt Crises: Some Lessons Learned and Those Forgotten," in Stijn Claessens, Ayhan Kose, Luc Laeven, and Fabian Valencia eds., *Financial Crises: Causes, Consequences, and Policy Responses,* International Monetary Fund, Ch. 3, pp.141-156.

Romer, Paul M. (1986) "Increasing Returns and Long-Run Growth," *Journal of Political Economy,* 94 (5), pp.1002-1037.

Sala-i-Martin, Xavier X. (1997) "I Just Ran Two Million Regressions," *American Economic Review,* 87 (2), pp.178-183.

Sargent, Thomas J., and Neil Wallace (1976) "Rational Expectations and the Theory of Economic Policy," *Journal of Monetary Economics,* 2 (2), pp.169-183.

Sharma, Somnath, and Kenichi Ueda (2022) "Business Environment Reforms and Microenterprise Productivity in India," mimeo, The University of Tokyo.

Stokey, Nancy L., and Robert E. Lucas, Jr. with Edward C. Prescott (1989) *Recursive Methods in Economic Dynamics,* Harvard University Press.

Temin, Peter (2014) "The Black Death and Industrialization: Lessons for Today's South," VoxEU Column, June 4, 2014.

Townsend, Robert M. (2020) *Distributed Ledgers: Design and Regulation of Financial Infrastructure and Payment Systems,* MIT Press.

Townsend, Robert M., and Kenichi Ueda (2006) "Financial Deepening, Inequality, and Growth: A Model-Based Quantitative Evaluation," *Review of Economic Studies,* 73 (1), pp.251-293.

Townsend, Robert M., and Kenichi Ueda (2010) "Welfare Gains from Financial Liberalization," *International Economic Review,* 51 (3), pp.553-597.

Ueda, Kenichi, and Kei Uzui（2021）"The Medium-Term Impacts of the Global Financial Crisis," CARF Working Paper, F-528.

Weber, Max（1905）*Die Protestantische Ethik und der Geist des Kapitalismus.*

Wigton-Jones, Evan（2020）"Legacies of Inequality: The Case of Brazil," *Journal of Economic Growth*, 25（4）, pp.455-501.

植田健一（2022）『金融システムの経済学』日本評論社

植田健一（2022〜）「【連載】マクロ開発経済学」『経済セミナー』2022年2・3月号より連載中

エンダース、ウォルター著、新谷元嗣・藪友良訳（2019）『実証のための計量時系列分析』有斐閣

岡崎哲二・奥野正寛編（1993）『現代日本経済システムの源流』日本経済新聞出版

加藤涼（2007）『現代マクロ経済学講義』東洋経済新報社

北尾早霧・向山敏彦（2021）「【対談】多様性に目を向けたマクロ経済学の可能性」『経済セミナー』2021年2・3月号、pp.6-21.

高槻泰郎（2018）『大坂堂島米市場——江戸幕府 vs 市場経済』講談社

終　章

大塚 啓二郎・黒崎 卓・澤田 康幸・園部 哲史

1　はじめに

　本書により明らかになったことの1つは、第Ⅱ部の議論からわかるように、経済学の様々な分野が直面する実証分析の課題の多様性である。労働経済学や開発経済学においては、因果関係識別方法の明示が実証研究の信頼性という観点から重視されており、前者では自然実験（natural experiment：NE）・擬似実験（quasi-experiment）が、後者ではランダム化比較試験（randomized controlled trial：RCT）が盛んに用いられている[1]。他方、経済史やマクロ経済学ではNE・擬似実験やRCTによる因果関係の識別（identification）は、今のところ支配的な研究手法とはなっていない。前者では史実を踏まえた数量分析が、後者では一般均衡論的な枠組みに基づいたマクロ政策の評価が大きな課題になっている。

　このような多様性が見られると同時に、異なる分野の研究課題の共通性も浮き彫りになった。例えばそれは、研究者間の協働の重要性であり、研究者と政策担当者との連携の意義の大きさである。事実、本書の各章において様々な形で「連携」について議論されている。それに加えて、多くの章で実証分析における「実態認識」の重要性が指摘されていると同時に、「ドメイン知識」の重要性も言及されている。「ドメイン知識」という言葉は、主にデータサイエンスにおける「（各分野に関する）専門知識」という意味で使われてきたが、本書の文脈では、「個別具体的な制度や政策に対する深い理解」（第1章コメント（會田），p.29）という意味で用いられている。つまり、

1）序章で述べたように、自然実験と擬似実験という2つの用語は微妙に異なる使われ方をすることがあるが、本書では両者を特に区別しないで用いている。

実証経済学とデータサイエンスの両分野において、類似の問題が議論されていることは興味深い。

　本書の立場は、実態認識を大切にしつつ、かつ適切な推定手法を活用し、多様な連携を模索しつつ社会的に重大な問題にチャレンジするのが「次世代の実証研究」のあるべき姿である、というものである。本書を締めくくる本章では、なぜ実証研究の課題が分野によって多様なのか、そしてその意味するところについて考える。続いて、実態認識やドメイン知識の重要性と様々な連携が重要性を増す理由を議論し、連携の将来像を描いてみたい。

2　分野の多様性と信頼性革命

　澤田（第1章本論）、大塚・樋口・鈴木（第3章本論）が指摘するように、「第二世代の実証研究」の中心である RCT と NE・擬似実験は、政策介入やそれ以外の様々な外生的変化（処置）の有無が成果指標に及ぼす因果効果を推定できるように、介入や処置の有無そのもの、あるいはそれらと密接に関係し、かつ外生的な説明変数を見つけようという考え方に基づいている。RCT はサンプルを処置群と対照群に無作為に割り振る実験を行うことによって外生性を担保し、NE や擬似実験ではあたかもそうした実験が行われたかのように施行の対象者（あるいは受益者）が無作為に選ばれたと認められる状況に着目する。RCT では、研究者自らが介入・処置について内容や実施方法を設計し、一次データ収集のための調査を設計することが基本であり、それらを実施する資金を自ら調達することが多い。そのため、研究者たちは比較的同質な家計や企業や農家が多数存在し、処置の実施コストやデータの収集コストの安い開発途上国で RCT を行う傾向がある。とりわけ、教育・保健・ファイナンス等に関わる政策介入の効果については、政策ベースのエビデンスを積み上げるための様々な RCT が展開されている（第2章本論（園部・黒崎）；第5章本論（高野・高橋））。澤田（第1章本論）で紹介したように、RCT あるいは NE・擬似実験を用いて経済学トップジャーナルに掲載された684論文を精査した Brodeur et al.（2020）によれば、145本の RCT 論文のうち、最多掲載は開発経済学のフィールドトップジャーナル *Journal of Development Economics* であった（30本）。したがって、RCT を最も頻繁に採用しているのは開発経済学だと言ってよい。

　しかしながら、経済開発には教育・保健・ファイナンス等の充実だけでなく、物的インフラ整備も必要であるのに、そのインパクトを RCT によって評価しようという試みは稀である（第1章本論（澤田））。それは、インフラ整備のように巨額の費用がかかる政策では、RCT によって因果効果を厳密に識別できるような処置群と対照群を設定することがそもそも難しいからである。また、米ランド研究所が1970年代に実施した、RCT による健康保険制度の検証があるものの、国民皆保険制度のような全国レベルの制度の効果を RCT によって評価しようとすれば、いかに巨額の研究費を投入しようとも結局のところ制度の効果と国々の経済的、政治的、社会的、文化的な違いによる影響の区別が難しいという問題に直面する。第1章、第5章で議論された外的妥当性の問題である。そこで、開発政策のように、様々な政策や制度の複雑なパッケージではなく、それらの機能を分割して、より小さな規模のいわばモジュールごとの介入に置き換えた RCT が工夫されている（第2章コメント（後藤）；第5章本論（高野・高橋））。このように、RCT の実施可能性の制約から、その適用にはある程度テーマ的な偏りが生じがちであり、対象となる政策の範囲に本源的な偏りがありうる（第1章本論（澤田））。

　行動経済学も、RCT を多用している。この分野は政策への処方箋を提供することを目的にしており（第7章コメント（大竹））、例えばナッジ、つまり経済的インセンティブを大きく変えることなく人々の行動変容をもたらす「仕掛け」を用いて、RCT を適用した研究が行われている。しかしながらその効果や再現性については大きな論争が起こっている（第7章コメント（大竹））。

　RCT にとどまらず、NE・擬似実験の諸手法を含む、ミクロ実証研究における信頼性革命（credibility revolution）は、労働経済学から他の分野へ広がっていった（第3章本論（大塚・樋口・鈴木）；第4章本論（川口））。この一連の諸手法は、第1章で議論された「第一世代の実証研究」において、因果関係識別のために必要な計量経済学モデルの仮定の妥当性について従来十分には検証されてこなかったという問題への対応として生まれたアプローチである。労働政策の評価に RCT が用いられることは少なくないが、前述の

通り実行可能性が限られるなどの理由から RCT の採用が困難なケースも多い。そのため、社会制度などの特徴が生み出す実験的状況を活かして、それを外生的変化として用いる NE や擬似実験が多用される傾向がある（第4章本論（川口）第2節）。

　国際貿易論でも、貿易の自由化等の大きな政策的変更の影響に関し、政策の変更がもたらした外生的変化を見つけ出すことにより、企業データを用いて NE や擬似実験を適用する研究がある。中国の WTO 加盟はそのような政策的変更の代表例であり、それによる中国からの工業製品輸入の急増が米国内の地域雇用その他に及ぼした影響、いわゆる「チャイナ・ショック」の研究が注目を集めた。また現状では数少ないものの、企業の輸出パフォーマンスを RCT を用いて評価している研究もある（第6章本論（戸堂）第3節・第4節）。しかし国際貿易論における主要なテーマは、貿易の制限や自由化が生産、生産性、雇用に与える効果を評価することにあり、RCT や NE を適用できるような貿易政策の外生的変動を見つけることは難しいことが多い。全産業を巻き込んだ全面的な貿易自由化の評価は、前述の全国的制度の評価と同様に難しいし、個別産業の貿易障壁に関する政策の評価であっても、産業内の全企業と労働者と消費者だけでなく、関連する諸産業が政策の影響を受け、さらにその影響が産業間や企業と消費者の間で反響してしまい、観察される変動は内生的なものばかりとなりがちだからである。その結果、観察データに依存する分析が多くなり、操作変数法（instrumental variables estimation：IV）、差の差分析（difference in differences：DID）、傾向スコアマッチング法（propensity score matching：PSM）などが多用され、特に、バルチック（シフトシェア）型の操作変数法や、労働経済学（第4章（川口））と同様に新しい DID（staggered DID）の手法を用いた研究が増えていることは注目に値する（第6章本論（戸堂）およびコメント（田中））。とはいえ、国際経済学では、GTAP モデルなどの応用一般均衡モデルなど理論モデルを用いた政策シミュレーション分析を行う伝統的なアプローチやネットワーク分析も重視されている（第6章本論（戸堂））。

　経済史では、その性質上、因果効果測定を目的として RCT による調査設計とデータ収集、Glewwe et al.（2004）の言うような RCT に基づいた前向きの政策研究（prospective study）、すなわち政策評価のために一から社会実

験を設計、実施し、データを解析するという研究手法を取ることはそもそも不可能である。経済主体の歴史的個票データの利用が増えつつあるものの、NE や擬似実験を可能にするような詳細なものは依然として入手が難しく、したがって、NE が厳密に適用されることも限られているのが実情である（第8章）。しかしながら、経済史でもクリオメトリクスや数量経済史という分野が半世紀以上前から存在するのに加え、計量分析を重視するという研究手法のうねりがあり、比較的最近のデータを用いた計量分析が増えている。その結果、橋野（第8章本論）が指摘するように、研究対象となる時期や地域に偏りが生まれるというような課題もある。とはいうものの、因果推論を中核の1つに据えたヒストリカル・エコノミクスという研究分野が誕生しており、将来的には、NE や擬似実験の適用がさらに増加する傾向も予想されるが、伝統的な経済史研究との建設的な協働は重要であろう。

　マクロ経済政策は、一国経済の景気、物価、雇用等に影響を及ぼし、さらに為替レートや資金の流出入、輸出入等の変化を通じて外国経済にも影響を及ぼす。その上、外国への影響は自国経済へ反響する。マクロ経済政策を実験的に施行することは現実には難しいし、政策のモジュール化や地域や部門の限定によって問題を小分けするという工夫も困難である。例えば、金融政策のうちの、長期金利の許容変動幅の拡大や縮小という1つのモジュールですら、経済全体に強い影響を及ぼしうる。マクロ経済の問題をミクロな問題の積み重ねとみなして、問題の小分けを図るという発想も機能しにくい。なぜなら、植田（第9章本論）が指摘するように、外部性や市場間の相互依存関係が強ければ、ミクロの実験結果とマクロの結果は同じにはならないからである。したがって、マクロ政策の因果効果の推定に RCT を適用するのは今のところ現実的ではないようだが、NE を用いた分析はすでに成果を挙げている（序章；第9章コメント（石瀬））。マクロ経済学の実証で多用されているのは、過去のデータに基づいて設定したパラメータを基に、モデルベースのシミュレーション・数値計算による反実仮想分析を通じて政策評価を行うという手法であるが、計算可能なクラスのモデルに解析が限られてしまうなど、技術的な限界も指摘されている。総じて、マクロ経済学は「実験もままならない中、〈中略〉使えるものは何でも使って次から次へと起こる目の前の課題に対処していく」（第9章コメント（石瀬），p.278）しかないと言え

よう。

　結論すれば、採用すべき分析手法に決定的な影響を与えるのは、個票データの入手可能性、介入や処置の実施費用、政策・処置の効果が及ぶ範囲の広さ、実験によらない「外生的変化」を見つけられるか否か、研究する問題を小分けしやすいか否かといった研究テーマの特徴が、採用すべき分析手法に決定的な影響を与えているということができよう。

3　実態認識の重要性

　大塚・樋口・鈴木（第3章本論）が研究には「実態認識」が重要であると強調するのに対し、そもそも「実態認識」とは何かという根源的な問いを発したのは山﨑（第3章）のコメントである。第3章のリプライの中で大塚・樋口・鈴木は、実態認識とは「研究対象となる社会の経済的・社会的構造、重大な出来事や制度、社会が直面する重要な問題に関する知識のことである」（p.96）という定義を与えている。これでは曖昧模糊としてわかりにくいかもしれないが、橋野（第8章本論）や斎藤（第8章コメント）も同様の意味で「実態認識」の重要性に言及している。

　さらに、本書の随所で、「実態認識」という用語こそ使っていないものの、「実態認識」が論じられている。その議論を振り返ってみよう。まず後藤（第2章コメント）は、研究者が現実を適切に理解するための「フィールドワーク論」が確立されれば、研究者と政策立案者との対話が進み、より良い政策立案につながると考えている。川口（第4章本論）や佐々木（第4章コメント）は、現場の実態を理解していないと全体像を把握できないし、因果関係の識別のためには、制度や歴史に関する知識の重要性が増していると主張している。これは、研究のデザインに深く関わっている。

　高野・高橋（第5章）は、ローカルコンテクストの軽視の傾向に警鐘を鳴らしている。それと同じように、戸堂（第6章本論）は、現場主義と文脈の理解の重要性を指摘している。山村（第7章本論）は、歴史や文化や制度から作られる社会的文脈を踏まえずに、分析結果を解釈することは危険であると、指摘している。澤田（第1章本論）は、こうした流れが当事者排除の問

題を引き起こしており、開発経済学では、効果が確立されていない未知の政策が、現地の状況を考慮せず外から試験的に持ち込まれるという「帝国医療」のような深刻な事態につながりうることに警鐘を鳴らしている。これらの議論はいずれも的を射たものであり、実態を理解することなく、回帰分析から得られた係数の意味を正しく理解することはできないことを指摘するものである。

　マクロ経済学でも、経済全体についての実態認識が重要になると思われるが、その意味は本書で扱った他の経済学諸分野に比べるとやや曖昧である。しかし植田（第9章リプライ）が、「できる限り政策担当者やビジネスパーソンなどの実務家の方々と積極的に交わるべきと個人的には思っており、できるだけ実践しようとしている」（p.293）と述べている。これは、マクロ経済学における「実態認識」の重要性を指摘していると理解することができよう。川口が第4章本論で、労働経済学の研究において、先行研究によって蓄積された知識が重要であることを指摘しているが、これもまた先行研究から「実態認識」を獲得することが重要であると読み替えることができるであろう。

　総じて言えば、実態認識がなければ、何が重要な研究テーマかがわからず、どのような計量分析を適用すべきかもわからず、回帰分析から得られた結果を適切に解釈できないということになりかねない。大塚・樋口・鈴木（第3章本論）が強調するように、実態認識を得るには、経験、先行研究のレビュー、研究対象となる分野における専門家の意見の聴取、フォーマルまたはインフォーマルな現地調査が必須となるであろう。

　このように本書の執筆者たちは実態認識を、研究という生産活動に不可欠なインプットと考えている。また、彼・彼女らの議論は、実態認識に異なる側面があることを示唆している。まず実態認識には、何が起きた、あるいは起きているのかを正確に理解する「事実認識」が含まれる。さらに、事実の背景にある諸事情の理解や、その事実の帰結や影響の見通し、さらにはそれらを理解したり見通したりする能力という意味での「実態的知見」ともいう側面もある。また、「先行研究によって蓄積された知識」の重要性も言及されたが、これは最近の用語で、熱帯医学や育種学など特定の専門分野に特化した「ドメイン知識」と言い換えることもできる。本書は、分野の異なる研

究者たちが、事実認識と実態的知見とドメイン知識といった側面を持つ実態
認識を培っておくことが、実証研究には欠かせないとの認識を共有している
ことを示したと言えよう。

4 多様な連携の重要性

澤田（第1章本論）は、実践的な研究を、当事者を排除することなく実施
するには、産官学民の連携を強化することが重要であると結論づけている。
それを受けて園部・黒崎（第2章本論）は、いかにして最新の研究成果を実
際の政策に結び付けるかを議論している。そこでは、特に政府の政策立案と
経済学的研究との橋渡しを目標にした、シンクタンクの役割がクローズアッ
プされている。精緻化され複雑化した分析手法が用いられている近年の研究
成果を的確に理解し、政策に活かすためには、研究者と政策に精通した人材
の連携が必要であろう。

また、真実を追究しているのかどうかがわからないような怪しげな研究も
横行している状況では（第5章本論（高野・高橋）；第5章コメント（松本）；
第3章リプライ（大塚・樋口・鈴木））、エビデンスを理解し、研究者と実務
家をつなぐような専門家の育成と活用が不可欠である（第1章コメント（會
田））。また川口や佐々木（第4章本論およびコメント）が指摘するように、
政府は「行政記録情報」に含まれている個票データを研究者に積極的に開示
し、エビデンスに基づいた政策形成（Evidence-Based Policy Making：EBPM）
に向けた連携体制を築くべきである。

産官学民の連携に加えて、「学」の内部での連携も必要である。一流の学
術誌に掲載された論文の平均共著者数を見ると、過去10年間、あるいは20年
間で明確に増加している（第3章本論（大塚・樋口・鈴木）；第8章本論（橋
野）；第9章コメント（石瀬））。これはおそらく、複雑な分析手法を使って
真実を追究するためには、現場の状況に関する正確な理解、それを説明しう
る経済理論の知識やモデリングのスキル、適切な計量経済学のツールを用い
てデータ解析を行う技術などを総動員する必要があり、それらすべてを単独
の研究者が兼ね備えるのは難しくなっているためであろう。したがって、経

済学の内外で異なる分野を専攻し、それぞれが相違する専門的知識を有する研究者の間の連携も重要になりつつある（第3章）。橋野（第8章本論）は、日本経済史では、日本人研究者と日本経済に関する知識や過去の日本人研究者の研究成果を理解していない外国人研究者との連携を提案している。また戸堂（第6章本論）によれば、安全保障と貿易政策が緊密に関係し合うようになった現状では、政治学や国際関係論と国際貿易論との学際的な研究の重要性が増している。また、本書では経済学の実証研究を中心として議論してきたが、その進歩において、経済学の理論研究と実証研究との有機的・建設的関係深化は不可欠であろう。

　信頼性革命は、具体的にはRCTとNEの普及として経済学の研究に強いインパクトを与えたが、これらの研究手法の利用度合いは経済学の分野によって異なる。本章では、この多様性は、分野の中心的課題の特徴と、手法が求める諸条件のマッチングの良し悪しから生じる傾向があることを明らかにした。また、個々の研究者の実態認識の強化と、産官学民および学界内の連携の強化を、研究者たちが分野を超えて共に重視していることも確認した。

5　次世代の実証経済学

　実態認識と連携は、どうすれば強化できるのだろうか。本書の最後にそれについて考えてみたい。まず個々人の実態認識の向上には、他の研究者から学ぶことが非常に有益であろう。研究の成果は、ジャーナル論文やディスカッションペーパーの類の出版を通じて活発に共有されている。しかし、実証研究のインプットである実態認識やその獲得の方法は、それを文書化して公表しても研究業績として認められないせいか、書籍や論文の形で学べることは稀である。それらは雑談のような形で共有されるのが、これまでの常だった。研究会の後、遅くまで雑談を続ける研究者が多いのはその現れであり、実態認識を磨く機会がいかに限られているかを物語っている。

　今後、実態認識の学びの機会を増やし、かつ、そうした機会の質を高めていくことができるだろうか。同じメンバーで雑談をしょっちゅう繰り返すよりは、稀にしか会えないメンバーと認識を共有する機会を増やしたい。でき

れば世界のトップレベルの研究者たちとじっくり話をして、彼らの実態認識から学びたいものである。今やデジタル化の時代である。ノーベル賞受賞者や世界の第一線で活躍する研究者たちに国際会議の基調講演を頼むことも、難しくはなくなったのだから、こうした夢がかなう可能性は大いにある。

　すでに述べたように、異分野のドメイン知識を必要とする実証研究が増えている。経済学の外の分野、例えば農学や疫学等の知見が必要になり、分野をまたいだ共同研究も増えるだろう。もし、国内にその研究者がごくわずかしかいないのなら、長距離コミュニケーションの費用が著しく低減した利点を活かして、海外の潜在的な共同研究者を広くサーチする方がよいかもしれない。もちろん、共同研究者が増えると、研究成果をまとめる上でのただ乗り的行為などのモラルハザードを防止するための工夫をどうするかという問題はある。それを研究者が克服する日が来ることを期待したい。

　こうした研究者同士の連携と並んで、研究者と実務家の連携も今後さらに重要性を増していくだろう。ここで実務家というのは、企業、非政府組織（NGO）、そして政府（あるいは政策担当者）や国際機関であり、実務家の背後には、研究の成果を享受する市民社会がある。研究者は、一般大衆の便益を増大させるからこそ、税金や寄附を財源とした研究資金を得ることができる。大規模なデータベースの構築や実験的手法の多用のための大型資金を獲得するには、社会への貢献が不可欠であり、具体的には実務家の必要とする知識の生産が必要になる。こうした性質上、実証経済学への社会的需要は大きく、実証経済学が有用な知見を提供できる社会的課題は多様である。例を挙げれば大規模災害、感染爆発、インフラ老朽化、国家安全保障上の危機等への迅速な対応や、気候変動や人口高齢化等の対応に役立つ革新的な技術やビジネスモデルの速やかで広範な普及、プラットフォーム経済の急進展下における公正な競争政策の設計など、枚挙にいとまがない。実証経済学の将来の進展は、迅速に結果を出せる研究と実務家との連携、あるいは連携の迅速なスケールアップを可能にするメカニズムの構築に、大きくかかっていると考えられる。

　研究者による知識の生産と、実務家による消費の間に、市場メカニズムはある程度働いている。理系の世界では、研究者が企業に特許を売る、企業に雇用される、あるいは企業とアドバイザー契約を結ぶという形で市場取引が

行われている。経済学の研究者の場合、企業とのこうした取引はまだ珍しい
と思われるかもしれないが、『そのビジネス課題、最新の経済学で「すでに
解決」しています。』（今井・坂井 2022）や『進化するビジネスの実証分析』
（経済セミナー編集部 2020）といった書籍がすでに出版されているように、
古くはオークションの設計、近年ではマーケットデザインの諸分野やプラッ
トフォーム企業で経済学者が広く活躍してきている。情報の非対称性を克服
して、知識を売り込むビジネスモデルが開発されつつあるということであろ
う。さらに、バングラデシュのグラミン銀行や BRAC などで古くから行わ
れていたように、研究者と市民団体や慈善団体との連携も珍しくない。
Gates 財団など世界規模の慈善団体が、研究資金を大学や研究所やシンクタ
ンクへ提供したり、研究を委託している例もある。また、経済学の博士課程
は、従来から中央銀行や IMF（国際通貨基金）などにおいて実務の世界で
活躍するマクロ経済学者の供給源であったが、政府が経済学の研究者を雇用
したり、シンクタンクや国際機関を活用したりする国も少なくない（第 2 章
本論（園部・黒崎））。このように、市場メカニズムと、慈善、公的資金の交
付はすでに研究と実務の連携を支えているが、今後はこれらを柔軟に取り混
ぜて、大規模化・迅速化が可能な仕組みが必要になるだろう。

　そのような仕組みのあらましを、スケッチしてみたい。まず第一に、実証
経済学における実務と研究の大規模な連携をうまく仲介できそうなのは、シ
ンクタンクや国際機関、経済学の分野別の学会、学術出版社等であろう。そ
れぞれに得意な学問分野と得意な活動形態（政策対話、会議等のイベント開
催、研究の公募、学術的顕彰、出版）を持ち、研究者のネットワークと実務
家のネットワークを抱えて、分業・協業・協力と競合分野での競争をしてい
るこれらの組織が、今後ますます実務と研究の連携に活躍するように期待さ
れる。

　ここで注目すべきことは、これらの組織のそれぞれが持つ研究者ネットワ
ークと実務家ネットワークの間の、補完性、すなわち一方が拡大すると他方
に参加する便益が高まって参加者が増え、それが反響し合うという関係であ
る。それは、不動産屋が多くの家主を顧客としていれば、多くの借主が寄っ
てきて、逆ならば逆というのとよく似ている。同様の関係は、出品者市場と
消費者市場を連携する e コマースや、レストラン市場と消費者市場を連携す

るグルメサイトにも存在する。この種のビジネスを総称して、両面（Two-sided）プラットフォーム・ビジネスということもある。この補完的な関係が強い外部性を生み出し、実務と研究の連携の大規模化を可能にするはずなのだが、これまでのところ日本において規模の経済は活かされていない。

　その理由は、日本の不動産業界の最近の変貌が教えてくれるように思われる。かつての不動産業界では、業者が家主を囲い込み、他の業者が紹介できない物件で利益を稼ごうとしていた。しかし最近は、ほとんどすべての物件情報をすべての業者が共有し、借主がどの業者に行っても同じ物件にたどりつけるようになっている[2]。これは、借主にとってありがたい話である。豊富な情報を得られるから、好みに合った物件にたどり着く可能性が高まる上に、業者の対応に不満があるなら他の業者に切り替えられるからである。業者にとっても好都合である。業界全体として成約件数が増大し、売り上げが増大した上に、競争を通じたサービス向上も実現できたからである。このように、両面プラットフォームでは「己を虚しくする」ことが肝心である。

　そこで、研究と実務との連携のあるべき姿の第二のポイントは、仲介者たちが互いに協調し、ネットワークの和集合を形成することである。大きな共通のネットワークは、研究者と実務家のマッチング、協働すべき研究者同士のマッチング等を促進し、反響効果あるいはシナジー効果を生み出す。それを通じて、有用な知識をより豊富に生み出し、それらがより速やかに実務に活かされる可能性を高めるべきである。

　第三に、次世代の実証経済学において決定的に重要な課題は、デジタル技術を活用して、国境を超える巨大なネットワークを構築できるかどうかであろう。開発経済学の分野で言えば、例えば、当初は日本の開発経済学会（Japanese Association for Development Economics：JADE）の会員だけを構成員としていたネットワークが、他の学会の会員も含んだネットワークになり、さらに世界中の研究者を含むネットワークに広がって行くというイメージである（図終-1の右側）。同様に、当初は国際協力機構（Japan International Cooperation Agency：JICA）や外務省だけだった実務家のネットワー

2）この仕組みは Real Estate Information Network System（REINS）と呼ばれ、日本を4つの地域に分けて運営されている。http://www.reins.or.jp/about/ を参照されたい。

図終-1：実証経済学の両面ネットワーク

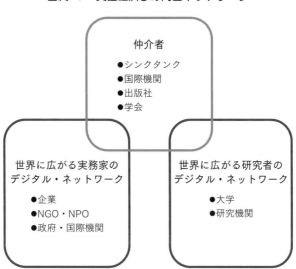

クが、厚労省や環境省等も含むようになり、さらに外国の官公庁、国連世界食糧計画（World Food Programme：WFP）、国際金融機関やGates財団、さらにはバングラデシュのBRACなどのNGO・NPO等も含むグローバル・ネットワークに広がる可能性は大いにある（図終-1の左側）。

　こうした流れはこれまでもあったが、コロナ禍を経て加速した社会のデジタル化が、実務と学界の両面で実証経済学の可能性を飛躍的に拡大している。これまでのそれぞれの活動をさらに強化して、仲介者たちはグローバル・ネットワークを構築・拡大し、個々の研究者は実態認識に磨きをかけて国際競争力のある実証研究を加速するべきである。そうすれば、実証経済学の社会貢献は顕著になり、人々は実証経済学をはじめとする科学的研究を尊重して研究資金の提供に前向きになり、研究がさらに増進するという正のフィードバック効果が期待できるのではないだろうか。

引用文献

Brodeur, Abel, Nikolai Cook, and Anthony Heyes (2020) "Methods Matter: p-Hacking and Publication Bias in Causal Analysis in Economics," *American Economic Review* 110(11), pp.3634-3660.

Glewwe, Paul, Michael Kremer, Sylvie Moulin, Eric Zitzewitz (2004) "Retrospective vs. Prospective Analyses of School Inputs: the Case of Flip Charts in Kenya," *Journal of Development Economics* 74(1), pp.251-268.

今井誠・坂井豊貴編著 (2022)『そのビジネス課題、最新の経済学で「すでに解決」しています。――仕事の「直感」「場当たり的」「劣化コピー」「根性論」を終わらせる』日経 BP

経済セミナー編集部編 (2020)『経済セミナー増刊　進化するビジネスの実証分析』日本評論社

あとがき

　本書の構想が生まれたのは、編者の1人である大塚啓二郎が2021年秋の叙勲において瑞宝重光章を受章したことを記念して、2022年4月16日に神戸大学にて開催されたシンポジウムであった。その内容を日本評論社の『経済セミナー』誌で取り上げてもらうために、同社との話し合いを持ったのが契機となった（シンポジウムの記事は同誌2022年8・9月号に掲載）。神戸大学シンポジウムは開発経済学に焦点を当てたものだったが、4人の編者の間で経済学の全域において理論研究から実証研究へと大きな地殻変動が起きているとの共通理解を得ることができ、また現代の実証研究の潮流には危機感をもって対処すべき点があるという問題意識も驚くほど共有された。そうした背景から、より広範な分野を取り上げることにより、実証経済学全体に共通するイシューを明らかにすべきであるという意見が出て、企画されたのが本書である。

　何事も運がないとうまくいかないというのが、世の常であると思うが、この編書には常に運がついて回ったように思う。まず、当初は本書の出版に向けてのワークショップを2022年8月26日・27日に開催する予定であったが、新型コロナの流行のために、10月1日・2日に延期した。コロナの被害にあわれた方々には申し訳ないが、本書の編集に限って言えば「延期でよかった」という声が多く、8月開催であったら、準備不足のために報告の内容はより低調であったと思う。そして、コロナのために2020年3月以降のほぼすべての研究集会がオンラインとなっていたところ、久々の対面のワークショップであったので、参加者は新鮮な空気を感じて積極的に議論に参加してくれた。これは、疑いもなく追い風であった。参加者の中に開発経済学系の研究者が多かったのは事実だが、労働経済学、行動経済学や経済史、国際経済学、マクロ経済学など相当に分野の異なる研究者がワークショップに参加してくれた。1980年代までは、春は逗子コンファレンス、夏は六甲コンファレンスが、若手・シニアや分野を問わず、日本で研究活動を行う多様な研究者たちに交

流の場を提供していたが、昨今はそのような機会が乏しく、今回のワークショップ参加者は、これまで久しく、あるいはほとんど経験したことのない他分野の参加者との交流を大いに楽しんだようである。ワークショップに対して、「面白かった」、「刺激を受けた」という感想を何度も聞いた。さらに、海外でのサバティカル滞在等のため対面で参加できなかった参加者も、Zoom を通じて参加することができた。これも、コロナのために期せずしてデジタル化が急進展し、オンラインの会議や講義が増えたことの恩恵であろう。

　結果として、初対面の参加者も多い中で、「ワン・ティーム」の機運が生まれた。決められた締切は、概ね守られた。コメントとリプライは、神戸大学で開催されたワークショップでの議論に基づいており、統一性のある原稿が提出された。そして何よりも強調したいのは、内容の濃いコメントが準備されたことだ。コメントは業績にカウントされないことが多いが、本書に掲載されているコメントは、いずれも立派な業績であると思う。コメントに続く著者のリプライも、一読の価値がある。短期間に、質の高い論考を準備してくださった著者と討論者の皆さまに編者一同より深い謝意を表したい。

　「ワン・ティーム」が実現したことについては、日本評論社の道中真紀さんの貢献が特筆に値する。企画から、執筆者や討論者の選択・構成、ワークショップの実施計画、原稿の提出時期まで、きめ細かく本書の作成をリードしていただいた。道中さんは、経済学の博士号を取得しており、議論の内容を完全に把握していたため、彼女の意見やアドバイスはきわめて適切であり、本書の質を大いに高めてくれた。経済学を理解している編集者の重要性を、これほど感じたことはない。深い感謝の気持ちを彼女にささげたい。

　神戸大学でのワークショップの開催に協力してくれた神戸大学大学院経済学研究科の大学院生相川雄哉君、事務を含めて細やかなサポートをしてくださった油谷章代さんと西野恵さんのおかげで、心地よい雰囲気の中で白熱した議論が展開された。記して感謝申し上げたい。

　2023年5月

編者を代表して
大塚　啓二郎

人名索引

大塚啓二郎）

310

事項索引

314

■執筆者一覧（執筆順、＊は編著者）

＊大塚 啓二郎　おおつか けいじろう　【序章、第3章本論・リプライ、終章】　次頁「編著者紹介」参照

＊黒崎 卓　くろさき たかし　【序章、第2章本論・リプライ、終章】　次頁「編著者紹介」参照

＊澤田 康幸　さわだ やすゆき　【序章、第1章本論・リプライ、終章】　次頁「編著者紹介」参照

＊園部 哲史　そのべ てつし　【序章、第2章本論・リプライ、終章】　次頁「編著者紹介」参照

會田 剛史　あいだ たけし　【第1章コメント】　日本貿易振興機構アジア経済研究所開発研究センター研究員

後藤 潤　ごとう じゅん　【第2章コメント】　政策研究大学院大学政策研究科助教授

樋口 裕城　ひぐち ゆうき　【第3章本論・リプライ】　上智大学経済学部准教授

鈴木 綾　すずき あや　【第3章本論・リプライ】　東京大学大学院新領域創成科学研究科教授

山﨑 潤一　やまさき じゅんいち　【第3章コメント】　神戸大学大学院経済学研究科講師

川口 大司　かわぐち だいじ　【第4章本論・リプライ】　東京大学公共政策大学院・大学院経済学研究科教授

佐々木 勝　ささき まさる　【第4章コメント】　大阪大学大学院経済学研究科教授

高野 久紀　こうの ひさき　【第5章本論・リプライ】　京都大学大学院経済学研究科・経済学部准教授

高橋 和志　たかはし かずし　【第5章本論・リプライ】　政策研究大学院大学政策研究科教授

松本 朋哉　まつもと ともや　【第5章コメント】　小樽商科大学商学部教授

戸堂 康之　とどう やすゆき　【第6章本論・リプライ】　早稲田大学政治経済学術院教授

田中 鮎夢　たなか あゆむ　【第6章コメント】　青山学院大学経済学部准教授

山村 英司　やまむら えいじ　【第7章本論・リプライ】　西南学院大学経済学部教授

大竹 文雄　おおたけ ふみお　【第7章コメント】　大阪大学感染症総合教育研究拠点特任教授　京都大学経済研究所特定教授（クロスアポイントメント）　大阪大学大学院経済学研究科教授（兼任）

橋野 知子　はしの ともこ　【第8章本論・リプライ】　神戸大学大学院経済学研究科教授

斎藤 修　さいとう おさむ　【第8章コメント】　一橋大学名誉教授

植田 健一　うえだ けんいち　【第9章本論・リプライ】　東京大学大学院経済学研究科・公共政策大学院教授

石瀬 寛和　いしせ ひろかず　【第9章コメント】　大阪大学大学院国際公共政策研究科准教授

■編著者紹介

大塚 啓二郎（おおつか・けいじろう）
東京都立大学ならびに政策研究大学院大学名誉教授。専門は開発経済学。北海道大学農学部農業経済学科卒業、シカゴ大学大学院博士課程修了（Ph.D.）。東京都立大学専任講師・助教授・教授、政策研究大学院大学教授などを経て、2016年から神戸大学社会システムイノベーションセンター特命教授、独立行政法人日本貿易振興機構アジア経済研究所上席主任調査研究員。著書：『なぜ貧しい国はなくならないのか　第2版』（日本経済新聞出版、2020年）、『「革新と発展」の開発経済学』（東洋経済新報社、2023年）など。

黒崎 卓（くろさき・たかし）
一橋大学経済研究所教授。専門は開発経済学。東京大学教養学部教養学科卒業、スタンフォード大学大学院博士課程修了（Ph.D.）。アジア経済研究所研究員、一橋大学経済研究所助教授などを経て、2005年から現職。著書：『開発のミクロ経済学──理論と応用』（岩波書店、2001年）、『貧困と脆弱性の経済分析』（勁草書房、2009年）など。

澤田 康幸（さわだ・やすゆき）
東京大学大学院経済学研究科・経済学部教授。専門は開発経済学。慶應義塾大学経済学部卒業、スタンフォード大学大学院博士課程修了（Ph.D.）。東京大学大学院総合文化研究科助教授、同大学院経済学研究科助教授・准教授などを経て、2012年から現職。2017年から2021年までアジア開発銀行チーフエコノミスト兼経済調査・地域統合局長。著書：『国際経済学』（新世社、2003年）、『アジア開発史──政策・市場・技術発展の50年を振り返る』（勁草書房、2021年、アジア開発銀行著、監訳）など。

園部 哲史（そのべ・てつし）
アジア開発銀行研究所所長。専門は開発経済学。東京大学経済学部卒業、イェール大学大学院博士課程修了（Ph.D.）。東京都立大学経済学部講師・助教授・教授、政策研究大学院大学連携教授・教授・副学長などを経て、2020年から現職。Think7（T7）2023議長。著書：『産業発展のルーツと戦略──日中台の経験に学ぶ』（知泉書館、2004年、大塚啓二郎との共著）、*Emerging States and Economies: Their Origins, Drivers, and Challenges Ahead*（Springer、2019年、白石隆との共編著）など。

次世代の実証経済学

2023年6月30日　第1版第1刷発行

編著者―――大塚 啓二郎・黒崎 卓・澤田 康幸・園部 哲史
発行所―――株式会社日本評論社
　　　　　　〒170-8474　東京都豊島区南大塚3-12-4
　　　　　　電話　03-3987-8621（販売）　03-3987-8595（編集）
　　　　　　ウェブサイト　https://www.nippyo.co.jp/
印　刷―――精文堂印刷株式会社
製　本―――牧製本印刷株式会社
装　幀―――図工ファイブ
検印省略 © K. Otsuka, T. Kurosaki, Y. Sawada, and T. Sonobe, 2023
ISBN978-4-535-54050-7　　Printed in Japan